A METAFÍSICA DA PESSOA

O problema da identidade
pessoal no
debate contemporâneo

Wellistony C. Viana

A METAFÍSICA DA PESSOA

O problema da identidade pessoal no debate contemporâneo

EDITORA
IDEIAS & LETRAS

DIREÇÃO EDITORIAL:
Marcelo Magalhães

CONSELHO EDITORIAL:
Fábio E. R. Silva
José Uilson Inácio Soares Júnior
Márcio Fabri dos Anjos
Mauro Vilela

PREPARAÇÃO E REVISÃO:
Pedro Paulo Rolim Assunção
Thalita de Paula

DIAGRAMAÇÃO:
Tatiana A. Crivellari

CAPA:
Rubens Lima

Todos os direitos em língua portuguesa, para o Brasil, reservados à Editora Ideias & Letras, 2019.

1ª impressão

EDITORA
IDEIAS &
LETRAS

Rua Barão de Itapetininga, 274
República - São Paulo/SP
01042-000 (11) 3862-4831
Televendas: 0800 777 6004
vendas@ideiaseletras.com.br
www.ideiaseletras.com.br

Dados Internacionais de Catalogação na Publicação (CIP)
de acordo com ISBD

A metafísica da pessoa: o problema da identidade pessoal no debate contemporâneo/
Wellistony C. Viana.
São Paulo: Ideias & Letras, 2019.
240 p.; 16cm x 23cm.
Inclui bibliografia.
ISBN: 978-85-5580-059-7

1. Filosofia 2. Metafísica 3. Metafísica da pessoa 4. Ontologia I. Título.

2019-652

CDD 100
CDU 1

Elaborado por Vagner Rodolfo da Silva - CRB-8/9410

Índices para catálogo sistemático:
1. Filosofia 100
2. Filosofia 1

Ao amigo encorajador,
Manfredo A. de Oliveira

SUMÁRIO

Introdução   11

I. PROLEGÔMENOS DE METAFÍSICA GERAL

1. O problema dos universais   21
1.1 O realismo dos universais   23
1.2 As teses nominalistas   27
1.3 Implicações para uma metafísica da pessoa   40

2. Particulares concretos   45
2.1 A teoria do substrato   46
2.2 A teoria dos feixes   49
2.3 A teoria da substância   55
2.4 A teoria do processo   58
2.5 Pessoas como particulares concretos   61

3. Persistência dos entes no tempo   67
3.1 Duas concepções de tempo   68
3.2 Presentismo e Eternalismo   74
3.3 Endurantismo e Perdurantismo   80

4. A questão da identidade   87
4.1 Noção de identidade   88
4.2 Identidade em Frege e Geach   93
4.3 Identidade através de mundos possíveis   98
4.4 Noções de identidade pessoal   102

II. TEORIAS METAFÍSICAS DA PESSOA

5. Prospecto geral das teorias   107
5.1 A visão biológica da pessoa   108
5.2 A visão psicológica da pessoa   110
5.3 A visão constitucional da pessoa   112
5.4 A visão hilemórfica da pessoa   114
5.5 Outras posições importantes   115

6. A visão psicológica: lockeanismo e neolockeanismo   121
6.1 A posição tradicional de Locke   122
6.2 As defesas de A. Quinton e P. Grice   127
6.3 O neolockeanismo de Sydney Shoemaker   131
6.4 O *four-dimensionalism* de John Perry   142

7. A visão biológica de E. T. Olson   147
7.1 As condições de persistência na VB   148
7.2 Em defesa do animalismo   154
7.3 O problema do feto e do estado vegetativo   159
7.4 O cadáver e a VB   162
7.5 A crítica dos gêmeos siameses   165

8. A visão constitucional de Lynne R. Baker   169
8.1 Constituição não é identidade   170
8.2 Perspectiva em primeira pessoa   175
8.3 A visão constitucional de pessoas   181
8.4 Críticas à visão constitucional   186

9. A visão hilemórfica   191
9.1 O hilemorfismo de Aristóteles e Tomás de Aquino   192
9.2 A espiritualidade da alma humana   198
9.3 A identidade pessoal na visão hilemórfica   204

9.4 Identidade pessoal e ressurreição   210

Conclusão   **217**
Índice onomástico   **221**
Bibliografia   **227**

Introdução

Quem é você? Não existe pergunta tão fácil e, ao mesmo tempo, tão difícil de responder. Podemos adaptar aí a famosa resposta de Agostinho a respeito do que é o tempo: se você não me pergunta quem sou eu, sei dar uma resposta; mas se você me perguntar, já não saberei responder! Comumente, respondemos a essa pergunta com nosso nome, filiação, profissão, etc., mas essas respostas não traduzem realmente nossa íntima natureza. Alguns filósofos levantaram a mesma questão por séculos e as respostas obtidas foram bem distintas. Elas incluem posições que variam desde a pressuposição de que somos idênticos a uma alma imaterial, que sobreviverá depois da morte do corpo, até posições materialistas que nos identificam com um aglomerado de matéria que um dia vai se desintegrar na energia do universo. As perguntas a serem feitas em torno da identidade da pessoa podem ser formuladas assim: que razão me faz ser o *mesmo* com o passar dos anos? Se eu abrisse o velho armário de minha casa e encontrasse ali uma foto com idade de 10 anos, que razão teria para afirmar que aquela criança da foto e eu somos a mesma pessoa? Que critérios uso ao fazer esse julgamento, além de minha intuição?

Imagine a seguinte situação: estamos no ano 2050 e a sociedade apresentou um *boom* tecnológico extraordinário. Essa mesma sociedade ultrapassou, há muito, o critério da "impressão digital" descoberto no século XIX para identificar pessoas. Também ficou para trás o critério da íris do olho, do formato do rosto ou do timbre da voz, descobertos no final do século XX. Ademais, essa sociedade descobriu uma forma de teletransportar nossos estados mentais para clones de nossos corpos de tal forma que, quando uma pessoa atinge uma idade avançada ou se diz portadora de alguma doença degenerativa, ela vai ao hospital e se submete a um procedimento de troca de corpo, voltando para casa "rejuvenescida". Contudo, observemos também os perigos existentes nessa sociedade: alguém poderia produzir o clone de outra pessoa, passando-se por ela externamente para efetuar roubos ou atos terroristas. Nesse sentido, essa sociedade teria que descobrir uma forma de identificação não mais baseada em critérios corporais, mas em outros mais seguros, a fim de evitar golpes internacionais e contrabando de códigos genéticos. Interessa-nos, portanto, saber quais são os novos critérios desenvolvidos por essa sociedade para identificar uma pessoa sem risco de erro.

Alguns filósofos contemporâneos elaboram uma série de teorias capazes de estabelecer tais critérios e elucidar essa questão, constituinte da temática deste livro. Dependendo de qual teoria estará correta (talvez nenhuma!), nossa resposta poderá ser encontrada. Essa é uma discussão central da chamada *metafísica da pessoa*, a qual aborda perguntas como: o que é a pessoa? Qual a sua natureza e que parte ela toma no universo físico que nos rodeia? O que são a consciência e os estados mentais? Existe uma "alma" dentro do nosso corpo? Somos imortais ou a morte marca o término da nossa existência? Antes de tratar dessas questões difíceis, vale aqui estabelecer uma série de esclarecimentos.

O primeiro deles diz respeito ao título do livro: *A Metafísica da Pessoa*. Aqui há dois termos que precisam ser delimitados e esclarecidos: o que é *metafísica*? O que queremos afirmar com o termo *pessoa*? Ambos vêm de uma longa tradição, tão complicada e ambígua em seus sentidos que se torna difícil elaborar uma síntese delimitadora do significado pelo qual tomamos essas palavras. O primeiro termo é mais complicado. Com a palavra *metafísica* podemos nos referir a uma série de sistemas filosóficos, muitos dos quais até contraditórios, capazes de confundir o leitor. Não propomos aqui estabelecer uma inspeção histórica acerca do termo, no entanto, importa lembrar a famosa divisão de Francisco Suarez do século XVI e a retomada no século XVIII, por Christian Wolf, aceita e criticada por Kant, que se aproxima da compreensão de metafísica adotada por este livro.

Suarez dividia a metafísica em duas grandes partes: 1) *metaphysica generalis* e 2) *metaphysica specialis*. A primeira tematizava os caracteres gerais de todos os entes enquanto entes, retomando a famosa definição de *philosophia prima* encontrada no livro IV de Aristóteles: a metafísica é a ciência do "ente enquanto ente" (ὂν ᾗ ὄν), de onde vem o nome de *ontologia*, dado à metafísica geral. A ontologia elabora um quadro teórico através do qual toda e qualquer disciplina que estuda os entes particulares vem articulada. Sua pergunta básica é: quais as propriedades últimas dos entes, sua causa, seus princípios primeiros? Esse é o âmbito da reflexão do ente em geral. A *metafísica especial* era subdividida em três tipos diferentes de acordo com o objeto de estudo: a teologia racional, a cosmologia e a psicologia racional. A primeira tratava do Absoluto; a segunda, do universo (cosmos) e a terceira estudava a "alma" e suas relações com a matéria.

Essa divisão clássica é importante por duas razões. A primeira sugere que a metafísica da pessoa deve ser elaborada no contexto de uma metafísica geral (ontologia), que deve constituir um quadro teórico mais abrangente a partir do qual é articulado o ente particular que chamamos "pessoa". De fato, toda metafísica da pessoa pressupõe uma ontologia, mesmo que esta não seja explicitada. A segunda razão é o fato de que nos fará perceber que um dos grandes problemas da discussão acerca da pessoa no debate contemporâneo é exatamente a inconsistência ou a não explicitação das bases ontológicas que as teorias assumem. Muitas aporias que surgem no debate decorrem de uma ontologia incoerente assumida na base dessas teorias, como veremos nos capítulos a seguir. Daí uma pergunta crítica fundamental deste livro: que ontologia é assumida nas várias visões acerca da pessoa? Apresentam elas consistência e coerência capazes de fundamentar o critério da identidade pessoal? Nossa resposta a essa segunda pergunta é patente: não! A razão consiste em que a maioria expressiva das visões acerca da pessoa e o critério de sua identidade são baseados em uma ontologia da substância, que traz consigo uma incoerência básica capaz de colocar em xeque a teoria como um todo.

Não constitui proposta deste livro elaborar uma tese alternativa, tampouco criticar cada uma das posições, senão apresentar o panorama da discussão acerca da pessoa e indicar o quadro geral a partir do qual elas são pensadas. No entanto, vale estabelecer duas observações sobre o tradicional conceito de metafísica geral ou ontologia. Primeiro, a tradição não articulou uma lógica e uma semântica (o fator da linguagem) para articular de forma coerente as características básicas dos entes. De fato, será a chamada "virada linguística" do século XX aquela capaz de promover uma especial atenção ao fenômeno da linguagem e sua importância para a filosofia. Segundo, a dimensão do "Ser enquanto tal e em seu todo" não é articulada, tornando a metafísica geral apenas uma "metafísica dos entes" e não uma "metafísica do Ser" (embora seja preciso esclarecer o que se entende aqui por "Ser"). Com a não existência de uma identificação do Ser enquanto tal e em seu todo como a dimensão última abrangente de compreensão dos entes, a metafísica geral se torna incapaz de resolver, por si só, alguns paradoxos acerca das teorias dos entes. Por exemplo, no caso da pessoa, permanece um "enigma" como corpo e mente interagem, sendo duas dimensões ontologicamente diversas e irredutíveis. A "solução", hoje comum, é reduzir uma à outra, processo inadequado por completo. De fato, a compreensão de uma dimensão oniabrangente do *Ser* constitui o ponto de unidade e interação que faltava.

Essa é uma das situações emblemáticas das atuais teorias da pessoa que, geralmente, assumem uma visão fisicalista do ser enquanto tal e em seu todo. Assim, qualquer fenômeno não inserido nesse quadro precisa, de alguma forma, ser reduzido a ele com o intuito de que haja alguma inteligibilidade. Esse procedimento é estrangulador e não dá conta da originalidade ontológica das outras dimensões da pessoa, como a mental ou espiritual. Em suma, observamos que há um problema básico no tratamento da pessoa no debate contemporâneo: a metafísica geral assumida traz lacunas e incoerências indesejadas, e sua visão de ser enquanto tal e em seu todo é reducionista. Tais fatores levam à conclusão de que uma teoria da pessoa mais coerente e dentro de um quadro teórico de maior alcance é algo desejado no contexto atual.

Embora observemos um elevado consenso semântico acerca do segundo termo, em uma análise mais acurada, as dificuldades acabam surgindo. O termo *pessoa* vem do latim *per-sona*, que remonta ao termo grego πρόσωπον (máscara, papel) e significa "soar através". Este era usado para denominar a máscara utilizada no teatro grego com o propósito de fazer ressoar a voz do artista, passando a ser, depois, o nome dado aos próprios papéis das peças. O termo foi usado e popularizado na filosofia pelos teólogos cristãos do século IV e V, que se utilizavam do conceito de *pessoa* para aclarar questões trinitárias e cristológicas. A finalidade da discussão era saber qual a real diferença entre o *Pai*, o *Filho* e o *Espírito Santo*, uma vez que eles constituíam *um* só Deus. O termo *pessoa* acabou por caracterizar a relação que distinguia cada um dentro da Trindade, passando a ser usado para falar das três *Pessoas Santas* da Trindade. Depois, o mesmo foi aplicado na filosofia da Idade Média para designar todo ser com autoconsciência e liberdade, seja ele Deus, anjo ou humano.

A partir da Idade Moderna, o termo *pessoa* adquire cada vez mais importância na história do Ocidente, seja no campo filosófico, como também nos campos jurídico, político e ético. *Pessoas* são entendidas como portadoras de um valor absoluto porque, diferentemente dos outros entes, possuem interioridade, espiritualidade, consciência, liberdade e responsabilidade moral por seus atos. Kant, com seu "imperativo categórico", consolida e universaliza a ideia de que pessoas têm um valor universal absoluto, são fins em si mesmas e trazem consigo uma *dignidade* que é fonte de todo valor moral. Será esse conceito de pessoa que revolucionará o século XVIII e destituirá os absolutismos, a escravidão, o racismo e fundará, em definitivo, no Ocidente, os conceitos de "Estado de Direito", de "democracia" e de "direitos humanos". Porém, apesar do sucesso histórico, o conceito filosófico de *pessoa* continua a levantar discussões complexas até hoje.

O significado clássico de *pessoa* se encontra em Boécio em seu *De Persona et Duabus Naturis*, cap. III: "*Persona est naturæ rationalis individua substantia*" ("pessoa é um indivíduo substancial de natureza racional"). Como veremos ao longo deste livro, essa definição é problemática e traz consigo inúmeras questões e incoerências: o que é um *indivíduo*, uma série de atributos instanciados ou um puro aglomerado material? O que é mesmo uma *substância*? Este é um conceito inteligível? O que significa racionalidade? Relaciona-se com a consciência? Porém, como definimos o termo *consciência*? De que ela é feita? É algo material ou espiritual? A modernidade deixou o legado do dualismo cartesiano que entendia o ser humano como uma composição de alma e corpo, mas identificava a "pessoa" com a alma pensante e não com o corpo. O modelo dualista trazia algumas vantagens como, por exemplo, a elaboração filosófica da distinção entre pensamento e matéria, que não podem ser reduzidos um ao outro. Até hoje, é difícil superar essa distinção! Contudo, o dualismo cartesiano gerou vários problemas, destacando-se o abismo criado entre corpo e pensamento, o que desencadeou uma série de novos monismos, seja materialista ou idealista, que demonstraram a insatisfação da separação radical entre as duas substâncias e buscaram alternativas reduzindo uma substância à outra.

Os monismos pós-cartesianos (materialismo e idealismo) levaram o modelo dualista de pessoa a uma crise. Porém, uma crise ainda maior era iminente. Quando Charles Darwin lança, em 1859, seu livro *A Origem das Espécies*, parecia já não haver espaço para o dualismo. Como entender que o ser humano evoluiu na história se ele é idêntico a uma alma imaterial e incorruptível? Muitos teóricos quiseram salvar o dualismo, mostrando que a alma não fazia parte da evolução, mas somente a matéria. No entanto, essa solução tirava a pessoa humana da cadeia evolutiva, o que não era aceito dentro da teoria evolucionista. Negar a existência de uma "alma" e procurar novos modelos de explicação da pessoa pareceu a muitos a solução mais "científica". O debate é finalmente retomado em meados do século XX, quando Gilbert Ryles lança seu livro *The Concept of Mind* (1949) e recoloca em discussão o problema cartesiano da interação entre mente e corpo. Ryles aplica ao problema mente-corpo a certeza de Wittgenstein de que muitos problemas filosóficos são apenas pseudoproblemas e surgem por causa da confusão e não esclarecimento da linguagem. Ryles se propõe, então, a aclarar o vocabulário mentalista que criamos e sugere que aquilo que chamamos "alma" ou "consciência" não é nada mais que nossos próprios estados neurológicos, trazendo, assim, as novas descobertas da neurociência para o campo da filosofia. A partir de então, ganha força a reflexão sobre estados mentais, consciência, intencionalidade, liberdade, etc., antes vistos em um modelo dualista, agora cada vez mais interpretados em um modelo fisicalista e reducionista em parceria com as ciências empíricas.

O que era então chamado de "metafísica da pessoa" passa a ser uma "física da pessoa", isto é, uma interpretação fisicalista daquilo que somos essencialmente. Muitos teóricos procuram salvaguardar a intuição básica de que estados mentais não são redutíveis a estados físicos e começam a defender um tipo de fisicalismo não reducionista da pessoa. Assim, a discussão contemporânea referente à mente e ao corpo gerou uma *philosophy of mind* (filosofia da mente) no âmbito da filosofia analítica, no qual digladiam teses dualistas, fisicalistas reducionistas e fisicalistas não reducionistas acerca do que seja a consciência e sua relação com o corpo. É nesse contexto que o debate contemporâneo acerca da pessoa se desenvolve.

Nesse quadro, sobressaem duas posições dominantes em torno da pessoa: a visão biológica ou animalismo e a visão psicológica. A primeira procura mostrar que aquilo que somos essencialmente se identifica com nosso organismo animal, aceitando, assim, uma visão fisicalista reducionista em relação à pessoa (embora nem todo animalista seja, necessariamente, fisicalista reducionista); a segunda defende que nossa pessoalidade e originalidade ontológica não estão no corpo, mas na continuidade dos estados psicológicos, defendendo uma visão fisicalista não reducionista (também não significa que todo adepto da visão psicológica seja fisicalista não reducionista).

Ambas as teorias se apresentam potencializadas pelas descobertas da neurociência e do papel que o cérebro desempenha na geração da autoconsciência, mas vão se distinguir pela dimensão que privilegiam para determinar o que é a pessoa. A primeira privilegia o corpo; a segunda, a mente. Outras teorias como a visão simples e a hilemórfica buscam resgatar a intuição clássica de que somos um composto de duas dimensões irredutíveis uma à outra: matéria e forma substancial, sendo esta última imaterial e incorruptível. Por fim, a visão constitucional está ligada ao neolockeanismo e procura também fazer jus seja à dimensão corporal seja à dimensão psicológica, afirmando ser a pessoa idêntica à autoconsciência constituída por um corpo. Dessas diferenças teóricas resultam, em média, cinco posições bem distintas acerca da pessoa no debate contemporâneo – biológica, psicológica, simples, constitucional e hilemórfica –, as quais ascendem à discussão em torno da pessoa e apresentam esclarecimento sobre a questão da identidade pessoal, a saber: o que faz uma pessoa P_2 em t_2 ser a mesma pessoa P_1 em t_1? Isto é, o que caracteriza a pessoa, essencialmente, para afirmarmos sua persistência no tempo?

O livro está dividido em duas partes. A primeira aborda alguns aspectos importantes de metafísica geral como: o problema dos universais, a questão dos particulares concretos, a persistência dos entes no tempo e o problema da identidade. Todas essas são questões importantes, as quais incluem a pergunta sobre o que é a pessoa e o que garante sua persistência no tempo. Na realidade, o propósito aqui, diferente de desvelar a ontologia geral que certas posições assumem, consiste em evidenciar que, também sobre a ontologia geral, há debates intermináveis. Ao leitor, propomos a discussão atual acerca desses temas e, no final, apontamos as devidas conclusões sobre a pessoa. O debate proporciona uma visão abrangente das diversas "ontologias gerais" que podemos assumir na reflexão sobre a pessoa. A segunda parte analisa o tema específico do livro e estabelece as principais teorias relacionadas à identidade pessoal. O intuito não é apresentar e criticar tais teorias para elaborar uma tese alternativa, mas proporcionar argumentos e críticas interessantes sobre cada uma das posições no intuito de desenhar, de forma explícita, o mapa do debate contemporâneo.

Para conclusão, ressaltamos a importância da temática. Saber "quem somos" não tem apenas um valor existencial, ajudando-nos a dar sentido ao que fazemos no mundo, mas influencia também campos como a política e a ética. Toda a tradição ocidental dos direitos humanos baseia-se no conceito de pessoa. Problemas como aborto e eutanásia pressupõem o valor moral de pessoa para a sua análise, e, até na religião, a ideia de pessoa exerce um papel fundamental, uma vez que a sua sobrevivência após a morte constitui a esperança de diversas crenças. Por isso, importa-nos entrar no debate contemporâneo e averiguar se as teorias atuais sobre a pessoa indicam uma resposta satisfatória àquela pergunta que nos acompanha desde sempre: *quem sou eu?*

I
PROLEGÔMENOS DE METAFÍSICA GERAL

1

O problema dos universais

Desde o início da Metafísica com Aristóteles costuma-se usar as categorias de substância (objeto, coisa) e atributo (propriedades, relações) para caracterizar aquilo que existe no mundo. Podemos afirmar que grande parte da metafísica clássica foi, dessa forma, *bicategorial*. Outras concepções ontológicas têm seu espaço no debate e criticam a ontologia bicategorial, inaugurando uma *monocategorial*, como revelam algumas formas de nominalismo. Destarte, a ontologia geral esbarra em alguns problemas básicos, aos quais as diversas concepções ontológicas procuram dar uma resposta. Dois destes são os chamados "problema dos universais", que têm a ver com a categoria dos atributos, a ser analisado neste capítulo, e "problema da individuação" ou dos "particulares concretos", voltado aos objetos e ao qual dedica-se o capítulo seguinte.

A diferença básica entre *atributos* e *objetos* (na linguagem clássica: substância) é que atributos vêm sempre predicados de um objeto, mas não o contrário. Enquanto o atributo é classicamente visto como abstrato e dependente, o objeto diz-se concreto e subsistente "por si mesmo". Aqui, porém, surge a primeira dificuldade ontológica a respeito das propriedades e relações (atributos): se os *mesmos* atributos podem ser predicados de vários objetos, como mostra nossa intuição básica, constituem eles entidades universais, exemplificáveis em entidades concretas, ou são sempre atributos particulares? Eis o chamado problema dos universais!

A questão dos universais é tão antiga quanto a filosofia. O famoso debate entre Platão e Aristóteles acerca da natureza das "formas universais" revela a dificuldade da questão, que perdurou durante toda a Idade Média e aparece intrincada no debate contemporâneo. Para ilustrar a questão, imaginemos dois objetos: uma uva vermelha e o sinal de "pare" no semáforo. Temos a impressão instantânea de tratar-se de uma mesma cor, exemplificada em dois objetos diferentes. Contudo, o que significa afirmar que ambos possuem a *mesma* cor? Existe algo chamado "vermelhidade" aplicável tanto à uva quanto ao sinal de "pare" no semáforo? Ou esses objetos possuem apenas uma semelhança, mas, em última instância, são duas propriedades totalmente diferentes, únicas e exclusivas?

Há várias posições metafísicas que pretendem resolver o problema dos universais, entretanto, duas delas resumem as outras e revelam como as respostas ao problema podem ser antagônicas: são as posições *realista* e *nominalista*. Os realistas, também chamados de platonistas, afirmam que os universais existem e podem ser instanciados, exemplificados em vários indivíduos. Os universais não seriam localizados nem no espaço nem no tempo e poderiam ser repetidos infinitamente nos objetos. Já os nominalistas rejeitam a ideia da existência dos universais, afirmando que existem apenas entes particulares ou, se existem propriedades, estas são somente particulares e não universais.

Efetivamente, há, no mínimo, três concepções nominalistas diferentes: os nominalistas radicais, os nominalistas metalinguísticos e os nominalistas dos tropos.[1] Para os primeiros, nada existe do que chamamos de entidades abstratas, aplicáveis a entes concretos. Existe apenas o particular concreto, e se há semelhança entre objetos, isso constitui um fato não analisável do mundo. Nominalistas metalinguísticos acreditam que nomes abstratos como "circularidade" são apenas expressões linguísticas atribuídas a diferentes objetos, sem nenhuma realidade ontológica. Por fim, os teóricos dos tropos afirmam que há propriedades abstratas, mas estas são apenas particulares e únicas nos objetos.

No presente capítulo, será apresentado o debate atual acerca dos universais, analisando a posição dos realistas (1.1), dos diferentes tipos de nominalismo (1.2) e aplicando essas concepções à compreensão de pessoa (1.3).

---

1 Cf. LOUX, M. J. *Metaphysics: a Contemporary Introduction*. 2. ed. Londres: Routledge, 2002, p. 54ss.

1.1 O realismo dos universais

O realismo acerca dos universais não se confunde com o realismo metafísico, que afirma a existência de um mundo objetivo, independente da mente de um observador, o que torna possível falar de proposições verdadeiras ou falsas em relação ao mundo.[2] Os primeiros realistas acerca dos universais foram Aristóteles e Platão. Há nítida diferença entre eles: Aristóteles não crê que o mundo seja dividido em dois, como Platão afirmava. Para aquele, os universais não existem em um mundo paralelo e independente do mundo físico, mas *no* mundo físico (*universalia sunt in rebus*). Já em Platão, as formas universais são imutáveis, eternas, necessárias, não espaciais, independentes da mente e existem *antes* do mundo físico (*universalia sunt ante res*), encontrando-se nele apenas de forma contingente. Aristóteles defende um realismo moderado, no qual se afirma que, se não houvesse a exemplificação de uma propriedade em um ente concreto, a propriedade universal não existiria. Platão defende, ao contrário, um realismo radical (ultrarrealismo): mesmo que uma propriedade não fosse exemplificada, isto não deporia, absolutamente, contra a sua existência. A existência dos universais seria necessária para platônicos, enquanto apenas sua exemplificação seria um fato contingente. Aristotélicos pensam que tanto universais quanto sua exemplificação são um fato contingente, pois "se tudo fosse branco, a cor preta não existiria".[3] Sobre isso, Sócrates diz no *Parmênides* de Platão: "Existem algumas formas das quais todas as outras participam e, por isso, delas trazem o nome, por exemplo: participando da semelhança, tornam-se símiles, da grandeza, tornam-se grandes, da justiça, tornam-se justas, da beleza, tornam-se belas".[4] Realistas platônicos e moderados defendem o realismo dos universais divergindo entre si, mas concordando contra a posição nominalista.[5]

Realistas defendem uma série de tipos de universais:[6] propriedades (cor, forma, traços característicos, etc.), relações ("ser pai de", "estar ao lado de",

---
2   Cf. *Ibid.*, p. 51, nota 4.
3   ARISTÓTELES, *Categorias*, 11, 14ª 8-10.
4   PLATÃO, *Parmênides*, 130e-131a.
5   Há ainda a posição chamada *conceptualismo* que admite os universais, mas apenas como constructos mentais, desprovidos de um estatuto ontológico original. Tais constructos são apenas subjetivos e dependem da psicologia dos sujeitos, o que coloca o conceptualismo em uma posição difícil diante da objetividade dos universais defendida tanto por realistas quanto por nominalistas.
6   Cf. ARRUDA, J. M. "Universais e Particulares: Platonismo e Nominalismo". *In*: IMAGUIRE, G.; ALMEIDA, C. L. S. de; OLIVEIRA, M. A. de (orgs.). *Metafísica Contemporânea*. Petrópolis, RJ: Vozes, 2007.

"ser maior que", etc.), gêneros/espécies (animal, ave, peixe, etc.), entidades matemáticas (números primos, números racionais, etc.), objetos lógico-semânticos (proposições), leis da natureza ("2ª lei da termodinâmica", "lei da relatividade restrita", etc.), entidades abstratas de mundos possíveis ("estar numa praia ao invés de ler este livro", etc.),[7] fatos morais ("faze o bem e rejeita o mal", etc.) e até personagens fictícios (Hamlet, Homem-Aranha, etc.). Universais são, portanto, entidades abstratas com certo grau de generalidade que podem ser instanciadas/exemplificadas em vários indivíduos com descontinuidade espaçotemporal.[8]

Na intenção de explicitar as características do universal, tomemos como exemplo a seguinte sentença: "Teresina se encontra ao sul de Parnaíba". "Encontrar-se ao sul de" denota uma relação que não se identifica com nenhum dos termos da sentença, nem com Teresina nem com Parnaíba. Ela estabelece uma relação entre as duas cidades, que pode ser instanciada com outras cidades: "Bom Jesus se encontra ao sul de Teresina", "Corrente se encontra ao sul de Bom Jesus", etc. Se perguntarmos quando e onde se localiza "se encontra ao sul de", a resposta será "em nenhum tempo e em lugar

---

[7] Vale ressaltar que D. Lewis compreende mundos possíveis não como entidades abstratas mas como entidades concretas. Cf. LEWIS, D. "Counter-part Theory and Quantified Modal Logic". *Journal of Philosophy*, 65: 113-126, 1968.

[8] O problema de se definir com precisão o que sejam entidades abstratas diferentemente das concretas não é de pouca importância. Se as categorias *abstrata* e *concreta* são as categorias mais gerais para se qualificar os entes, então não pode haver coincidência em suas definições. O problema é que há uma série de propriedades atribuídas a entidades abstratas como, por exemplo, "não limitadas ao espaço e tempo", "instanciáveis", "ineficazes causalmente", "compreensíveis intelectualmente", etc. que podem não ser aplicáveis a uma ou outra entidade abstrata. Por exemplo, se dissermos que entidades concretas estão no espaço e as abstratas não, então devemos nos perguntar se entidades do tipo "alma" (na concepção cartesiana) poderiam ser classificadas como abstratas, uma vez que não estão no espaço. Certamente a resposta cartesiana seria: não! Por causa dessas ambiguidades, J. Hoffman e G. Rosenkrantz definem entidades abstratas e concretas como segue. Em primeiro lugar, eles oferecem uma divisão categorial em diferentes níveis: nível A é a categoria de "entidade", que constitui a categoria mais geral dos entes; nível B representa as categorias de "abstrato" e "concreto"; nível C consiste nas categorias subsequentes, colocadas abaixo das categorias de "abstrato", como, por exemplo, propriedades, relações, proposições, conjuntos, números, fatos morais, etc. e aquelas colocadas sob "concreto" como substâncias, lugar, tempo, evento, tropo, soma mereológica, etc.; no nível D estão as propriedades colocadas abaixo de cada subdivisão do nível C. Assim, pode-se oferecer uma definição do que sejam entidades concretas e abstratas: "Uma entidade x é concreta se, e somente se, x é uma instância de um nível categorial C, no qual poderia ser instanciada por alguma entidade y, que tem partes espaçotemporais; e uma entidade z é abstrata se, e somente se, z não é concreta". Cf. HOFFMAN, J.; ROSENKRANTZ, G. "Platonistic Theories of Universals". *In*: LOUX, M. J.; ZIMMERMAN, D. W. (eds.). *The Oxford Handbook of Metaphysics*. Oxford/Nova Iorque: Oxford University Press, 2010, p. 46-52. Que universais sejam sempre abstratos é a posição dos platonistas, que difere de alguns realistas moderados e nominalistas que podem aceitar também abstratos particulares.

nenhum".⁹ A relação "encontra-se ao sul de" pode ser instanciada em várias situações em que se admitam dois sujeitos. De igual forma, as propriedades "circularidade", "triangularidade", etc. podem ser exemplificadas em vários círculos e triângulos sem se identificar com nenhum deles. A identificação da "circularidade" com *um* determinado círculo nos obrigaria a aplicar essa propriedade apenas a *este* círculo e a nenhum outro, não sendo esse o caso. Também a utilização de gênero e espécie parece pressupor universais, uma vez que aplicamos o mesmo gênero "ave" seja aos urubus, pardais ou araras. Se tivéssemos que elencar o conjunto de todos os animais que são "aves", certamente irámos incluir uma gama de diferentes animais que partilham uma mesma propriedade de serem "bípedes plumes".

Há pelo menos dois problemas básicos que os realistas platonistas julgam explicar de forma mais eficiente que os nominalistas: o problema da semelhança/predicação e o problema das referências abstratas. O primeiro se resume em explicar por que podemos predicar os "mesmos" atributos a entes diferentes. O termo "mesmo" causa complicação. Realistas afirmam que a "mesmidade" é pressuposta porque ela explica um fato evidente: a semelhança entre atributos. Se tivermos dois objetos vermelhos, devemos nos perguntar se tal semelhança pode ser explicada sem pressupor uma entidade abstrata "vermelhidade" que foi instanciada nos dois objetos. Os realistas creem que apenas assumindo a "vermelhidade" como universal pode o fato da semelhança entre objetos ter uma racionalidade. O segundo problema procura explicar o porquê de podermos falar de entes abstratos e a eles atribuir certas propriedades. Se tivermos a sentença "a prudência é uma virtude moral", deveremos perguntar: a que se refere o termo singular "prudência"? Apenas pressupondo que exista um universal "prudência", teríamos condições de reconhecer a veracidade ou falsidade de tais sentenças. Ora, que sentenças envolvendo o termo "prudência" possam ser verdadeiras ou falsas é inegável, logo o termo só pode se referir a um universal.

Os problemas da predicação e da referência de termos abstratos se misturam em alguns momentos. Se tivermos, por exemplo, a sentença "Pedro é prudente", certamente teremos como indicar no mundo físico o

---

9   Cf. RUSSELL, B. "The World of Universals". *In*: LOUX, M. J. (ed.). *Metaphysics: Contemporary Readings*. 2. ed. Londres: Routledge, 2008, p. 18. É importante lembrar que Russell assumiu uma visão platônica acerca dos universais antes de aderir à teoria dos feixes de tropos. Veja os capítulos 9 e 10 de seu *The Problems of Philosophy* (1912).

objeto/pessoa Pedro que torna o termo "Pedro" um fato do mundo. Para realistas, também o termo "prudente" pode ser referenciado por um universal "prudência" que torna a sentença "Pedro é prudente" uma afirmação verdadeira ou falsa. O mesmo predicado pode também ser aplicado a João, Lucas, Vítor. Se não tivéssemos um universal chamado "prudência", o que nos permitiria, então, predicar o termo "prudência" a João, Lucas, Vítor e Pedro? Apenas se tivermos um universal "prudência" é que poderemos dizer que os quatro são igualmente "prudentes". Dizemos "igualmente" porque ninguém nega que o sentido de "Pedro é prudente", "João é prudente", "Lucas é prudente" e "Vítor é prudente" é o mesmo em cada uma das sentenças, embora havendo variações da mesma "prudência". Realistas julgam que somente sua posição pode explicar, efetivamente, esse fenômeno. No entanto, a explicação realista de platonistas se distingue da compreensão dos aristotélicos, pois enquanto os primeiros creem na existência de universais separados e independentes, para os segundos, os universais só existem unidos *nos* e dependentes *dos* particulares instanciados. Universais que jamais foram nem serão instanciados simplesmente não existem para os aristotélicos, enquanto são uma realidade para os platônicos.

Nesse sentido, o realismo moderado dos aristotélicos significa o primeiro passo em direção ao nominalismo, uma vez que negam um "céu platônico" onde se encontram os universais, afirmando a existência dos universais apenas *in rebus*, isto é, *nos* particulares. David Armstrong defende que o realismo precisa aceitar o "princípio da instanciação" que atesta existirem apenas os universais que já foram, são ou serão instanciados.[10] Para Armstrong, o realismo platônico traz uma série de problemas para a tese dos universais, entre eles, a exemplificação múltipla: como pode um universal ser o mesmo em vários particulares separados no espaço e no tempo? Se um objeto *a* tiver uma propriedade *F* e, ao mesmo tempo, outro objeto *b* possuir a mesma propriedade *F*, perguntaremos como *F* pode estar em dois lugares ao mesmo tempo. Tal questão se destaca entre as que se levantam contra os realistas em geral, implicando a elaboração da tese nominalista em suas várias formas.

---

10 Cf. ARMSTRONG, D. "Universals as Attributes". *In*: LOUX, M. J. (ed.). *Metaphysics: Contemporary Readings*. 2. ed. Londres: Routledge, 2008, p. 65-91. O programa realista de Armstrong procura, em última instância, conciliar universais com a tese do fisicalismo. Cf. *Ibid.*, p. 74.

1.2 As teses nominalistas

Os nominalistas defendem a não existência dos universais, mas apenas dos particulares. Essa tese aparece já nos escritos de Platão[11] e vai se caracterizar por sua contraposição à existência dos universais afirmando, *grosso modo*, que universais não passam de nomes gerais ou *flatus vocis*, sem nenhum conteúdo ontológico. O problema básico do realismo, segundo os nominalistas, é que ele multiplica as entidades embora não seja necessário fazê-lo, já que os mesmos fenômenos poderiam ser explicados sem pressupor a existência de universais, aceitando-se apenas entidades particulares. Além disso, a tese realista implicaria certos paradoxos lógico-semânticos que tornariam a divisão do mundo em duas esferas altamente improvável. Embora constitua uma única denominação, a tese nominalista abriga uma série de visões divergentes entre si, à semelhança do realismo. Pelo menos três tipos de nominalismo são possíveis:[12] o nominalismo radical, o metalinguístico e a teoria dos tropos, identificados por meio da contraposição ao realismo dos universais: o que existe são apenas entidades particulares.

De modo geral, o nominalismo lança três críticas ao realismo acerca de universais, segundo Loux.[13] A primeira considera que uma exemplificação múltipla permite que uma mesma entidade esteja separada de si própria no espaço-tempo. Se, por exemplo, admitíssemos a instanciação da vermelhidão em dois carros diferentes, teríamos que confirmar a presença da vermelhidão em dois lugares ao mesmo tempo, o que feriria o princípio da unidade das entidades. Essa primeira objeção, porém, não leva o realismo a sério, pois a tese realista afirma exatamente assim: universais não são idênticos às suas instanciações, mas podem ser exemplificados *ad infinitum*. A multiplicidade de instâncias feriria o princípio de identidade se estivéssemos nos referindo a entidades particulares localizadas no espaço-tempo, mas não a universais abstratos. O que é localizado no espaço-tempo não é o universal, segundo realistas, mas uma instância/exemplo do universal. Não se poderia, então, aplicar um princípio válido no âmbito dos particulares aos

---

11 Cf. PLATÃO, *Filebo* 15b; *Parmênides* 131a-e.
12 Cf. LOUX, M. J. (ed.). *Metaphysics: Contemporary Readings*. 2. ed. Londres: Routledge, 2008, p. 54-95. Há outras formas de diferenciar os tipos de nominalismo: nominalismo de classe, de semelhança, de predicado, de causa, de conceito, mereológico, etc. Cf. RODRIGUEZ-PEREYRA, G. "Nominalism in Metaphysics". *The Stanford Encyclopedia of Philosophy*, 21 dez. 2016. Disponível em: http://plato.stanford.edu/entries/nominalism-metaphysics/#VarNom. Acesso em: 11 fev. 2019.
13 Cf. *Ibid.*, p. 56ss.

universais, pois, assim, cairíamos em um círculo vicioso ao pressupormos a inexistência dos universais em uma argumentação que visa exclusivamente negar sua existência.

Uma segunda objeção do nominalismo ao realismo, comentada por Loux, diz respeito às condições de identidade dos universais (propriedades, relações, etc.). O problema básico é que, segundo o princípio de Quine, "não se pode ter uma entidade sem uma identidade" (*"No entity without identity"*).[14] Ter condições claras de identidade é fundamental para se construir um conjunto de objetos que possuam essa ou aquela propriedade. O conjunto dos objetos amarelos pressuporia uma clara noção da "amarelidade", mas tal noção só se construiria a partir do conjunto dos objetos amarelos. Isto é, para definir o conteúdo intencional do universal teríamos que recorrer à sua extensão, mas para determinar quem participa do conjunto extensional dos objetos amarelos precisaríamos do conteúdo intencional. Isso pressupõe uma circularidade que compromete a inteligibilidade do universal. Ainda, se tivéssemos dois universais apresentando o mesmo conjunto de elementos, "humanidade" e "bípedes implumes", por exemplo, seria quase improvável esclarecer as razões dessas diferenças. O que faz um ser diferente do outro, já que não podemos recorrer aos elementos que compõem cada conjunto para estabelecer essa diferença, considerando que os elementos de ambos são os mesmos? Então, seria necessário lançar mão de outros universais que expressassem a diferença entre o conteúdo de "humanidade" e "bípedes implumes", inserindo, assim, novas propriedades universais para explicar as primeiras. Nominalistas afirmam que essa estratégia cai outra vez em circularidade, pois o realista teria que recorrer à exemplificação desses novos universais para precisar seu conteúdo intencional, mas, nesse sentido, seria necessária prévia clareza do conteúdo intencional para juntar os elementos em um mesmo conteúdo.[15]

A terceira crítica de nominalistas a realistas, a mais importante segundo Loux, consiste na violação do princípio da parcimônia ou simplicidade. Esse

---

14   QUINE, W. V. *Ontological Relativity and Other Essays*. Nova Iorque: Columbia University Press, 1969, p. 37.
15   Loux (cf. LOUX, M. J. *Substance and Attribute*, Dordrecht: Reidel, p. 99-101) procura mostrar que a crítica do nominalista pode ser aplicada a ele próprio ao tentar dar condições de identidade para objetos materiais. Tal condição de identidade pressuporia uma identidade clara dos espaços e tempos, nos quais os objetos estão localizados, mas, para essa clareza, precisaríamos recorrer aos mesmos objetos materiais dos quais os espaços e tempos dependem. Uma vez que também nominalistas teriam dificuldades de dar condições claras de identidade de objetos materiais, conclui Loux, não se pode querer que esse argumento invalide a posição dos realistas.

princípio foi elaborado por Guilherme de Ockham (daí o nome de "navalha de Ockham") e atesta o seguinte: se tenho duas teorias T_1 e T_2 com o mesmo poder explicativo, sendo que T_1 assume menos entidades para explanar o mesmo fenômeno, isto é, T_1 é mais simples que T_2, então é preferível adotar T_1 a T_2. De fato, o realismo pressupõe dois tipos de entidades, particulares e universais, enquanto os nominalistas assumem a existência apenas de particulares. Ora, nesse caso, se as duas teorias apresentam o mesmo poder explicativo, por que devemos adotar o realismo e não o nominalismo? Nominalistas afirmam que realistas encharcam o universo com entidades de forma desnecessária, enquanto apenas um tipo de entidade, a saber, as particulares, é capaz de dar a todos os fenômenos as explicações pretendidas pelos realistas. A "navalha de Ockham" quer, assim, aparar a "barba de Platão" para enxugar o mundo, sem multiplicá-lo em várias entidades. Nesse sentido, realistas formulam a seguinte pergunta: nominalistas podem realmente explicar melhor os fenômenos apenas com particulares? Na realidade, nem todos os tipos de nominalismo dispõem do mesmo poder explicativo que o realismo. Vejamos os vários tipos de nominalismo.

Nominalismo radical

O nominalismo radical aceita apenas entidades particulares e concretas: casas, árvores, animais, pessoas, etc. Segundo esses nominalistas, um mundo povoado apenas por esse tipo de indivíduos terá plenas condições de dar respostas a fenômenos como a predicação, a semelhança entre objetos e a referência de termos abstratos. A simples explicação desses nominalistas se resume em dizer que tais fenômenos são fatos brutos do mundo, os quais prescindem de uma análise ontológica mais apurada. Que objetos apresentem propriedades semelhantes deve ser algo simplesmente aceito como um fato. Quanto aos termos singulares referentes a universais, esses nominalistas consideram que tais proposições se restringem ao uso geral da linguagem. Se tivermos a sentença "a coragem é uma virtude", não poderemos pensar que exista algo universal como a "coragem", mas apenas indivíduos corajosos. A "coragem" nada mais é que uma representação linguística do conjunto dos indivíduos corajosos. Assim, não seria necessário pressupor nenhuma entidade abstrata e universal para explicar esses fenômenos. Porém, até que ponto a explicação do nominalista radical é capaz de dar conta desses fenômenos de forma coerente? É preferível essa explicação mais simples à do realista, mais complexa, pelo mero fato de pressupor menos entidades?

O nominalista radical atrai sobre si problemas difíceis de resolver.[16] O primeiro deles é assumir a semelhança entre objetos como, simplesmente, um fato bruto da realidade. O nominalista radical critica o realista por querer explicar a semelhança pressupondo a existência de um universal que os objetos exemplificam. Para o realista, o universal seria o elemento primitivo capaz de explanar o fenômeno da semelhança. Todavia, para defender essa posição, ele deve explicitar o universal sem levar em consideração o particular exemplificado, o que, segundo os nominalistas, o realista é incapaz de fazer. Para chegar ao conceito de "vermelhidade" ele tem que pressupor os objetos vermelhos. Ora, essa forma de explicar a semelhança recairia em uma circularidade ou um regresso que não esgotam o problema. O nominalista rejeita assumir o universal em razão dessa circularidade e afirma a existência apenas dos objetos concretos. Estes seriam os elementos primitivos, e o fenômeno da semelhança deveria ser aceito com um fato primitivo: objetos vermelhos são simplesmente semelhantes e isso não pode ser analisado para além dos próprios objetos em si.[17]

Certamente, o questionamento que o realista faz é se esse tipo de explicação pode ser considerado ainda uma explicação ou a total renúncia de uma. À pergunta "por que e como dois objetos têm o mesmo atributo?", os nominalistas pretendem dar como satisfatória a mera resposta: "Porque é assim e basta!". Agrupar dois objetos sob um mesmo conceito tal como o de "vermelho" parece pressupor uma noção ou percepção sensitiva da "vermelhidade" para fabricar o conjunto dos objetos vermelhos. Assim, a circularidade criticada pelo nominalista na posição realista, possivelmente, será aplicável à tentativa do nominalista de elencar o conjunto dos objetos com propriedades semelhantes.

Problema análogo tem a justificação do fenômeno da predicação e dos termos singulares abstratos. Uma vez que a sugestão do nominalista radical é substituir termos abstratos por termos concretos, a saber: "A coragem é uma virtude" por "Indivíduos corajosos são virtuosos", ou "Paulo prefere

---

16 Cf. LOUX, M. J. *Metaphysics: Contemporary Readings*. 2. ed. Londres: Routledge, 2008, p. 9ss.
17 Cf. QUINE, W. V. *From a Logical Point of View*. Cambridge, MA: Havard University Press, 1980, p. 10ss.

a circularidade à quadricularidade" por "Paulo prefere objetos circulares a objetos quadriculares", será difícil atestar a adequação desse tipo de tradução desconsiderando os universais. Nesta estratégia, devemos conferir se a justificativa de veracidade da sentença com termos abstratos coincide com a dada pela tradução nominalista para o mesmo escopo. No primeiro caso, devemos nos perguntar se a tradução nominalista pode mesmo afirmar que, sempre diante de um indivíduo corajoso, haverá também um indivíduo virtuoso. Ora, suponhamos que a sentença "Nero é um indivíduo corajoso" seja verdadeira, mas não a sentença "Nero é um indivíduo virtuoso". Ser "virtuoso" parece abranger uma série de outras virtudes que ultrapassam a coragem. O nominalista radical teria, então, um tipo de sentença que não traduziria de forma adequada a primeira. Observando o segundo exemplo, devemos nos perguntar se, sempre que Paulo preferir a circularidade à quadricularidade, ele irá preferir objetos circulares a objetos quadriculares. Ora, será possível Paulo preferir, em uma exposição artística, uma mesinha de sala quadricular a uma circular. Sua preferência pode ser motivada por uma série de outras propriedades da mesinha quadricular que a outra circular não apresenta. A tradução nominalista não daria conta desse tipo de complexidade ou mesmo teria que pressupor outras propriedades (universais) ao tentar justificar sua tradução eliminativista.[18]

Ao final, suspeita-se que a simplicidade da teoria nominalista radical não detenha um poder explicativo capaz de descartar a posição realista mais complexa. Isto é, não é porque pressupõem menos entidades (apenas particulares) que os nominalistas radicais apresentam uma explicação melhor de fenômenos como semelhança, predicação e referência de termos abstratos. Realistas sugerem que uma ontologia bicategorial, ainda que mais complexa, demonstrará um poder explicativo maior desses fenômenos. Embora seja mais simples, o nominalismo radical teria que encharcar o vocabulário para denominar a infinita variedade de dados concretos da realidade. Precisaria encontrar, por exemplo, uma infinidade de termos para explicar as várias

---

[18] De fato, o nominalista radical poderia dizer que as traduções são equivalentes ao incluir na sentença um operador do tipo "tudo permanecendo o mesmo". "Tudo permanecendo o mesmo" a sentença "Paulo prefere objetos circulares a objetos quadrados" equivale a dizer "Paulo prefere a circularidade à quadricularidade". Isso significaria: "Paulo prefere objetos circulares a objetos quadrados" se todos os outros atributos permanecerem os mesmos nos dois objetos. Nessa estratégia, o nominalista teria que assumir uma série de outros atributos (assumidos como fixos no objeto) para explicar a adequação da tradução, o que só causaria mais problemas.

ocorrências diferentes do vermelho em objetos semelhantes: vermelho$_1$, vermelho$_2$, vermelho$_3$, vermelho$_n$, cada um diferente do outro. Daí afirmar que a simplicidade da teoria nominalista parece ser apenas aparente, dando oportunidade ao realista de proclamar um ganho de parcimônia ao pressupor apenas um universal ("vermelhidade") para explicar a variedade dos particulares vermelhos.

Nominalismo metalinguístico

Outra posição nominalista é a metalinguística. Ela pretende ser uma conciliação (ainda de cunho nominalista) entre o nominalismo radical e o realismo platônico. A ideia é que se tenham apenas entidades particulares (como o nominalista radical), mas se permita falar de entidades abstratas por meio da linguagem. Isto é, para os metalinguísticos, a referência de entidades abstratas como "prudência" não pode ser reduzida nem a objetos particulares (como afirmam os nominalistas radicais) e nem mesmo a objetos universais (como afirmam os platônicos). Eles têm uma referência apenas linguística. Nominalistas desse tipo fazem uma distinção típica entre linguagem objeto e metalinguagem. Em uma sentença do tipo "'Dieses Buch ist lesenswert' é uma sentença em alemão", temos que distinguir a língua usada pelo falante daquela que ele está mencionando. Nesse caso, o alemão é a língua mencionada (linguagem objeto), isto é, fala-se *sobre* ela, enquanto a língua usada (metalinguagem) é o português. Com esse instrumental, nominalistas metalinguísticos procuram afirmar que todo discurso sobre "universais" é apenas um discurso metalinguístico sobre uma linguagem objeto. Quando afirmamos algo relacionado à "prudência" estamos nos referindo apenas ao termo geral cunhado para traduzir expressões em que o termo aparece para designar alguém prudente. Esse termo tornaria compreensíveis expressões do tipo "Pedro é prudente" enquanto se refere a uma qualidade concreta de Pedro.

O nominalismo metalinguístico tem uma longa história e se inicia no século XII com Roscelino de Compiègne, o qual praticamente deu nome à tese nominalista ao afirmar que termos abstratos são apenas *nomes* (*nomina*) e não *coisas* (*res*). Expressões linguísticas seriam, portanto, apenas *flatus vocis* que não têm subsistência nem significado.[19] O problema da

---

19   Vale lembrar que tanto Pedro Abelardo quanto Guilherme de Ockham foram contra Roscelino ao defenderem que sentenças precisam ser mais que nomes sem significados, a fim de explicarem o porquê

referência abstrata se resume, nesse sentido, a um discurso metalinguístico sobre termos gerais que atribuímos às coisas sem fundamento *in re*. A partir da filosofia analítica, o nominalismo metalinguístico apresentou expressões mais claras e precisas, sobretudo com os trabalhos de Rudolf Carnap e Wilfrid Sellars.

Com efeito, a filosofia de Sellars constitui a forma mais expressiva do nominalismo metalinguístico. Em seu artigo "Abstract Entities" de 1963, Sellars se confronta com o velho problema do "um e do múltiplo" e procura esclarecer como acontece a universalização dos termos singulares, sem precisar adotar o realismo acerca dos universais, mas referenciando termos gerais a entidades apenas linguísticas. Na sentença "o leão é amarelado", o termo "leão" não se refere a um gênero universal que é instanciado em vários "leões", como afirmam os realistas. De fato, Sellars sugere transformar a "leonidade" no substantivo "o leão" para representar na linguagem "todos os leões". Sellars chama esse substantivo de "termo singular distributivo" que, nesse exemplo, inclui em si todas as ocorrências do termo singular *leão* que expressa o animal concreto. Na sentença "o leão é amarelado", o termo "leão" não é um *type* ou um gênero universal, pois nenhum gênero universal é amarelado. Amarelado se aplica somente ao leão concreto. Por isso, a sentença "o leão é amarelado" necessariamente se refere aos leões concretos e não a um universal. Em suma, a sentença "o leão é amarelado" equivale à expressão "todos os leões são amarelados" e "leão" (termo singular distributivo) não é um *type* ou universal, mas um termo relacionado a indivíduos concretos.

Geralmente, posições metalinguísticas enfrentam um problema que reside na tradução de sentenças para outras línguas. Imaginemos a sentença "o cão tem quatro patas". Na linguagem de Sellars o termo "o cão" representa "todos os cães", pois ele é um termo singular distributivo e não um gênero universal. "O cão" se referiria a cada ocorrência de *cão* que representa cada animal. Traduzindo essa sentença para o inglês, teríamos "the dog has four legs", mas aqui surge um problema. Em português, segundo Sellars, o termo "o cão" se refere a cada ocorrência de *cão* e, em inglês, o termo "dog" se refere a cada ocorrência de *dog*, então, não temos a mesma informação em línguas diferentes? Ora, um brasileiro ao usar o termo "cão" se referirá a *cão*,

---

podemos aplicá-los a vários objetos. *Nomes* precisam ter um significado objetivo e não apenas serem frutos do intelecto.

enquanto um americano usará "dog" para se referir à ocorrência de *dog*. Se considerarmos o aspecto metalinguístico teremos de admitir que os dois nativos se referem a coisas diferentes ao usarem os termos "cão" e "dog". Sellars apresenta uma solução afirmando que os termos exercem uma função em toda linguagem e podem se equivaler funcionalmente de linguagem para linguagem. O termo "o cão" e "the dog" exercem a mesma *função* sintática e semântica em suas respectivas línguas. A tradução se basearia não nos termos em si, mas na função que cada termo ocupa na sua língua. Se "o cão" e "the dog" desempenharem a mesma função sintática e semântica nas duas frases, então facilmente uma se traduz na outra.

Sellars oferece uma nova forma de representar as funções sintáticas e semânticas dos termos para se superar o problema da tradução denominada "citação com pontos": trata-se de omitir aspas ao referir-se a um termo singular distributivo como "cão" e colocá-lo entre pontos ·cão·, a fim de mostrar que esse termo em português exerce a mesma função do termo ·dog· em inglês. Assim, ·cão· pode ser traduzido em várias línguas, por exemplo: "dog", "cane", "Hund", "chien", e isso significa que a função exercida no português coincide com sua função em outras línguas como inglês, italiano, alemão e francês, respectivamente. A finalidade dessa estratégia de Sellars consiste em mostrar que termos desse tipo não são universais (propriedades, relações, gêneros ou *types*), mas apenas termos linguísticos gerais capazes de elencar para si uma série de ocorrências concretas.

Observa-se, todavia, que a tentativa de Sellars expõe-se a certas críticas. Um problema fundamental levantado por Loux[20] diz respeito à pressuposição de universais, até mesmo no nível constatado em Sellars, quando ele procura identificar o termo singular distributivo, por exemplo, ·cão·, com as várias ocorrências (*tokens*) de "cão" na linguagem que exercem a mesma função sintática e semântica do termo metalinguístico, e também com aqueles termos de outras línguas. ·Cão· significaria "cada cão em particular". Porém, aqui surge um problema: por que, nesse caso, o termo "cão", isto é, a ocorrência particular equivalente ao termo singular distributivo ·cão·, aplica-se a vários animais concretos e não apenas ao Totó de minha casa? Por que ainda cada *token* é colocado debaixo do mesmo termo singular distributivo? Não estaria Sellars pressupondo um

---

20 Cf. LOUX, M. J. *Metaphysics: Contemporary Readings*. 2. ed. Londres: Routledge, 2008, p. 82ss.

universal padrão (mesmo que seja apenas o papel, função sintático-semântica do termo) capaz de juntar as várias ocorrências debaixo de um mesmo termo? Apesar de bastante elaborada, a tese do nominalismo metalinguístico parece incapaz de resolver o sério problema dos universais, embora o visualize sob uma nova perspectiva.

Teoria dos tropos

Outra corrente que procurou resolver o problema dos universais na perspectiva nominalista foi a teoria dos tropos. Diferentemente de outros nominalistas, a teoria dos tropos aceita a existência de entidades abstratas para além das concretas, mas elas são sempre particulares e não universais. A palavra "tropo" foi assumida desde D. C. Williams[21] para indicar os atributos de caráter puramente particular, isto é, nenhuma propriedade pode ser instanciada em vários objetos, mas cada objeto possui seus próprios atributos não sendo possível identificá-lo numericamente com o atributo de nenhum outro: "Tropo é uma entidade particular seja abstrata ou consistindo de um ou mais concretos em combinação com um *abstractum*", afirma Williams.[22] Os teóricos dos tropos pretendem explicar os fenômenos da semelhança, predicação e referência de termos abstratos apenas com uma ontologia monocategorial, embora aceitem que particulares possam ser concretos e abstratos.[23]

Dessa forma, o atributo "vermelho" de uma cereja e o "vermelho" do semáforo são duas propriedades particulares pertencentes apenas à cereja e ao semáforo. Ambas apresentam apenas semelhanças, mas uma e outra não exemplificam nenhum universal "vermelhidade". A semelhança entre os dois atributos não pode ser analisada para além do próprio fato, isto é, ambos são simplesmente parecidos, mas constituem ocorrências

---

21 Cf. WILLIAMS, D. C. "On the Elements of Being: I". *The Review of Metaphysics*, 7 (1): 3-18, set. 1953.
22 *Ibid.*, p. 6.
23 Talvez a melhor expressão da teoria dos tropos seja aquela produzida por K. Campbell. Para Campbell a teoria dos tropos é a alternativa que se tem à teoria da substância e a única capaz de dar conta de propriedades abstratas e concretas sem pressupor os universais (Cf. CAMPBELL, K. *Abstract Particulars*. Oxford: Blackwell's, 1990). Oliveira aborda a ontologia monocategorial da teoria dos tropos de K. Campbell mostrando extensivamente como se desenvolve essa teoria e quais as principais críticas direcionadas a ela. Cf. OLIVEIRA, M. A. de. *A Ontologia em Debate no Pensamento Contemporâneo*. São Paulo: Paulus, 2014, p. 81-120. Outros defensores da teoria dos tropos são BACON, J. *Universals and Property Instances – The Alphabet of Being*. Oxford: Blackwell's, 1995; MAURIN, A.-S. *If Tropes*. Dordrecht: Kluwer Academic Publishers, 2002; EHRING, D. *Tropes: Properties, Objects, and Mental Causation*. Oxford: Oxford University Press, 2011.

distintas, sendo possível, portanto, indicá-los com uma nomenclatura diversa: "vermelho$_1$", "vermelho$_2$", "vermelho$_3$", etc. Cada um dos atributos é único no objeto, embora se assemelhe a outros.

Em sua "filosofia da semelhança", H. H. Price[24] alerta que a "filosofia dos universais" não leva em consideração que, embora semelhantes, propriedades ditas universais são, de fato, extremamente diferentes entre si. O vermelho de uma cereja não é "igual" ao vermelho do sangue. Sempre há tonalidades diferentes e, sobretudo, as duas ocorrências do vermelho são numericamente diversas, razão da não identidade entre ambas (aplicando, assim, o princípio da identidade dos indiscerníveis). Contudo, também os platônicos admitiam a ideia de graus diferentes de um mesmo universal (daí o conceito de *participação* do platonismo): o vermelho do sangue pode apresentar uma tonalidade mais intensa do que o vermelho da cereja, isto é, o primeiro participaria em um grau mais elevado da ideia de "vermelhidade" do que o segundo. No entanto, o ponto defendido por Price exprime que, mesmo admitindo uma diferença de graus, a filosofia dos universais nunca poderá afirmar que ocorrências de vermelho serão idênticas. Apesar disso, Price admite que há um problema na "filosofia da semelhança", a saber: sob qual aspecto são semelhantes os objetos diferentes? A resposta parece ser apenas uma: sob o aspecto da "vermelhidade", pressupondo mais uma vez os universais. A solução de Price para desviar esse problema é adotar um (ou vários) "vermelho padrão", em relação ao qual as outras ocorrências de vermelho precisam ser parecidas para entrar no mesmo conjunto. Assim, não seria uma ideia universal de vermelho instanciada nos objetos que garantiria a semelhança *inter res*, mas a ocorrência de *um* vermelho da classe dos objetos vermelhos, assumido como padrão.

O fenômeno da predicação encontra semelhante explicação. Quando se diz que "Paulo é prudente" e "João é prudente" não se está exemplificando um universal "prudência" em Paulo e João, mas reconhecendo em cada sujeito um predicado único a ele. Isto é, a prudência atribuída a Paulo não coincide com a de João. Os dois atributos podem ser indicados de modo diferente: "prudente$_p$" e "prudente$_j$", sem precisar identificar a

---

24 Cf. PRICE, H. H. "Universals and Resemblances". *In*: LOUX, M. J. *Metaphysics: Contemporary Readings*. 2. ed. Londres: Routledge, 2008, p. 20-41.

prudência de um à prudência do outro. Na verdade, o teórico dos tropos recorre a uma ontologia de conjuntos, em que a palavra prudência se refere ao conjunto de todos os tropos de prudência. A ontologia é, portanto, extensional e não intencional.

Em igual sentido, a referência de termos gerais deve ser entendida como um uso ambíguo da linguagem. Quando se afirma "a coragem é uma virtude" pretende-se apenas revelar que "pessoas virtuosas têm o tropo *coragem*" e não fazer uma asserção sobre um universal "coragem". O termo "coragem" vai designar apenas o conjunto de todos os tropos de "coragem" que se assemelham. Assim, os teóricos dos tropos procuram se desviar do problema da tradução nominalista radical que, por vezes, precisa pressupor outros universais para dar conta de suas traduções de sentenças com termos abstratos. A sentença "Paulo prefere a circularidade à quadricularidade", por exemplo, pode ser traduzida como "Paulo prefere tropos de circularidade a tropos de quadricularidade", e aí residiria a solução do problema da tradução inadequada "Paulo prefere objetos circulares a objetos quadriculares". A diferença entre as duas traduções baseia-se no fato de que esta última pode ser falsa em uma determinada situação em que Paulo (por causa de outros atributos) prefere um objeto quadricular a outro circular. Quando se traduz especificando que Paulo prefere tropos de circularidade a tropos de quadricularidade, está se referindo apenas àquele atributo específico. Isto é, Paulo pode preferir um objeto quadricular, não enquanto possuidor do tropo quadricular, mas sim por possuir outros atributos simpáticos aos seus olhos. Se tivesse que escolher qualquer objeto apenas baseado nos tropos de circularidade e quadricularidade, certamente escolheria aquele portador de um tropo de circularidade e não o contrário. A tradução do teórico do tropo é, portanto, mais adequada do que aquela dos nominalistas radicais.

A teoria dos tropos apresenta vantagem em relação ao nominalismo radical e metalinguístico, a saber: melhor do que os radicais, os teóricos dos tropos dão conta da predicação e de uma tradução nominalista de termos gerais ao identificar os "universais" com o conjunto dos elementos que possuem este ou aquele tropo; melhor do que os metalinguísticos, eles referem os termos gerais a objetos extralinguísticos e não apenas à própria linguagem, dando razão à nossa intuição básica de que a linguagem fala do mundo e não apenas de si. No entanto, a teoria dos tropos resvala em alguns problemas.[25]

Uma das situações complexas diz respeito aos termos gerais que possuem intenção mas não extensão, isto é, não formam nenhum conjunto de elementos no mundo real. Se tomarmos um termo geral como "duende", teremos um conteúdo intencional claro sem nenhum elemento. O conjunto representado por esse termo será um conjunto vazio, pois não haverá nenhum tropo associado ao termo. Todavia, tomando outro termo geral, digamos, "sereia", com o mesmo conteúdo intencional claro, mas representado por um mesmo conjunto vazio de elementos, o teórico dos tropos afirmará que o conjunto de "duende" e "sereia" é o mesmo, isto é, o conjunto vazio. Assim, restará o problema de afirmar uma identidade entre os dois conjuntos ao mesmo tempo em que se pressupõe uma não identidade intencional, pois, certamente "duende" e "sereia" são seres diferentes.

Obviamente, o teórico dos tropos simplesmente nega que seja possível falar com sentido de termos gerais como "duende" ou "sereia". Sua resposta concorda com a que Russell deu a Frege contrariando-o acerca de denotação, sentido e veracidade de termos com conjunto vazio. No entanto, esses casos retomam a questão da semelhança: de que critério se dispõe para concatenação do conjunto dos tropos? Admitindo-se, por exemplo, o conjunto dos tropos "vermelho" e colocando aí uma série de objetos vermelhos: cerejas, calça vermelha, carro vermelho, pingos de sangue, etc., a pergunta que se faz é: "Por que reunimos todos esses objetos em um mesmo conjunto?". O teórico do tropo responde: "Porque eles têm tropos semelhantes!". Todavia, seria preciso entender qual o critério de identidade (intencional) da semelhança entre "vermelhos" e se perguntar se assumir o fenômeno da semelhança como um mero fato inexplicável do mundo será suficiente para pôr fim ao problema.

---

25 Entre os críticos da teoria dos tropos podemos incluir Jerrold Levinson (cf. LEVINSON, J. "The Particularization of Attributes". *Australasian Journal of Philosophy*, 58 (2): 102-115, 1980 e "Why There are No Tropes". *Philosophy*, 81: 563-579, 2006; CHRUDZIMSKI, A. "Two Concepts of Trope". *Grazer Philosophische Studien*, 64: 137-155, 2002; HOCHBERG, H. *Complexes and Consciousness*. Estocolmo: Thales, 1999; ARMSTRONG, D. M. *Universals*. Boulder: Westview Press, 1989; MORELAND, J. P. *Universals, Qualities, and Quality Instances: a Defence of Realism*. Lanham: University Press of America, 1985; SIMONS, P. "Particulars in Particular Clothing: Three Trope Theories of Substance". *Philosophy and Phenomenological Research*, 54 (3): 553-575, 1994; DALY, C. "Tropes". *Proceedings of the Aristotelian Society*, 94: 253-261, 1994).

A crítica do regresso ao infinito também persiste para a teoria dos tropos.²⁶ Imaginemos três tropos de vermelho V_1, V_2 e V_3 que se apresentassem em uma relação de semelhança entre eles, isto é, cada tropo fosse único, mas semelhante ao outro. Teríamos, então, um novo tropo chamado "semelhança de cor" na relação entre V_1 e V_2, V_2 e V_3, V_1 e V_3, que poderíamos nominar de R_1, R_2 e R_3. Porém, da mesma forma, poderíamos relacionar, em um nível superior, R_1 e R_2, R_2 e R_3, R_1 e R_3, gerando novos tropos de relação R_4, R_5 e R_6, chamados de "tropos semelhantes na cor". A lista poderia ser levada *ad infinitum*, uma vez que conseguiríamos novamente relacionar R_4 e R_5, R_5 e R_6, R_4 e R_6, produzindo novos tropos de relação de semelhança R_7, R_8 e R_9. A saída do regresso seria possível caso adotássemos o universal "vermelhidade" e assumíssemos cada ocorrência de vermelho como uma instanciação do universal, mas essa opção abandonaria a teoria monocategorial dos tropos. Campbell não interpreta esse regresso como *vicioso*, mas como *benigno*, pois "este regresso vai na direção de uma formalidade cada vez maior e uma substancialidade cada vez menor".²⁷

Outra crítica, levantada por Herbert Hochberg, diz respeito àquilo que faz dois tropos semelhantes serem verdadeiros ou falsos.²⁸ Ao tomar dois tropos semelhantes de vermelho, ou seja, V_1 e V_2, sobre estes, a teoria dos tropos afirma juntamente as duas proposições: "V_1 é diferente de V_2" e "V_1 é exatamente semelhante a V_2". Imaginemos duas afirmações verdadeiras sobre V_1 e V_2. Se os tropos forem simples e, ao mesmo tempo, proposições acerca deles forem logicamente independentes, então os dois não poderão apresentar as mesmas condições de verdade (*truthmakers*). Isto é, a razão que torna a proposição sobre V_1 verdadeira não pode ser idêntica para V_2. No entanto, a teoria dos tropos pressupõe (pela teoria da semelhança) que as condições de verdade de V_1 são as mesmas de V_2, a saber: o fato de serem ambos vermelhos. Isto significaria que as mesmas

---

26 A crítica é originalmente de Russell, mas retomada e aplicada por Chris Daly à teoria dos tropos. Cf. DALY, C. "Tropes". *Proceedings of the Aristotelian Society*, 94: 253-261, 1994.
27 Cf. CAMPBELL, K. *Abstract Particulars*. Oxford: Blackwell's, 1990, p. 35ss. Como afirma Oliveira, "a resposta de Campbell é que, porque cada estágio no regresso sobrevém a seu predecessor, nenhum deles constitui adições ônticas, e adições sobrevenientes são, para ele, pseudoadições, não envolvem compromissos ônticos novos" (OLIVEIRA, M. A. de. *A Ontologia em Debate no Pensamento Contemporâneo*. São Paulo: Paulus, 2014, p. 118). Nem o crítico Daly nem a teórica dos tropos Maurin assumem como satisfatória a resposta de Campbell. Para uma melhor tentativa de resposta a essa crítica veja MAURIN, A.-S. "Tropes". *The Stanford Encyclopedia of Philosophy*, 21 jun. 2018. Disponível em: http://plato.stanford.edu/entries/tropes/. Acesso em: 12 fev. 2019.
28 Cf. HOCHBERG, H. "Relations, Properties, and Particulars". *In*: HOCHBERG, H.; MULLIGAN, K. (eds.). *Relations and Predicates*. Frankfurt: Ontos Verlag, 2004, p. 17-53.

razões que tornam os tropos distintos os fazem semelhantes, ferindo um princípio lógico assim expresso: "Se V_1 é distinto de V_2 e V_1 é exatamente semelhante a V_2, então os dois não têm as mesmas condições de verdade". Sobre essa crítica, Maurin argumenta: "Hochberg interpreta a teoria dos *truthmakers* de forma errada ao pensar que proposições logicamente simples e independentes não possam ter as mesmas condições de verdade".[29]

Acrescentemos, para concluir: L. Puntel lança uma crítica à teoria dos tropos, afirmando que ela não se desfaz totalmente de uma semântica bicategorial pois implica ainda ideias de universais e particulares. Embora reconheça a "intuição valiosa" por trás da teoria dos tropos, Puntel afirma que a teoria ainda não conseguiu se desvencilhar da tradicional ontologia da substância assumindo uma semântica problemática, uma vez que adota entidades ininteligíveis (como são os "substratos"), portadores de propriedades abstratas. Para que fosse uma ontologia radicalmente nova, seria necessário à teoria dos tropos desvincular-se, de forma cabal, da semântica da ontologia da substância e articular uma nova semântica de acordo com sua intuição monocategorial,[30] porém isso não ocorre.

1.3 Implicações para uma metafísica da pessoa

A implicação do problema dos universais para a metafísica da pessoa não se refere apenas ao fato de que os universais são entidades articuladas apenas por pessoas, isto é, seres racionais com capacidade de apreender e compreender essas entidades. A aplicação dá-se em um nível ontológico e não apenas epistemológico, à medida que significa saber em que sentido o problema dos universais favorece a compreensão da natureza daquilo que somos essencialmente. Quando dizemos, por exemplo, que "Pedro" e "João" são pessoas, admitimos que ambos partilham propriedades semelhantes tais como humanidade, racionalidade, liberdade, consciência, etc. Essas propriedades são particulares ou universais instanciáveis? Se são particulares, como entender a "particularidade" dessas propriedades? Serão elas particulares físicas ou também não físicas? Se forem universais, como entender a individualidade da pessoa nesse quadro teórico? Essas perguntas acerca dos universais mostram a ontologia

---

29   Cf. MAURIN, A.-S. "Tropes". *The Stanford Encyclopedia of Philosophy*, 21 jun. 2018. Disponível em: http://plato.stanford.edu/entries/tropes/. Acesso em: 12 fev. 2019.
30   Cf. PUNTEL, L. B. *Estrutura e Ser: um Quadro Referencial Teórico para uma Filosofia Sistemática*. Trad. Nélio Schneider. São Leopoldo, RS: Unisinos, 2008, p. 254ss.

geral que uma determinada visão da pessoa assume e revelam a diversidade de posições possíveis, conforme demonstram os exemplos a seguir.

Um realista platonista, no que tange aos universais, está ligado diretamente à visão dualista de pessoa, que identifica a pessoa como uma substância imaterial capaz de participar da natureza das próprias ideias universais, como será apresentado, a seguir, na *visão simples*. Realistas moderados da visão hilemorfista de pessoa concebem os conceitos de "gênero" e "espécie", por exemplo, não como universais, mas como "entes de razão" inseparáveis de suas instâncias, enquanto que, para outras visões, são formas gerais abstraídas e separáveis dos entes concretos. Posições nominalistas, discordantes, parecem estar mais ligadas às visões fisicalistas acerca da pessoa, como é, por exemplo, a *visão biológica*. Isso, contudo, não é necessário, pois há as que identificam a pessoa com propriedades não redutíveis a entidades físicas e, ao mesmo tempo, confessam-se opostas à existência de universais, assumindo uma ontologia nominalista. Com efeito, pode haver posições nominalistas e, ao mesmo tempo, espiritualistas, que professam a existência apenas de particulares, mas entendidos como espirituais, seria o caso da visão panpsiquista leibniziana. O problema dos universais revela, portanto, o leque de entidades possíveis e onde se encontra a "pessoa" nesse cenário. À primeira vista, ontologias bicategoriais que admitem entidades universais e particulares parecem estar mais ligadas a posições dualistas acerca da pessoa, enquanto ontologias monocategoriais expressam uma visão monista de pessoa.

Visões dualistas geralmente assumem uma posição realista acerca dos universais, seja da forma platônica ou aristotélica moderada. Nesse âmbito, vem à tona a distinção clássica de matéria e forma, representada nas pessoas pelas dimensões corporal e espiritual (corpo e alma) e que exercerá um papel fundamental na concepção ocidental de pessoa. Contudo, a compreensão de pessoa para realistas platonistas e moderados será diversa: enquanto para platonistas a pessoa é idêntica à sua alma, encarcerada em um corpo, aristotélicos entendem a pessoa como uma composição inseparável de corpo e alma. Daí a afirmação de que as duas posições realistas assumem um elemento imaterial distinto da matéria e, possivelmente, imortal que constitui ou compõe a pessoa.

A visão dualista aceita a divisão ontológica do mundo em entidades físicas e não físicas, bem representadas na composição da pessoa humana (corpo e alma). Nesse sentido, a natureza espiritual da pessoa vem defendida em estreita ligação com a existência real dos universais. De fato, a alma intelectiva exerce a função de apreender a essência universal dos entes, de tal forma que seu objeto próprio não constitui a matéria perceptível pelos sentidos, mas o universal representado pelo conceito/essência da coisa. A existência de universais se torna, nessa tradição, um argumento para demonstrar a natureza espiritual da pessoa humana, enquanto afirma a não redução da pessoa à matéria e ao corpo, assim como a ideia universal não pode ser reduzida às suas impressões sensíveis. Logo, tanto para platonistas como para aristotélicos, a existência de universais constitui um fator importante para determinar a natureza do que somos. Se universais não existissem e fossem reduzidos apenas aos particulares, como afirmam os nominalistas (por exemplo, ao asseverar que a ideia de "circularidade" é totalmente reduzida ao conjunto dos objetos circulares), então a argumentação em prol da existência da parte imaterial da pessoa capaz de aprender esse universal seria, de certo modo, comprometida. Isso parece valer, sobretudo, para platonistas, que defendem a igual natureza imaterial da alma e do universal. Aristotélicos seriam menos prejudicados pela não existência de universais separados, uma vez que compreendem o universal vinculado, necessariamente, ao particular, bem como a alma ao corpo. Nesse âmbito, a alma constitui um elemento imaterial, mas não desligado totalmente do corpo biológico, motivo de séria discussão exegética e sistemática acerca da posição aristotélica sobre a sobrevivência da alma depois da morte do corpo, a qual será apresentada adiante na visão hilemórfica.

De outro modo, nominalistas que rejeitam a ideia de universais e apresentam uma ontologia monocategorial[31] parecem estar mais ligados a posições monistas acerca da pessoa. Nominalistas aceitam somente entidades particulares que, no entanto, podem ser concretas ou abstratas, físicas ou não físicas. Esse fato garante uma diversidade de posições nominalistas acerca da pessoa. Há nominalistas que aceitam apenas entidades particulares e físicas. Nesse cenário, a pessoa é compreendida como uma entidade puramente física, sem nenhum elemento espiritual (entendido como não material) capaz de sobreviver à corrupção da matéria. Esta é a posição ontológica do fisicalismo

---

31 Apesar disso, muitas posições nominalistas ainda estão ligadas a uma semântica e ontologia bicategoriais que admitem a divisão das entidades em objetos e propriedades. Veja a crítica de L. Puntel à teoria dos tropos, anteriormente discutida.

reducionista. Isso não significa que a pessoa seja comparada a pedras ou plantas, apenas que todos os seus componentes essenciais, inclusive consciência, racionalidade, vontade, etc., são reduzidos, em última instância, a elementos físicos particulares.

Outros nominalistas defendem entidades particulares com propriedades não só físicas como também não redutíveis ao físico, embora tais propriedades não sejam consideradas de uma natureza espiritual. Nesse contexto surge uma série de posições acerca da pessoa que, embora se confessem fisicalistas, defendem a não redutibilidade de propriedades como autoconsciência, racionalidade, estados mentais, vontade, etc., a entidades puramente físicas. Tal é a posição dos fisicalistas não reducionistas que inclui, entre outras, a visão psicológica e a visão constitucional, abordadas adiante. Geralmente, o conceito de "pessoa" nessas concepções identifica-se a um feixe de propriedades mentais realizadas ou instanciadas no cérebro, mas não redutíveis a ele. Nesse âmbito, estados mentais que identificam a pessoa enquanto tal apresentam um traço de universalidade porque podem ser instanciados em várias entidades físicas ou vários tipos de corpos (múltipla realizabilidade), mas não constituem algo independente do elemento físico ou corpóreo.

Importante será confrontar cada uma dessas posições com os enigmas básicos a respeito dos universais, elaborados com a ontologia geral – a qual assumem implícita ou explicitamente –, para testar a coerência da metafísica da pessoa. Destaquemos apenas dois exemplos. O *animalismo* defende que pessoas são idênticas ao seu organismo biológico, descartando qualquer tipo de identificação do que somos com alguma entidade imaterial ou psicológica. Temos aqui, de forma tácita, uma ontologia nominalista que aceita apenas entidades particulares, mais especificamente, entidades particulares físicas. Por outro lado, o animalismo pressupõe a existência de uma categoria geral de animal *homo sapiens*, capaz de classificar todos os indivíduos em um só conjunto de entes com as "mesmas" características. Como entender essa classificação? Obviamente, o animalismo não aceita a existência de características universais e independentes do *homo sapiens* como metabolismo, respiração, autoconsciência, etc. Ele admite a existência do conjunto dos indivíduos (pessoas) portadores dessas características. Contudo, surge a questão: como se classificaram tais indivíduos nesse conjunto sem pressupor um conteúdo intencional dessas propriedades?

Não seria preciso admitir propriedades universais intrínsecas para classificar um indivíduo como pessoa nesse conjunto? Nominalistas recorrem ao fenômeno da mera "semelhança" como critério de classificação, mas em torno deste não há consenso e restam dúvidas de qual seja a solução adequada ao problema da predicação.

Outro exemplo é o fisicalismo não reducionista, que demonstra nítida incoerência ao assumir um quadro teórico totalmente fisicalista ao mesmo tempo em que defende a não redutibilidade de entidades mentais ao físico. O caráter de "instanciável" dado aos estados mentais nos faz questionar se é coerente a assunção de uma ontologia puramente física. Se só existem entidades físicas, como entender estados mentais "não físicos" e diversamente instanciáveis? Existiria espaço nessa ontologia fisicalista para algo não idêntico ou irredutível ao físico? É coerente assumir uma ontologia geral fisicalista e uma metafísica da pessoa não reducionista?

Em síntese, podemos afirmar que o estudo sobre o problema dos universais propõe a seguinte conclusão: independentemente da metafísica da pessoa assumida, ela precisa ser coerente com seu quadro teórico geral. Se uma teoria da pessoa admite uma ontologia puramente nominalista e fisicalista, aceitando em seu quadro apenas entidades particulares físicas, não há como entender que assuma uma visão de pessoa não idêntica ou irredutível ao físico. Para ser coerente neste quadro teórico, o conceito de "pessoa" não pode inserir elementos em desacordo com a natureza particular e localizada do físico. Coerência deve ser o princípio básico de uma posição filosófica.

Observa-se, no entanto, que posições dualistas são mais coerentes que as monistas ao admitir uma ontologia bicategorial que entende a pessoa como uma composição de dois elementos, um material e outro espiritual. Contudo, essa impressão é só aparente. Nada impede que uma teoria nominalista como, por exemplo, a dos tropos, rejeite a existência de universais, mas admita a existência de particulares físicos e não físicos ou espirituais. Em poucas palavras, "particular" aqui não seria reduzido apenas ao particular físico, mas também ao particular espiritual. Vale destacar a importância de que tanto a compreensão de pessoa como o quadro geral assumido não só sejam coerentes entre si, mas também deem espaço para a explicação de fenômenos como autoconsciência, estados mentais, racionalidade e vontade, essenciais ao que somos e que parecem não se ligar a um quadro puramente particularista e fisicalista.

2

Particulares concretos

No primeiro capítulo, analisamos a problemática dos *universais* na ontologia. Cabe agora avaliarmos de perto o problema dos *particulares*, representando um passo importante para o problema da identidade pessoal, pois a pessoa não se define por um universal abstrato, senão por um particular concreto.

O problema dos universais revelou pelo menos duas posições bastante distintas: o realismo e o nominalismo. Os realistas professam uma ontologia bicategorial em que se afirma a existência de universais (propriedades e relações) e particulares (objetos). Os nominalistas reconhecem apenas uma categoria, os particulares. Para estes, haveria apenas a existência de entidades particulares, o que para algumas formas de nominalismo não significa que todas as entidades sejam concretas. Nominalistas como os da *teoria dos tropos* aceitam uma subdivisão dentro da monocategoria dos particulares, os quais são constituídos por concretos singulares e atributos ou propriedades singulares.

Neste capítulo, refletiremos sobre os "particulares" e sua estrutura básica.[1] Esse termo é contraposto a "universal" para se referir àquelas entidades que ocupam lugar no espaço e no tempo. Elas iniciam em um determinado tempo, prolongam sua existência por um período e acabam desaparecendo em algum momento. Isso demonstra sua natureza contingente, pois não há nenhuma necessidade na aparição, continuação e desaparecimento de tais

---

1   Para uma análise acurada do problema dos particulares concretos confira: IMAGUIRE, G.; ALMEIDA, C. L. S. de; OLIVEIRA, M. A. de. *Metafísica Contemporânea*. Petrópolis, RJ: Vozes, 2007; OLIVEIRA, M. A. de. *A Ontologia em Debate no Pensamento Contemporâneo*. São Paulo: Paulus, 2014; BRÜNTRUP, G. *Theoretische Philosophie*. Munique: Komplett-Media, 2011; LOUX, M. J. *Metaphysics*: a *Contemporary Introduction*. 2. ed. Londres: Routledge, 2002; LOUX, M. J. *Metaphysics: Contemporary Readings*. 2. ed. Londres: Routledge, 2008.

entidades. Além disso, elas não podem ser exemplificadas, instanciadas ou multiplicadas como seriam os universais. São entidades sujeitas à troca de atributos e para as quais usamos termos singulares e pronomes demonstrativos ao indicá-las: "esta caneta", "esse gato", "aquele homem".

Há, aproximadamente, quatro teorias que interpretam de forma diferenciada o sentido dos particulares concretos, a serem analisadas neste capítulo: a teoria do substrato (2.1), a teoria dos feixes (2.2), a teoria da substância (2.3) e a teoria do processo (2.4), levantando também os problemas inerentes a cada uma delas. A finalidade do capítulo é esclarecer melhor a ontologia geral que as diversas posições acerca da pessoa assumem e perguntar se os quadros gerais pressupostos são coerentes.

2.1 A teoria do substrato

A primeira das teorias divide os *constituintes* dos particulares concretos em atributos e "substrato puro" (*bare substratum*). "Constituintes" aqui seriam as partes integrantes do indivíduo. Todo ente concreto consistiria, então, em um complexo de propriedades "carregadas" por um sujeito possuidor de tais propriedades. Estes dois constituintes são irredutíveis um ao outro e não requerem outra análise, isto é, não se pode entender o que são os particulares sem pressupor atributos e um sujeito que os possua. Ponto fundamental nessa teoria é que atributos são totalmente "extrínsecos" ao substrato. Isto significa que o *substratum* (etimologicamente, "algo que está por baixo") não possui nenhuma propriedade intrínseca, pois é ele quem sustenta "por baixo" todos os atributos. Nesse sentido, o substrato não possui nenhuma propriedade que lhe seja essencial, o que torna a teoria uma concepção antiessencialista.[2]

Embora a teoria do substrato esteja em baixa, filósofos ilustres assumiram-na ao longo da história. Alguns acham que o próprio Aristóteles a defendeu em alguns trechos de sua *Metafísica*,[3] J. Locke caracterizava o substrato como "algo do qual não sei",[4] B. Russell[5] em certo momento afirmou a existência do substrato por trás das propriedades

---
2 Cf. LOUX, M. J. *Metaphysics*: a *Contemporary Introduction*. 2. ed. Londres: Routledge, 2002, p. 121.
3 Cf. ARISTÓTELES. *Metafísica* Z.3, 1029a22.
4 Cf. LOCKE, J. *Essay Concerning Human Understanding*, 1690, II. xxiii.6; II. xxiii.2.
5 Cf. RUSSELL, B. "On the Relations of Universals and Particulars". *Proceedings of the Aristotelian Society*, New Series, 12: 1-24, 1911-1912.

e, atualmente, Gustav Bergmann e Edwin B. Allaire continuam argumentando a favor desta posição.[6]

O principal argumento em favor da teoria do substrato constitui a tese de que somente um "substrato puro" pode dar conta de um princípio de diferenciação numérica dos particulares. Uma vez que os atributos podem ser qualitativamente indiscerníveis em dois particulares, a única garantia de diferenciação numérica seria assumir uma *ipseidade* ou *hecceidade* (tematizada por Duns Scotus) constituída pelo substrato puro. A teoria concorrente (teoria dos feixes de cunho realista) não seria capaz de explicar por que dois particulares totalmente indiscerníveis em seus atributos seriam dois e não apenas um, já que seus únicos constituintes são atributos.[7]

Se tomarmos uma árvore, por exemplo, um específico jambeiro, e elencarmos todos os seus atributos, teremos algo como: um tronco de 30 cm de diâmetro de cor marrom, folhas verdes, uma altura de 10 m, flores e frutos vermelhos, etc. Nenhuma dessas propriedades isoladas, porém, pode ser confundida com o jambeiro *em si*. Se dissermos que "o jambeiro é um tronco de 30 cm", poderemos cair em uma falácia mereológica na qual essa relação de identidade (dependendo de como se entende o verbo *ser* neste juízo) reduz o todo a uma parte ou atributo. O mesmo não poderia ser feito com nenhum dos atributos. O jambeiro não é idêntico a nenhum deles, uma vez que tal identidade excluiria todas as outras propriedades. Então, o que seria o jambeiro para além de seus atributos? Os da teoria do substrato afirmam que há um sujeito que possui todos os atributos, mas não se confunde com nenhum deles. É tal "substrato puro" que carrega todas as propriedades e, por isso, deve se encontrar "para além" de suas propriedades.

A pergunta fundamental que requer uma resposta dos teóricos do substrato consiste em saber qual a relação entre um substrato puro e seus atributos, isto é, como o substrato se liga aos atributos. Segundo a teoria, somente a concepção de que haja um substrato puro será capaz de explicar porque diversos particulares possuem os mesmos atributos sem se tornarem uma

---

6   Cf. BERGMANN, G. *Realism*. Madison: University of Wisconsin Press, 1967; "Russell on Particulars". *Philosophical Review*, 56: 59-72, 1947; ALLAIRE, E. B. "Bare Particulars". In: LOUX, M. J. *Metaphysics: Contemporary Readings*. 2. ed. Londres: Routledge, 2008, p. 114-120.

7   É importante saber que tal argumento é fundamental contra a teoria dos feixes de cunho realista, mas não derruba a argumentação da teoria dos feixes de cunho nominalista (ou dos tropos), uma vez que cada particular possui propriedades singulares, que o diferenciam dos outros e não propriedades universais. Neste caso, para esta corrente não existem particulares indiscerníveis em suas propriedades.

só coisa. A resposta é simples: as coisas são diferentes, embora possuindo os mesmos atributos, porque têm um substrato diferente. Imaginemos dois jambeiros indiscerníveis em suas propriedades, com o mesmo tamanho, espessura, folhas verdes e frutos vermelhos. O que os diferencia um do outro é o fato de terem dois substratos diferentes. É o substrato que liga todos os atributos entre si, formando um determinado objeto concreto diferente de qualquer outro.

A teoria encontrou fortes objeções advindas, sobretudo, de filósofos empiristas que dizem não ter sentido a teoria, pois o único critério para garantir a existência de entidades é a experiência sensível. Como o substrato puro não pode ser captado pelos sentidos, resvala totalmente em um *non sense* de teoria.[8] Uma espécie de "*streap tease* ontológico", portanto, não garantiria inteligibilidade àquilo que se quer chamar de substrato puro.[9] Também no nível semântico a relação sujeito-predicado não seria de todo inteligível, pois o sujeito só pode ser compreendido a partir de seus atributos. A pressuposição de um "substrato puro", desprovido de qualquer atributo, faria do substrato algo totalmente ininteligível.

No entanto, a crítica mais severa levantada contra a teoria do substrato é a da autocontradição. Pensar num "substrato puro" sem nenhum atributo parece levar a uma contradição, pois o próprio fato de "não ter atributo" poderia já ser um atributo do substrato. Esta é a crítica de W. Sellars em seu artigo "Particulars".[10] O teórico do substrato concebe uma *hecceidade* que não tem nenhuma propriedade essencial. No entanto, "não ter nenhuma propriedade" parece ser algo essencial, o que o levaria a uma autocontradição.

Contudo, se o teórico do substrato procurar resolver o problema, admitindo que as únicas propriedades aceitáveis em um substrato sejam as do tipo "ser idêntico a si mesmo", "não ter propriedade", etc., cairia em outro enigma ainda mais inextrincável, a saber: não teria mais nenhum critério de distinção entre os particulares, pois se um substrato possui apenas essas

---

8 Autores como G. Bergmann e E. B. Allaire não estão dispostos a renunciar ao axioma empirista chamado "*principle of Acquaintance*" (princípio do contato). Para ambos, o "substrato puro" pode não ser perceptível, mas, sem dúvida, pode-se reconhecê-lo no momento em que dois objetos são indiscerníveis em suas propriedades, mas se apresentam como dois exemplares espacialmente distintos um do outro. O "substrato puro" seria, então, reconhecido por sua hecceidade (*thisness*). Cf. BERGMANN, G. "Russell on Particulars". *Philosophical Review*, 56: 59-72, 1947; ALLAIRE, E. B. "Bare Particulars". *In*: LOUX, M. J. *Metaphysics: Contemporary Readings*. 2. ed. Londres: Routledge, 2008, p. 114-120.
9 Cf. IMAGUIRE, G. "A Substância e suas Alternativas: Feixes e Tropos". *In*: IMAGUIRE, G.; ALMEIDA, C. L. S. de; OLIVEIRA, M. A. de. (orgs.). *Metafísica Contemporânea*. Petrópolis: Vozes, 2007, p. 282.
10 Cf. SELLARS, W. *Science, Perception, and Reality*. Londres: Routledge & Kegan Paul, 1963.

propriedades essenciais, então todos os substratos puros seriam indiscerníveis. Essa questão comprometeria o maior de seus argumentos a favor de sua tese contra os realistas da teoria dos feixes, isto é: o fato de que eram os substratos puros os únicos capazes de distinguir os particulares com atributos indiscerníveis.[11] O teórico do substrato não quer assumir essa consequência e parece admitir que substratos puros não têm nenhum tipo de propriedade essencial.

Por fim, deve-se perguntar se as propriedades contingentes de um particular não são realmente um critério de identidade para um indivíduo. Segundo a teoria do substrato, poderíamos trocar todas as propriedades e continuar com o mesmo indivíduo, pois é o substrato que garante a continuidade do particular no tempo. G. Brüntrup nos dá um bom exemplo para duvidar de que as propriedades não façam parte da identidade de um indivíduo, como afirmam os teóricos do substrato.[12] Ele chama a teoria do substrato de "ontologia do conto de fadas", em que um sapo pode virar um príncipe sem deixar de ser humano. Ou, se quisermos tomar outro exemplo da literatura, pode-se recorrer à novela *A Metamorfose*, de Franz Kafka, em que o personagem Gregor Samsa acorda pela manhã e percebe que se transformou em um inseto monstruoso. Gregor continua pensando e reflete sobre sua desgraça e a situação de sua família acomodada, sustentada apenas por ele. Gregor mudou todos os seus atributos, mas continuou sendo ele mesmo. Um teórico do substrato diria que seu núcleo individualizante continuou o mesmo, apesar de todos os seus atributos terem mudado. Brüntrup põe em dúvida a coerência de um princípio individualizante sem nenhuma propriedade essencial ou mesmo acidental, o que pode levar facilmente a uma ontologia encharcada de entidades supérfluas.

2.2 A teoria dos feixes

A teoria dos feixes (*bundle theory*) afirma que não há entidades do tipo "substrato puro", que sustentam os atributos e, em si mesmas, são desprovidas de qualquer atributo, como na teoria anterior. O particular concreto seria um

---

[11] Nesse sentido, ver a crítica de DENKEL, A. "The Refutation of Substrata". *Philosophy and Phenomenological Research*, 61 (2): 431-439, 2000. Ou, ainda, a análise da crítica de Denkel em OLIVEIRA, M. A. de. *A Ontologia em Debate no Pensamento Contemporâneo*. São Paulo: Paulus, 2014, p. 51-54.
[12] Cf. BRÜNTRUP, G. *Theoretische Philosophie*. Munique: Komplett-Media, 2011, p. 71ss.

"feixe" constituído apenas de atributos. A teoria afirma que se tirarmos todos os atributos de um particular tal como massa, altura, cor, forma, etc., não resta absolutamente nada. Filósofos ligados ao empirismo como Berkeley, Hume, Russell, A. J. Ayer, D. C. Williams, Herbert Hochberg, Hector Castañeda e K. Campbell defendem essa posição.

A teoria dos feixes pode ser compreendida de pelo menos duas formas: a) considerando os atributos como universais (realistas); ou b) considerando os atributos como tropos (nominalistas).[13] O primeiro grupo (dentre seus membros, Russell em seus primeiros escritos, Ayer, Hochberg, Castañeda) afirma que os particulares não são mais que um feixe de atributos universais. Nesta concepção, o risco de tornar os entes indiscerníveis é muito alto e, por isso, a teoria foi bastante criticada: como poderíamos distinguir dois objetos que possuem o mesmo conjunto de propriedades universais? O segundo grupo considera que todos os atributos são singulares, coadunando, assim, a teoria dos tropos com a teoria dos feixes. Nesse caso, um particular concreto seria apenas um feixe de tropos (atributos singulares) e, assim, teria mais chance de responder ao desafio de entender o princípio diferenciador de duas bolas "semelhantes", pois o que tornaria, por exemplo, uma bola vermelha *A* diferente de outra bola vermelha *B* seria cada uma das propriedades individuais e singulares que formam os dois particulares. Isto é, como toda propriedade é sempre particular e não universal, não teríamos problema de identificar os atributos como critérios de particularidade destes entes. O vermelho da bola *A* não seria em nada idêntico ao vermelho da bola *B*. Cada vermelho garantiria a especificidade das bolas. O que existe para esta versão é apenas uma "semelhança" entre

---

13 James van Cleve sugere outra forma de distinguir pelo menos três tipos da teoria dos feixes: o primeiro tipo compreende o particular como um conjunto de atributos unidos por uma relação de copresença, definida de forma espaçotemporal, em que se torna difícil explicar o que seja a mudança sem assumir a perda de identidade do particular; o segundo procura contornar esse problema, assumindo o particular como uma sequência temporal de conjuntos de atributos, mas caindo no problema de dever aceitar que cada estágio temporal constitua um elemento essencial da identidade do particular; o terceiro tipo cuida de resolver este último problema construindo "referências contextualizadas" como se fossem *construções lógicas* para os particulares e não referências para as propriedades. "Esta versão rejeitaria *identificar* indivíduos com complexos de propriedades, oferecendo, ao invés, uma *tradução* de qualquer afirmação ostensiva sobre indivíduos em uma afirmação exclusivamente sobre propriedades. Por exemplo, poder-se-ia traduzir 'existe uma coisa vermelha e circular aqui' para 'vermelhidão e circularidade estão aqui coinstanciadas'" (Cf. CLEVE, J. "Three Versions of the Bundle Theory". *In*: LOUX, M. J. *Metaphysics: Contemporary Readings*. 2. ed. Londres: Routledge, 2008, p. 128). Alberto Casullo critica Cleve, oferecendo ainda uma quarta versão da teoria dos feixes (cf. CASULLO, A. "A Fourth Version of the Bundle Theory". *In*: LOUX, M. J. *Metaphysics: Contemporary Readings*. 2. ed. Londres: Routledge, 2008, p. 134-148).

os dois vermelhos das bolas, não identidade. Para os teóricos dos feixes, a "cola" que liga todos os atributos entre si constitui uma relação de *copresença, coinstanciação* entre os diversos atributos singulares. Por ser uma teoria que pensa os atributos como os únicos constituintes de um particular, às vezes é considerada uma posição ultraessencialista, pois crê que todos os atributos são essenciais, necessários.

A teoria dos feixes também sofre uma série de críticas. A primeira delas se direciona à versão realista que considera o feixe como um conjunto de atributos universais. Neste caso, não poderíamos distinguir dois particulares que fossem indiscerníveis em seus atributos, como atesta o *princípio da identidade dos indiscerníveis*[14] e teríamos que admitir a existência apenas de um e não de dois objetos! Essa crítica, no entanto, baseia-se em um princípio já questionado. Max Black, em seu artigo "The Identity of Indiscernibles",[15] quis produzir um contraexemplo, buscando mostrar que duas esferas totalmente indiscerníveis em seus atributos não seriam numericamente idênticas, o que poderia resgatar a versão realista da crítica. Contudo, o contraexemplo de Black não atinge seu objetivo e deixa a teoria realista em apuros. O problema é que cada uma das esferas terá sempre a propriedade discernível de "ser idêntica a si mesma" ou de ocupar um determinado lugar no espaço que a outra não ocupa. O contraexemplo não mostra que dois entes podem ser *totalmente* indiscerníveis, pelo contrário, mostra que a indiscernibilidade cabal não pode existir entre dois particulares concretos, mas apenas de algo consigo próprio. Assim, a versão realista pecaria pelo simples fato de levantar a hipótese da existência de dois objetos diferentes *totalmente* indiscerníveis em suas propriedades, o que não é possível.

Essa crítica não cabe, porém, ao teórico dos feixes partidário dos tropos, uma vez que a distinção entre os particulares se dá exatamente pela ocorrência dos tropos, que são sempre atributos singulares e não universais. O que pode existir, segundo a teoria dos tropos, é apenas uma semelhança entre os atributos, mas não instanciação ou exemplificação do *mesmo* atributo em particulares diferentes.

---

14 Loux caracteriza o princípio da *identidade dos indiscerníveis* desta forma: "Necessariamente, para quaisquer objetos concretos, a e b, se para qualquer atributo φ, φ será um atributo de a se, e somente se, φ for um atributo de b, então a é numericamente idêntico a b" (cf. LOUX, M. J. *Metaphysics: Contemporary Introduction*. 2. ed. Londres: Routledge, 2002, p. 112). Esse princípio não é o mesmo da *indiscernibilidade dos idênticos*, que encontra maior consenso que o anterior. Retornaremos a este ponto no capítulo 4.

15 Cf. BLACK, M. "The Identity of Indiscernibles". *Mind*, 61: 153-64, 1952.

Outro problema surge para a versão realista dos feixes. Para esta teoria, o particular seria um conjunto de propriedades que determina a condição de existência e identidade da coisa, mas a questão é que podemos elencar uma série infinita de conjuntos de propriedades que não formam um particular concreto. Por exemplo, o conjunto das propriedades {ser um jacaré, ser vermelho, ser de ferro} não constitui nenhum particular real. A essa crítica respondem os realistas dos feixes de forma simples:[16] não é qualquer feixe de atributos que constitui um particular, mas atributos que estão em uma relação de *copresença, coinstanciação* uns com os outros [Russell usa o termo "copresença", Goodman prefere "união" (*togetherness*) e Castañeda utiliza o termo "consubstanciação"]. A *copresença* é a relação em que um número de propriedades se refere a um único e mesmo indivíduo. Daly pensa que o apelo para a noção de copresença traz consigo problemas, o que Oliveira explicita da seguinte forma:

> Mas o que significa mesmo para F e G serem copresentes? Não pode ser apenas que F, G e uma relação de copresença C existam, pois todas essas entidades podem existir sem ser esse o caso. Introduzir outra relação de copresença C' não ajuda, e não é claro como a relação de copresença C poderia ela mesma estar numa relação de copresença. Aqui reaparece, nesse novo nível, o problema original, e, afinal, deve-se pôr a relação de instanciação, que não pode ser dispensada.[17]

Outra crítica, aplicada a realistas e nominalistas, é que a teoria dos feixes não daria conta de explicar nossa intuição básica de que as coisas permanecem as mesmas na mudança, pois a teoria dá a entender que, a cada vez que um atributo muda, a coisa muda sua identidade. Não haveria, portanto, uma identidade numérica entre coisas que sofrem mutação no tempo: se C_1 representasse um caju em t_1, possuindo o atributo "verde", e C_2 o mesmo caju em t_2, possuindo o atributo "amarelo", segundo a teoria, não poderia haver uma identidade entre C_1 e C_2, uma vez que o conjunto das propriedades de C_1 e C_2 não é idêntico.

Daí advém a crítica ao caráter necessário com o qual se revestem os atributos na teoria dos feixes. Diferentemente da teoria do substrato, para a qual

---

16 Cf. CLEVE, J. "Three Versions of the Bundle Theory". *In*: LOUX, M. J. (ed.). *Metaphysics: Contemporary Readings*. 2. ed. Londres: Routledge, 2008, p. 121ss.
17 OLIVEIRA, M. A. de. *A Ontologia em Debate no Pensamento Contemporâneo*. São Paulo: Paulus, 2014, p. 120.

os atributos são meramente contingentes, a teoria dos feixes assume uma total identificação da "coisa" com seus atributos, tornando-os totalmente essenciais e necessários à constituição do particular. Alguns filósofos tentaram responder a esta crítica organizando melhor a teoria. Para eles, o conjunto de propriedades poderia ser dividido em dois tipos de subconjuntos, um em que as propriedades são essenciais e outro em que são acidentais. James van Cleve formaliza esta opção do seguinte modo:

> [...] a sugestão seria que um indivíduo X tem uma propriedade F se, e somente se, existe um feixe completo Y de propriedades em mútua coinstanciação de tal forma que (i) X é um subconjunto dentro de Y e, ou (iia) F é um elemento de X (no caso de X ter F essencialmente) ou (iib) F não é um elemento de X, mas é um elemento de Y (no caso de X ter F acidentalmente).[18]

Um problema deste tipo de resposta é que o subconjunto das propriedades essenciais pode ser pequeno demais para identificar um indivíduo, podendo existir neste subconjunto, inclusive, propriedades contraditórias.[19] Para eliminar de vez os problemas em relação a essa crítica, Cleve sugere um novo tipo de teoria dos feixes, reformulado pela reviravolta linguística:

> Uma linguagem apropriada para esta ontologia consistiria simplesmente de nomes e propriedades mais um sinal para a instanciação, digamos, um sinal de exclamação. Ao invés de escrevermos '$\exists x(Fx)$', que sugere a existência de alguma *coisa* que instancia F, nós poderíamos ter '!(F)' (F é instanciado); ao invés de '$\exists x(Fx\&Gx)$', nós poderíamos ter '!(FG)' (F é coinstanciado com G), e ao invés de '$\exists x\exists y(Fx\&Fy\&\sim(x=y))$' nós poderíamos ter '!!(F)' (F é instanciado pelo menos duas vezes). Esta notação esclarece o fato que, embora propriedades sejam instanciadas, elas não são instanciadas *por* alguma coisa – nem mesmo por um feixe de propriedades.[20]

Essa nova versão teria que negar o que chamamos de coisa *em si*, o que a torna também complicada. Para Cleve haveria uma teoria concorrente mais apropriada para responder a estes desafios: a teoria da substância.

Casullo procurou defender a teoria dos feixes contra as objeções de Cleve em seu artigo "A Fourth Version of the Bundle Theory". Para responder à crítica de que a teoria dos feixes concebe todas as propriedades

---

18   CLEVE, J. "Three Versions of the Bundle Theory". *In*: LOUX, M. J. *Metaphysics: Contemporary Readings*. 2. ed. Londres: Routledge, 2008, p. 125.
19   Cf. *Id., Ibid.*
20   Cf. *Ibid.*, p. 129.

como necessárias e essenciais, Casullo procura interpretar a teoria dentro dos moldes de uma mereologia essencialista. A crítica de Cleve pode ser resumida assim: se tivermos um complexo *a* cujos constituintes coinstanciados são F, G e H em um tempo t_1 e depois tivermos F, G coinstanciados com K em t_2, segundo a teoria dos feixes, FGK constitui não apenas uma mudança de *a*, mas outro indivíduo distinto de FGH, uma vez que H e K são atributos essenciais aos dois complexos.[21] Casullo[22] afirma que a crítica teria sentido apenas em um modelo endurantista, em que se concebesse um mesmo indivíduo persistindo no tempo. No entanto, se tivermos o mesmo complexo *a* compreendido em um modelo perdurantista, deveremos afirmar que FGH é uma parte temporal essencial de *a* tanto quanto FGK também o será, sem deixar de ser o mesmo *a* possuindo as duas partes.

Por último, no campo semântico, a teoria dos feixes parece não conseguir explicar a relação sujeito-predicado das sentenças. Se o teórico dos feixes não considera que haja um sujeito possuidor de atributos, é preciso perguntar: a *quem* se atribui uma propriedade? Qualquer discurso que inclua a relação sujeito-predicado torna-se tautológico, pois afirma um atributo do próprio atributo. Uma vez que não existe nenhum "sujeito", a sentença "o jambeiro é alto" poderia ser substituída por uma tautologia: "O alto é alto", já que o jambeiro não é mais que seus atributos. Não obstante, o teórico dos feixes procura escapar da tautologia, asseverando que o primeiro termo, claramente, não se reduziria a um só atributo, mas ao feixe de atributos do particular. Um predicado determinado poderia então se referir a uma *parte* do feixe em questão. Se, por exemplo, pegarmos a parte do feixe que não inclua a propriedade "altura", poderemos traduzir a sentença nessa outra: "A parte do feixe que não inclui a altura é alta". De qualquer forma, o teórico dos feixes cairia em um discurso pouco informativo, pois, mesmo considerando uma parte dos atributos, a propriedade "alto" já estaria desde o início implícita no todo do feixe. A única informação dada seria a *copresença* desta propriedade com o conjunto das outras propriedades. Contudo, é necessário afirmar que o problema semântico da relação sujeito-predicado não depõe apenas contra a teoria dos feixes, senão também contra a teoria do substrato, como vimos anteriormente.

---

21   Cf. *Ibid.*, p. 124.
22   Cf. CASULLO, A. "A Fourth Version of the Bundle Theory". *In*: LOUX, M. J. *Metaphysics*: Contemporary Readings. 2. ed. Londres: Routledge, 2008, p. 139.

2.3 A teoria da substância

Entre as duas posições anteriores, uma *antiessencialista* e outra *ultraessencialista*, encontra-se a posição *essencialista* ou a teoria da substância (em latim, *substantia* significa "aquilo que subjaz"). Ela procura evitar os dois extremos da teoria do substrato e dos feixes. Contra a primeira, a teoria da substância afirma que o substrato que sustenta os atributos não é totalmente desprovido de propriedades. A teoria faz uma distinção do que sejam propriedades essenciais e acidentais. A substância se identificaria com um conjunto de propriedades essenciais e necessárias que "carrega" os atributos acidentais e contingentes. Contra a segunda, a teoria da substância adverte que somente pode haver mudança de um mesmo indivíduo porque ele continua com suas propriedades essenciais, mudando apenas suas propriedades acidentais. Uma mudança das propriedades essenciais constituiria realmente a perda da identidade, transformando o indivíduo em outro. De fato, para a teoria da substância, os indivíduos não são divisíveis em duas coisas como "carregador" e "atributos" ou se constituem como um "feixe" de atributos. Eles são verdadeiras unidades e não podem ser divididos em partes. Os atributos não são partes do indivíduo, como os átomos são partes das moléculas.

O pai da teoria da substância é Aristóteles, e esta foi sustentada por muitos filósofos ao longo da história, entre eles Tomás de Aquino. Aristóteles cunhou o termo *"ousia"* (traduzido para o latim como *substantia*) em *Categorias* (II 5) e desenvolveu melhor a teoria em sua *Metafísica* (V 8, 1017b, também nos livros Z e H). O termo *"ousia"* era aplicado não a algo universal, mas a uma *coisa determinada* (τοδε τι) da qual se pode predicar uma série de atributos, mas que não pode ser predicada de nada. Aristóteles usava o termo também para se distanciar da teoria das formas de Platão. Para ele, a substância não se identificava apenas com a forma, como Platão pensava, mas era um composto inseparável de matéria e forma, o que constituía a sua *teoria do hilemorfismo*. Na filosofia contemporânea, essa teoria tem sido defendida com matizes diversas por filósofos como G. E. M. Anscombe, P. F. Strawson, David Wiggins, Peter van Inwagen, Joshua Hoffman, Gary Rosenkrantz e Michael J. Loux.

Pode-se ainda falar de uma "substância primeira" e uma "substância segunda". A "substância primeira" é sempre uma exemplificação, instanciação de uma "substância segunda", por exemplo: "Sócrates" é uma determinação, instanciação de uma "substância segunda" chamada "homem". As "substâncias segundas" são *tipos naturais* que determinam a que espécie um indivíduo pertence e quais características essenciais ele terá. Da mesma forma que a "substância primeira" é um particular e a "substância segunda" é um universal, assim também os atributos inerentes à "substância primeira" são particulares e os atributos da "substância segunda" são universais. Assim, quando se afirma que "o homem é racional", atribui-se a propriedade "racionalidade" essencialmente à "substância segunda" "homem". Porém, quando se afirma que "Sócrates é sábio", atribui-se uma propriedade particular –"sabedoria"– a uma "substância primeira" – "Sócrates"–, que de qualquer forma é uma instanciação de "homem" e de "racionalidade".

Para essa teoria, apenas seres naturais têm uma substância e constituem um indivíduo como "homem", "ovo", "madeira", etc. Seres artificiais como "mesa", "computador", etc., não têm uma substância porque não são simples como os seres naturais, são seres compostos. Para evitar a crítica de que a teoria da substância não tem como diferenciar os indivíduos de uma espécie com os mesmos atributos essenciais, o teórico da substância afirma que a diferenciação acontece pela instanciação, realização ou concretização das essências. Cada indivíduo se difere de outro, em uma determinada espécie, porque foi *instanciado* no espaço e no tempo. "Pedro" é diferente de "Paulo" porque temos aqui duas instanciações da mesma essência "homem", isto é, duas "substâncias primeiras" de uma mesma "substância segunda". O importante aqui é, sobretudo, a relação entre substância e propriedade (ou, na linguagem aristotélica, "acidente"). A substância se diferencia do acidente pela sua independência ontológica. Enquanto o acidente só pode subsistir em uma substância, esta se caracteriza por sua autonomia. Digo que a cor vermelha da uva apenas pode existir na substância da uva, mas essa substância poderia subsistir sem a cor vermelha, por exemplo, quando a uva ainda não está madura e apresenta cor verde.

Assim, a substância tem uma característica fundamental: ela subsiste em si mesma e não em outro.[23] O acidente, ao contrário, subsiste apenas no outro. Nesse sentido, uma pergunta central consiste em saber se os acidentes (ou propriedades universais) ainda existiriam se todas as substâncias primeiras não existissem mais. Por exemplo, o que aconteceria com a cor verde se todos os indivíduos verdes deixassem de existir? Realistas e nominalistas dão respostas diferentes, como vimos no primeiro capítulo. Realistas que seguem Aristóteles diriam que os universais só existem na coisa concreta (*universalia in rebus*), enquanto realistas na linha de Platão afirmam que os universais existem independentemente da coisa concreta (*universalia ante rem*). Já os nominalistas rejeitam totalmente que haja coisas universais, denominando-as apenas de *flatus vocis*.

A teoria da substância procura responder à crítica também da teoria do substrato, pois a "substância" ou "essência" não é um carregador puro, sem atributos. A essência é constituída de propriedades necessárias, intrínsecas e idênticas ao substrato. Assim, um particular concreto é formado por um núcleo de propriedades essenciais, dados por seu *gênero e espécie*, e outras acidentais, que podem mudar com o tempo sem ocasionar a mudança de identidade de um indivíduo. Em suma, à substância inerem propriedades acidentais que podem ser perdidas ou adquiridas em um processo de mutação sem comprometer a integridade do indivíduo.[24] O importante nesse contexto é perceber que, diferentemente das teorias do substrato e dos feixes, a teoria da substância consegue explicar melhor o fenômeno do *devir*: um indivíduo x com propriedade P_1 em t_1 continua o *mesmo* indivíduo x com P_2 em t_2, porque o núcleo de seu ser (sua essência) continua o mesmo. Além disso, a teoria parece explicar melhor porque dois indivíduos são diferentes, mesmo tendo propriedades comuns. A resposta da teoria é simples: porque duas instanciações de uma "substância segunda" produzem sempre duas "substâncias primeiras", ainda que o núcleo do ser (essência) de ambas seja comum.

Tal teoria também não escapa de críticas. A primeira delas é saber até que ponto uma essência consegue individuar os particulares sem levar em

---

23 O problema da independência da substância vai ser o ponto central da reformulação moderna do conceito de substância elaborada por Descartes e, sobretudo, por Espinosa. Cf. OLIVEIRA, M. A. de. *A Ontologia em Debate no Pensamento Contemporâneo*. São Paulo: Paulus, 2014, p. 67ss.
24 Aristóteles tematizou mudanças não apenas acidentais, mas também substanciais que acontecem por geração ou corrupção. Cf. ARISTÓTELES, *Física*, 190b11.

consideração os atributos acidentais. Isto é, será que os atributos acidentais também não contribuem de forma necessária para a identidade de um particular? Se perguntarmos pela identidade de "Pedro" e "Paulo" e tivermos como resposta apenas os atributos essenciais, fica difícil visualizar a diferença tácita dos dois sem levar em consideração a história, a personalidade, o temperamento e as circunstâncias em que os dois se encontram. Parece que um essencialismo não é capaz de prestar conta dessa diferença. Outra crítica levantada diz respeito ao problema da evolução das espécies. Se as espécies forem compreendidas como "essências" atemporais capazes de ser instanciadas no tempo, devemos perguntar até que ponto essa concepção se coaduna com a convicção contemporânea de que as espécies apareceram em um processo evolutivo, isto é, marcadamente no tempo e não fora dele. Como se poderia conciliar o "devir" das espécies com o "ser essencial" da teoria da substância?

2.4 A teoria do processo

A crítica da teoria da evolução feita aos partidários da doutrina da substância nos remete a uma pergunta básica: existe mesmo um ser imutável, atemporal e necessário em suas características como pressupõe a teoria da substância? No debate atual emerge uma quarta teoria que procura responder ao desafio do evolucionismo dentro da ontologia. De fato, até parece que as ontologias do "ser" perdem lugar para as ontologias do "devir", como se, historicamente, o Parmênides do "caminho do ser" desse finalmente vez ao Heráclito do "panta rei". A ontologia do processo, que tematiza a categoria dos acontecimentos/eventos, proclama a predominância do devir sobre o ser, ou ainda, atesta que a natureza última da realidade consiste no próprio devir. A convicção básica desta teoria é que a realidade não é feita de "coisas" separadas umas das outras, como se o mundo fosse um composto de átomos totalmente estáticos e imutáveis no tempo. Ao contrário, a realidade seria um complexo vivo e dinâmico, em que o tempo determina a fluidez dos acontecimentos, interligando um antes e um depois, transformando o *processo* na constituição última de tudo o que existe.

A teoria do processo é a principal concorrente da teoria da substância, pois entende que não há essências prontas, estáticas e eternas na realidade, mas tudo está em constante mudança e de tal forma interligado que isolar a parte de seu todo dinâmico constitui uma "falácia mereológica". A teoria do processo conta, ao longo da história, com personagens também ilustres como Heráclito, Leibniz, Hegel, Charles Sanders Peirce, Samuel Alexander, C. Lloyd Morgan, Henri Bergson e, talvez o maior entre os contemporâneos, A. N. Whitehead. Tais filósofos invertem o axioma clássico do "agir segue o ser" (*operari sequitur esse*), transformando-o em uma concepção de que o "ser segue o agir" (*esse sequitur operari*), uma vez que o fundamento de tudo não é algo permanente e fixo, que produz atividade, mas uma pura fluidez da qual derivam todas as "coisas".

A maior contribuição para as ontologias do processo na contemporaneidade foi sem dúvida o esforço de Whitehead em produzir uma metafísica a partir da teoria da relatividade e da mecânica quântica. A partir do modelo de compreensão leibniziano, Whitehead se distanciou da ontologia das substâncias aristotélicas para engendrar um quadro teórico que denuncia, sobretudo, a "falácia da concretude mal colocada", que interpreta a realidade como uma série de pequenos "blocos" separados, colocados lado a lado em um espaço absoluto e desligado do tempo. Os mundos físico e metafísico, segundo as filosofias do processo, estão conectados em um permanente "devir", de tal forma que pretender "separar" ontologicamente pedaços do mundo não condiz com a verdadeira natureza da realidade. A mecânica quântica tem papel preponderante nessas ontologias porque concebe o mundo macrocósmico e determinista como redutível ao mundo subatômico das ondas de energia, desmontando de vez o atomismo e o determinismo clássicos ou, pelo menos, relativizando-os.

Nessa compreensão, o conceito de *particularidade* é questionado. De fato, a ontologia do processo levanta a pretensão de elaborar uma teoria do que são os "indivíduos" não comprometida com certo "particularismo" ou com o "mito da substância", mas uma teoria que entenda indivíduos como *não particulares*.[25] O conceito de "não particularidade" deve levar à uma compreensão de "individualidade" marcada não por critérios como "localidade" e "unidade contável" (= separável de outros), mas por características como "atividade" e "dinamicidade", capazes de evitar o que Whitehead chamava

---

25   Cf. SEIBT, J. "Particulars". *In*: POLI, R.; SEIBT J. (eds.). *Theory and Applications of Ontology: Philosophical Perspectives*. Dordrecht/Heidelberg/Londres/Nova Iorque: Springer, 2010, p. 46ss. Cf., ainda, SEIBT, J. "Ontologia de Processo". *In*: IMAGUIERE, G.; ALMEIDA, C. L. S. de; OLIVEIRA, M. A. de. (orgs). *Metafísica Contemporânea*. Petrópolis, RJ: Vozes, 2007, p. 290-313.

de "falácia da concretude mal colocada". O que vale não é perguntar "onde" está o indivíduo, mas "o que" está acontecendo para que algo seja tido como "indivíduo". As três teorias anteriores, segundo a teoria do processo, ainda pressupõem um conceito de particularidade marcado pelas categorias de "localidade" e "unidade contável" contrapostas à universalidade e, por isso, não são aptas para os novos desafios da ontologia em diálogo com as descobertas da ciência, sobretudo da física e biologia. A teoria do processo quer ser uma ontologia *monocategorial* que procura mostrar que o binômio particular-universal criou modelos ontológicos inapropriados.

Segundo Seibt, uma *teoria do processo geral* (GPT) consiste em uma ontologia baseada em um conceito de individualidade não fundado em categorias como "localidade" e "unidade contável", mas na *especificidade em funcionamento* ou *atividade* (*specificity-in-functioning*) que uma entidade tem em um contexto dinâmico.[26] Para Seibt, a GPT pressupõe "atividades não subjetivas" que caracterizam os "processos gerais" da realidade como entidades básicas. Elas possuem pelo menos sete características:[27] 1) são entidades *independentes*, isto é, não constituem apenas qualidades ou acidentes, mas têm subsistência como "coisas"; 2) são *temporalmente estendidas*, isto é, não são pontuais ou instantâneas, mas contínuas no tempo; 3) são ocorrências determinadas no tempo e espaço, mas não totalmente, pois não acontecem apenas em um lugar/tempo determinado, senão apresentam *múltiplas localizações ao mesmo tempo*, da mesma forma como são as propriedades; 4) não são unidades contáveis, mas "*porções contáveis*"; 5) não são determinadas em todos os seus aspectos funcionais ou qualitativos, mas *determináveis*; 6) são *individualizadas por seu papel funcional* dentro de um contexto dinâmico e não por estarem localizadas em espaço e tempo determinados; 7) por fim, são entidades *dinâmicas*. Essas sete características das entidades básicas chamadas de "processos gerais" constituem o fundamento da realidade e se aplicam a todos os tipos de entes:

> Em outras palavras, *qualquer individual concreto pode ser compreendido como um processo geral* desde que a diferença lógica entre as afirmações acerca de, por exemplo, coisas e matérias primas, atividades ou eventos possa ser representada em termos de diferença ontológica entre a variedade de processos gerais.[28]

---

26 Cf. SEIBT, J. "Particulars". *In*: POLI, R.; SEIBT J. (eds.). *Theory and Applications of Ontology: Philosophical Perspectives*. Dordrecht/Heidelberg/Londres/Nova Iorque: Springer, 2010, p. 47.
27 Cf. *Ibid.*, p. 48.
28 *Ibid.*, p. 49.

Seibt divide as entidades básicas utilizando o modelo mereológico da *homeomeridade* e *automeridade*. Os dois termos são utilizados por Aristóteles para diferenciar os animais que "se pareciam" em espécie, como, por exemplo, os vários tipos de peixes (salmão, sardinha, surubim, etc.) e outros que *eram* da "mesma espécie" (um grupo de sardinhas compartilha as mesmas características). Assim, a *homeomeridade* é o critério que coloca juntos todos os processos gerais de um mesmo tipo, isto é, processos básicos que possuem a mesma natureza do todo. Como exemplo, pode-se imaginar uma porção de água do rio Amazonas que terá a mesma natureza de outra porção caída em uma chuva no sul da China.

No entanto, cada processo geral é também uma ocorrência particular no espaço e no tempo, isto é, constitui uma *automeridade*. A porção de água no Amazonas é um processo geral ocorrido na Amazônia e não na China, o que define seu caráter único. Algumas entidades são mais homeômeras e autômeras que outras. Um livro é constituído de folhas (partes) que em si mesmas não são livros (todo), isto é, o livro tem um alto grau de automeridade e um baixo nível de homeomeridade espacial. Os graus de homeomeridade e automeridade podem ser máximos, normais ou mínimos no tempo e no espaço. O importante é constatar que todos os processos gerais, entidades básicas da realidade, possuem certo grau de homeomeridade e automeridade nas três dimensões espaciais e na dimensão temporal. Em resumo, enquanto o paradigma da substância trata os indivíduos como átomos localizados separadamente no espaço e no tempo, a ontologia do processo os trata como se fossem porções ou fases de um mesmo material com funções ou atividades diversificadas.

Por fim, devemos perguntar até que ponto a ontologia do processo consegue realmente dar conta da individualidade se, em última instância, tudo for constituído da mesma matéria-prima. Como poderíamos compreender a individualidade da pessoa, sua unidade de consciência, sua personalidade e história, seus erros e acertos, sua inviolabilidade? O holismo da ontologia do processo faz aparecer questões difíceis de resolver, sobretudo, no âmbito da identidade pessoal, com as quais qualquer metafísica da pessoa precisa se confrontar.

2.5 Pessoas como particulares concretos

A intenção de apresentar as diversas teorias acerca dos particulares não é outra senão mostrar a diversidade dos quadros teóricos que podem ser assumidos ao elaborar uma metafísica específica da pessoa. Todas as posições que estudaremos na segunda parte assumem uma ou outra destas ontologias com todas as suas vantagens e limites. De fato, muitas teorias da pessoa não explicitam o quadro teórico abrangente no qual expõem suas concepções, o que pode levar a uma série de incoerências. Neste ponto, não cabe escolher o modelo mais adequado para elaborar uma metafísica da pessoa, pois não é esta a intenção desta obra que procura apenas apresentar o debate contemporâneo sobre a identidade pessoal.

No entanto, faz-se mister explicitar e reforçar algumas das incoerências ou lacunas das teorias anteriormente elencadas sobre as quais se levantam as posições tradicionais e atuais acerca da pessoa. Dois problemas básicos afetam estas teorias, a saber: 1) certa ininteligibilidade das entidades pressupostas e 2) o problema da unidade. O primeiro deles se refere às teorias do substrato e da substância e o segundo às teorias dos feixes e do processo. De fato, grande parte das teorias acerca da pessoa pressupõem a ontologia do substrato/substância, como, por exemplo, as visões *simples*, *hilemórfica* e *biológica*. As duas primeiras identificam a pessoa humana com uma substância imaterial ou alma, seja ela do tipo platônico-cartesiano ou do tipo aristotélico-tomista, e a terceira identifica a pessoa com uma substância material ou corpo, como vem bem expresso no animalismo de E. Olson. Por outro lado, teorias da pessoa como a visão *psicológica*, a visão *constitucional* e visão de *Hume* adotam a teoria dos feixes, identificando a pessoa com um conjunto de propriedades mentais. Vamos analisar os dois problemas anteriormente citados.

O que se pretende afirmar com a ininteligibilidade das entidades pressupostas nas ontologias do substrato e da substância? A teoria do substrato demonstra melhor do que a teoria da substância essa incoerência fundamental, a saber: ela pressupõe uma entidade chamada "substrato" para além de seus atributos, mas que é totalmente ininteligível sem a determinação dos atributos. A teoria da substância não escapa da mesma crítica, pois é difícil entender como um sujeito possa ser idêntico às propriedades essenciais de sua espécie (uma vez que estas propriedades são necessárias ao sujeito) e ao mesmo tempo ser sujeito (que "está por baixo") destas propriedades. Tudo leva a pressupor uma entidade "nua" e inteligível. Essa crítica não é nova na história da ontologia e levou os filósofos a elaborarem ontologias alternativas, entre elas, a teoria dos feixes.[29] Atualmente, quem melhor denuncia

---

29   Cf. CAMPBELL, K. *Abstract Particulars*. Oxford: Blackwell's, 1990, p. 4-11.

essa incoerência e formula uma teoria alternativa é Lorenz Puntel com sua filosofia sistemático-estrutural.[30]

Puntel elabora uma teoria filosófica que parte da crítica à ontologia da substância e à semântica baseada em sentenças com a estrutura sujeito-predicado. Ontologia e semântica são duas fases de uma mesma moeda, o que, segundo Puntel, não foi observado nas várias tentativas de superação da teoria da substância. Essas tentativas até formulam uma nova ontologia, como, por exemplo, a teoria dos feixes, mas não reformulam a linguagem que a articula e, consequentemente, a semântica e a metafísica a ela correspondentes, levando a incoerências fundamentais, pois acabam assumindo uma semântica com a estrutura sujeito-predicado, que pressupõe mais uma vez a ontologia da substância. Uma real superação desta teoria depende de uma reformulação da ontologia e também da semântica.

Não pretendemos aqui expor a complexa concepção da filosofia sistemático-estrutural, mas apenas reforçar a crítica da incoerência na qual incorre a ontologia do substrato/substância e sua semântica. Puntel analisa a semântica que utiliza sentenças com sujeito e predicado e observa que em uma simples predicação como "a pessoa é racional" torna-se clara a incoerência básica. Na sentença, ao termo singular "pessoa" vem atribuída uma propriedade (essencial) "racional", que podemos formalizar como Rp (em que R é o atributo "racional" e a constante p representa o termo "pessoa"). Ora, R deveria tornar p inteligível, mas o problema é que a constante p vem já pressuposta como inteligível quando a ela é predicado R. Neste tipo de predicação assume-se que um sujeito só pode ser determinado pelas suas características e atributos (essenciais). Contudo, se abstrairmos essas propriedades, resta apenas uma entidade vazia e ininteligível. Ou seja, o sujeito, que é o *substrato/substância* da predicação vem pressuposto como inteligível e *determinado* (τoδε τι), mas é somente a predicação quem o determina e o torna inteligível, o que implica um círculo que demonstra a ininteligibilidade da entidade p.

> Faça-se a tentativa de abstrair de todas as *determinações*, isto é, de todos os atributos (propriedades e/ou relações) que possam ser predicados dessa entidade pressuposta e de todas as demais entidades com que essa entidade pressuposta de alguma maneira possa ser posta em relação (é preciso poder abstrair delas, visto que a entidade em questão *ex hypothesi* constitui

---

30   Cf. PUNTEL, L. B. *Estrutura e Ser: um Quadro Referencial Teórico para uma Filosofia Sistemática*. Trad. Nélio Schneider. São Leopoldo, RS: Unisinos, 2008.

uma entidade própria distinta). O que resta disso não é nada determinado: intrinsecamente a própria entidade não é nem um pouco determinada; ela é completamente vazia. Tal entidade não é inteligível e, em consequência, deve ser rejeitada.[31]

A originalidade da reformulação desta crítica por Puntel consiste no fato de denunciar não somente a ontologia da substância, mas também sua semântica. De fato, a filosofia sistemático-estrutural se esforça por elaborar não apenas uma ontologia alternativa, mas, sobretudo, uma semântica adequada para expressar esta nova ontologia a partir da convicção de que ontologia e linguagem (semântica) se implicam e não podem ser elaboradas separadamente. Nesse sentido, as teorias atuais sobre a pessoa que assumem este quadro geral (visões *simples, hilemórfica e biológica*) carecem de reformulação de seus pressupostos se quiserem alcançar uma coerência sistemática e maior inteligibilidade.

O segundo problema diz respeito à dificuldade que a teoria dos feixes tem para salvaguardar a unidade das entidades ontológicas pressupostas, a saber: as propriedades. Em geral, para a teoria dos feixes, um indivíduo é um conjunto/feixe de propriedades entrelaçados por uma relação de copresença.[32] Muitos autores criticam a teoria por não apresentar um "suporte" para tais propriedades, que acabam por ficar "soltas" e não garantem a unidade necessária de um indivíduo/objeto. Podemos pensar essa dificuldade com um exemplo *ad extremum*, que é a visão de Hume, que identifica o que somos com uma série contínua de percepções, na qual nenhuma delas constitui aquilo que chamamos de "eu", visto que percepções não são algo permanente, mas totalmente mutáveis. Nesse quadro, um "eu" é totalmente ilusório. Para expressar a dificuldade desta tese, nada melhor do que o seguinte texto de Reid contra Hume:

> Desta forma, eu sou uma sucessão de ideias relacionadas e impressões da qual tenho uma íntima memória e consciência [tese de Hume]. Porém, quem é o *eu* que tem esta memória e consciência da sucessão das ideias e impressões? Não é nada a não ser a sucessão mesma! Pelo que entendo, esta sucessão de ideias e impressões intimamente se lembra e é consciente de si mesma. Eu desejaria ser um pouco mais instruído e saber se as impressões se lembram e são conscientes das ideias, ou as ideias é que se lembram e

---

31 *Ibid.*, p. 257s.
32 Para os vários tipos desta teoria, ver a exposição anterior.

> são conscientes das impressões, ou se ambas se lembram e são conscientes das duas [...] isto, portanto, é claro: a sucessão das ideias e impressões não somente se lembra e é consciente, mas também julga, raciocina, afirma, nega, sim – até mesmo – come e bebe, algumas vezes fica alegre, outras, triste. Se tais coisas podem ser atribuídas à sucessão de ideias e impressões em consistência com o senso comum, então eu gostaria muito de saber o que significa contrassenso.[33]

O sentido do texto é claro: se não sou idêntico a nenhuma das minhas impressões ou não há nada que sustente as minhas impressões, então o conjunto delas é que pensa e está consciente. Porém, isso contradiz totalmente a intuição de que *eu* tenho impressões e não o contrário. A mesma dificuldade surge em teorias como as de Shoemaker e outras visões psicológicas, como veremos nos capítulos seguintes. Se nenhuma das propriedades mentais constituintes da identidade da pessoa é permanente, então se deve perguntar como as propriedades estão unidas umas às outras neste *feixe*. Parece que somente a relação de *copresença* não é suficiente, requerendo um modelo de unidade mais forte que, para a ontologia da pessoa, deve garantir a referência do pronome "eu". Na ontologia geral, uma versão que procura superar essa dificuldade é a chamada "teoria nuclear", que garante a unidade do feixe por meio de um conjunto mínimo de propriedades essenciais capazes de "segurar" a identidade do indivíduo e sustentar a mudança das propriedades acidentais e mutáveis.[34] Aplicada à visão psicológica, a "teoria nuclear" pressuporia um núcleo permanente capaz de unificar a ideia de pessoa, como parece ser a visão constitucional de Baker, que veremos à frente. O grande problema dessa solução é que se assemelha bastante à teoria da substância em sua versão hilemórfica, que já traz seus próprios problemas.

Outra dificuldade da teoria dos feixes, sobretudo se aplicada à pessoa, é que o conceito de atributo é apenas qualitativo ou psicológico, deixando de fora uma série de outras características que não são predicáveis como, por exemplo, átomos e células. Nesse sentido, é possível elaborar um tipo de teoria dos feixes "animalista" e não psicológica, identificando a "pessoa" com tropos físicos do animal ou ainda uma teoria dos feixes que assume ambas as propriedades físicas e psicológicas para compor a pessoa. Olson não vê, no

---
33   REID, T. *Essays on the Intellectual Powers of Man* (1785). Ed. A. D. Woozley. Charlottesville: Lincoln-Rembrandt, 1940, p. 358.
34   Cf. SIMONS, P. "Particulars in Particular Clothing: Three Trope Theories of Substance". *Philosophy and Phenomenological Research*, 54: 568, 1994.

entanto, qual seria a diferença e a vantagem dessa teoria comparada a uma teoria da "substância animalista".

> Alguém pode desviar este problema afirmando que nós somos um feixe animal: nós não somos um feixe de estados mentais apenas, mas um feixe composto de ambos os estados mentais e não mentais. Isto significaria que somos animais e resolveria o problema do animal pensante, tudo bem! No entanto, isto levantaria o problema de como nós sabemos que não somos o feixe pensante de estados mentais. E, de qualquer forma, não era este o ponto da visão dos feixes de oferecer uma alternativa para nosso ser animal? A teoria dos feixes animalista não teria nenhuma óbvia vantagem contra a usual teoria animalista substancial.[35]

Seja como for, uma teoria dos feixes aplicada à pessoa precisa expandir seu conceito de *atributos* (qualidades) e incluir uma série de *fatos* sobre a pessoa que ultrapassam o simples aspecto psicológico. Estas considerações apontam para uma série de incoerências que estão na base sobre a qual as posições acerca da pessoa se fundamentam, levando à conclusão de que uma teoria alternativa da pessoa não pode desconsiderar a coerência e a inteligibilidade do quadro teórico geral sobre o qual fundamenta seus argumentos.

---

35 OLSON, E. T. *What Are We? A Study in Personal Ontology*. Oxford: Oxford University Press, 2007, p. 143.

3

Persistência dos entes no tempo

O que é o tempo? É famoso o embaraço de Santo Agostinho ao tentar elaborar uma resposta a esta pergunta: "Se ninguém me pergunta, eu sei; porém, se quero explicá-lo a quem me pergunta, então não sei".[1] O tempo é real ou é apenas uma ilusão? Se apenas o presente existe, por quanto tempo ele existe até cair no passado, não mais existindo? Se passado e futuro existem, onde estão eles? Para Agostinho, "o presente do passado é a memória. O presente do presente é a visão. O presente do futuro é a espera",[2] mostrando que apenas o presente realmente existe. No entanto, a física e a filosofia do século XX revolucionaram nossa concepção comum do tempo. Para muitos filósofos e físicos, a divisão do tempo em presente, passado e futuro é totalmente relativa e o tempo não passa de uma ilusão. Para outros, deve-se falar sim em um referencial objetivo para se medir o tempo. E o que dizer da persistência de objetos e pessoas no tempo? Somos os mesmos ontem, hoje e amanhã ou será que somos diferentes pessoas a cada novo amanhecer? Existe realmente uma mudança dos entes particulares ou será que aquilo que chamamos de mudança não constitui mais do que novos indivíduos? Todas estas questões se referem ao problema do tempo e a persistência dos entes nele.

Vamos, neste capítulo, analisar as diferentes concepções de tempo (3.1), o debate entre presentistas e eternalistas (3.2) e a discussão entre endurantistas e perdurantistas (3.3), mostrando que o problema do tempo e suas implicações ontológicas para a metafísica nos levam a problemáticas para as

---

[1] AGOSTINHO, *Confissões*, livro XI, 14.
[2] *Ibid.*, 20.

quais é difícil dar soluções definitivas, mas que se tornam importantes para uma reflexão sobre a metafísica da pessoa.

3.1 Duas concepções de tempo

J. M. E. McTaggart ficou conhecido por seu artigo "The Unreality of Time" de 1908[3] e posteriormente com seu livro *The Nature of Existence*, nos quais distingue pelo menos duas concepções de tempo e pretende demonstrar que o tempo não é real.[4] McTaggart concebe o tempo como uma série ordenada, mas esta pode ser entendida de duas formas, o que ele chama de série tipo A e série tipo B. Na série A, cada evento percorre uma sequência que começa no futuro, passa pelo presente e desemboca no passado. Na série B, cada evento tem uma posição fixa dentro da série e pode ser localizado a partir das noções de anterioridade, simultaneidade e posterioridade. Na série B, qualquer evento do universo pode ser entendido como *antes de*, *simultâneo com* ou *depois de* algo. Se um evento *a* foi alguma vez anterior a um evento *b*, então ele será sempre anterior a *b* e nunca mudará sua posição nesta série.[5]

O argumento de McTaggart para demonstrar a irrealidade do tempo tem duas partes: na primeira, ele pretende mostrar que a série B pressupõe a série A; assim, ele conclui que apenas a série A é condição necessária e suficiente para compreender o tempo. Na segunda parte do argumento, ele mostra que a série A levaria a uma contradição, o que demonstraria ser o tempo irreal.

Antes de analisar as duas partes do argumento, faz-se mister perguntar se há uma distinção real entre as duas séries: as duas não são a mesma coisa? Segundo McTaggart, a diferença entre a série A e a série B consiste no fato

---

3   Cf. MCTAGGART, J. M. E. "The Unreality of Time". *In*: STOUT, G. F. (ed.). *Mind: a Quarterly Review of Psychology and Philosophy*. Londres: Forgotten Books, v. 17, 1964, p. 457-474 (1908); também publicado em: LOUX, M. J. (ed.) *Metaphysics: Contemporary Readings*. 2 ed. Londres: Routledge, 2008, p. 350-361.
4   "Eu creio que nada do que existe pode ser temporal e que, por esta razão, o tempo é irreal", cf. MCTAGGART, J. M. E. "Time". *In*: LOUX, M. J. (ed.). *Metaphysics: Contemporary Readings*. 2 ed. Londres: Routledge, 2008, p. 350.
5   McTaggart levanta ainda uma terceira posição, chamada de "série C" que consistiria simplesmente em uma ordenação sem o elemento temporal da série A (presente, passado e futuro) e sem a direção da série B (anterioridade, simultaneidade e posterioridade). A série C seria apenas uma ordenação aleatória totalmente contingente tal como A, B, C, que poderia ser ordenada como C, B, A ou B, A, C. Se o mesmo conjunto fosse ordenado como na série B, não poderíamos mudar a sequência A, B, C, pois o B vem sempre depois de A e antes de C no alfabeto. A série C não tem a menor importância para a compreensão do tempo, segundo McTaggart.

de que pode ocorrer uma mudança na série A, mas não na série B. Imaginemos um evento *a*, por exemplo, meu aniversário de 41 anos no dia 4 de janeiro de 2016. Este evento em 2015 era futuro, em 2016 foi presente e em 2017 é passado. Este evento *a* simplesmente muda sua posição na série A, de futuro para presente e de presente para passado. O mesmo evento *a* na série B não muda sua posição, pois sempre será anterior a 2017 e posterior a 2015. Ele está fixo na série B, mas se move na série A, o que permite a McTaggart afirmar que as duas séries não são idênticas.

Na primeira parte do argumento contra o tempo, McTaggart mostra que a propriedade fundamental acerca do tempo é a *mudança*. Se nada mudasse, não perceberíamos ou não haveria tempo. Se a série B fosse realmente uma concepção adequada de tempo, poderíamos descartar a série A e dar conta de explicar a mudança apenas com a série B. Contudo, em uma estrutura ordenada e estática, organizada a partir das noções de anterioridade, simultaneidade e posterioridade não pode haver mudança, pois cada evento nesta série tem sua própria posição "eternamente". Eventos só poderiam mudar nesta série se a série A fosse pressuposta.[6] Sem trocar sua posição na série B, um evento *a* só poderia mudar se ele fosse primeiro no futuro, depois no presente e, por fim, no passado. Esta seria a única mudança em um evento *a* posicionado na série B. Qualquer outra propriedade do evento *a* estaria fixada na série B e não mudaria sua posição. A conclusão de McTaggart é que somente a série A é essencial e suficiente para explicar a mudança e, consequentemente, para a compreensão do tempo, pois a mudança é essencial ao tempo.

Na segunda parte do argumento, McTaggart mostra que a série A leva a contradições, pois um evento não pode ter as três determinações (futuro, presente e passado) simultaneamente. Se um evento *a foi* futuro, *é* presente e *será* passado, então, conclui McTaggart, o evento *a* possui as três propriedades, o que é contraditório! Pode-se, claramente, argumentar contra McTaggart que um evento não é simultaneamente futuro, presente e passado, mas

---

6 McTaggart é contrário à posição de Russell, um defensor da série B, para quem o tempo é apenas uma perspectiva subjetiva dos eventos. Para Russell, o que determina a percepção do tempo são as propriedades de anterioridade, simultaneidade e posterioridade em relação a alguma sentença proferida pelo sujeito. Dizer que um evento *a foi p* significa apenas que ele ocorreu antes de minha asserção "a foi p". Se o sujeito não houvesse afirmado "a foi p", tal evento apresentaria apenas uma identidade atemporal entre *a* e *p*. Na realidade, McTaggart radicaliza Russell no momento em que rejeita não apenas a concepção da série A, como Russell, mas também a concepção da série B, levando a uma total irrealidade do tempo.

apenas uma propriedade de cada vez.[7] No entanto, McTaggart afirma que isso não ajuda, uma vez que atestar que um evento *a é p, foi p* e *será p* é a mesma coisa que afirmar a identidade de *a* com *p*. Isto é, afirmar que *a foi p* significa que em algum momento do passado *a é p*; a sentença *a será p* significa que em algum momento do futuro *a é p*. Assim, em uma visão não temporal do evento *a*, ele seria presente, passado e futuro simultaneamente, o que seria contraditório.[8]

A reflexão de McTaggart dividiu os filósofos em dois grupos: os que defendem a concepção B, afirmando que McTaggart não provou na primeira parte do argumento que a série A é a fundamental para a compreensão de tempo; e os que defendem a concepção A, negando que McTaggart tenha demonstrado alguma contradição ao pressupor a série A para eventos. Enquanto o primeiro grupo afirma que a série B constitui a mais adequada para se compreender o tempo, os teóricos da série A procuram desmontar a contradição levantada por McTaggart. Analisemos os argumentos de cada um destes grupos de teóricos.

Para os teóricos defensores da série B, todo evento e o próprio tempo têm uma posição nesta série, isto é, todo evento pode ser visto dentro da eterna estrutura *antes de, simultâneo com e depois de*, o que mostra que cada evento pode ser visto a partir de um *referencial* que o localiza no espaço e no tempo. De fato, todo evento possui uma estrutura espaçotemporal que o posiciona sempre em determinado ponto no tempo e no espaço, dependendo de algum referencial. Nesse sentido, todos os tempos (presente, passado e futuro) e os conteúdos do tempo *existem*, isto é, são igualmente reais. Os defensores da série B atestam que sua concepção é comprovada pela física contemporânea, sobretudo pela teoria restrita da relatividade de Einstein, que afirmou ser o tempo apenas mais uma dimensão ligada às três dimensões espaciais. Assim, deveríamos falar de uma estrutura espaçotemporal para cada evento no universo.

McTaggart é contra os teóricos da série B porque pensa que tal compreensão de tempo não explica a mudança, uma vez que não há como mudar

---
7   O próprio McTaggart levanta esta óbvia contra-argumentação em seu artigo.
8   É claro que a argumentação de McTaggart não leva a sério as flexões verbais, procurando mostrar que os tempos verbais podem ser reduzidos a estruturas linguísticas atemporais. No entanto, o debate é acirrado entre os que são pró e contra a redução de flexões verbais a estruturas atemporais. Para um resumo desse debate, veja os capítulos introdutórios de OAKLANDER, N. L.; SMITH, Q. (eds.). *The New Theory of Time*. New Haven: Yale University Press, 1994.

a posição de um evento dentro desta série. Todavia, os teóricos da série B argumentam que nossa percepção de mudança é falha, pois pressupõe que mudança significa sempre que *uma mesma coisa* troca de propriedades no tempo, por exemplo, se x tem a propriedade F em t_1, diz-se que x mudou se x não tiver mais a propriedade F em t_2. O problema é que se pressupõe que x em t_1 e x em t_2 são a *mesma* substância. Contudo, se pressupormos o contrário, a saber, que x em t_1 e x em t_2 são apenas partes temporais diferentes de um mesmo x, que corresponderia à soma de todas as suas partes $(x_1+x_2+x_3...+x_n)$, então nossa compreensão do que seja mudança também muda e já não serve para argumentar contra a série B.

Assim, os teóricos da série B acreditam que a realidade é de fato atemporal, no sentido de que tanto presente como passado e futuro *existem*, dependendo apenas de qual referencial se toma para atestar sua existência. Desse modo, tudo o que se diz na forma verbal passada ou futura pode ser transformado em uma linguagem atemporal, apenas localizando um evento *antes de, simultâneo com e depois de*. A sentença *a é p* significa que o evento *a ocorre simultaneamente* com meu uso da sentença; a sentença *a foi p* significa apenas que o evento *a ocorre antes* do fato de alguém pronunciá-la; a sentença *a será p* significa que o evento *a ocorre depois* do fato de alguém pronunciá-la e assim por diante. Todas estas sentenças podem, portanto, ser traduzidas em uma linguagem atemporal, isto é, uma linguagem que dispensa os tempos verbais e assume apenas um referencial seguido das noções de anterioridade, simultaneidade e posterioridade. A referência que tenho quando utilizo uma sentença em um discurso é minha própria existência, mas se tomasse outro referencial, por exemplo, uma pessoa afirmando a mesma sentença no passado, teríamos a mesma localização do evento na série B, no entanto, utilizando outras formas temporais.

Os teóricos da série A criticam a segunda parte do argumento de McTaggart, a saber: eles negam que a série A caia em contradição ao afirmar que um evento possui as propriedades de ser futuro, presente e passado. O primeiro argumento dos teóricos da série A contra McTaggart é simplesmente afirmar que um evento não é *simultaneamente* presente, passado e futuro, mas que um evento somente possui *uma* das propriedades de cada vez. Deve-se levar os tempos verbais a sério ao serem utilizados nas sentenças: quando se afirma que um evento *a é p*, *a foi p* e *a será p* significa dizer que somente a sentença *a é p* constitui a realidade, isto é, somente o presente existe. Os outros, ou existiram ou ainda vão existir. Assim, a mudança temporal é fundamental para se compreender os eventos, segundo os teóricos da série A. Dizer que um evento é presente significa afirmar que ele existe, afirmar que *foi presente* significa que ele existiu e que *será presente* significa dizer que ele ainda não existe.

Segundo McTaggart, há dois problemas com esta tentativa de saída da contradição da série A. Primeiro, utilizar flexões verbais para fugir da primeira contradição vai acabar em outra contradição, pois se digo que *a é p* (sendo *a* um evento e *p* a propriedade de tempo "presentidade") significa dizer que um evento *a* tem a propriedade *p* no momento t e t é presente; se digo *a foi p*, afirma-se que um evento *a* tem a propriedade *p* no momento t e t é passado; se digo *a será p*, afirmo que um evento *a* tem a propriedade *p* no momento t e t é futuro. De todas as formas, segundo McTaggart, o evento *a* terá pelo menos duas propriedades que se contradizem, a propriedade *p* (presentidade) e outra propriedade, seja ela passadidade ou futuridade.

O problema nessa tentativa de McTaggart de refutar os teóricos da série A, segundo Broad, é que ele pressupõe que a propriedade *p* ("presentidade"[9]) deve ser concebida como algo atemporal, instanciada nos vários momentos do tempo, o que parece ser uma pressuposição infundada: "Quando eu utilizo a sentença 'tem chovido', eu *não* estou significando que, em algum sentido atemporal misterioso de 'é', *existe* [there *is*] um evento chuva, que momentaneamente possuiu a qualidade de presentidade e a perdeu, adquirindo, ao invés, alguma determinada forma de passadidade".[10]

Na segunda tentativa contra os teóricos da série A, McTaggart procura mostrar que na série A devemos assumir um referencial fixo para medir o que seja presente, passado ou futuro. Contudo, uma régua fixa para o tempo levantaria uma pergunta se tal régua está submetida também ao tempo, o que pressuporia uma régua para medir também esta e, assim, *ad infinitum*, levando a série A a uma ininteligibilidade. Em poucas palavras, a série A pressupõe a mesma série A para ser explicada, o que gera um círculo vicioso, incapaz de retirar a contradição.

---

9 Veja que *p* poderia também representar a propriedade "passadidade" e "futuridade".
10 Cf. BROAD, C. D. "Ostensible Temporality". *In*: LOUX, M. J. (ed.). *Metaphysics: Contemporary Readings*. 2 ed. Londres: Routledge, 2008, p. 367.

Não obstante, a maioria dos teóricos da série A nega que haja necessidade deste tipo de régua para fixar o tempo.[11] Grande parte deles afirma apenas que somente o presente existe (presentismo).[12] Futuro e passado não existem realmente, o que leva ao vazio a necessidade de uma régua fixa para medi-los. Desta forma, o argumento de McTaggart de atribuir uma contradição aos teóricos da série A não teria sentido, uma vez que estes afirmam a existência apenas do presente, isto é, que apenas uma propriedade é atribuída a um determinado evento: ou ele é presente, ou é passado ou é futuro, o que não significa afirmar que passado e futuro existam realmente.

Dessa forma, proposições com as propriedades presente, passado e futuro podem ser verdadeiras ou falsas. Se afirmo "hoje é 12 de julho de 2018" e realmente esta sentença for proferida nessa data, então ela é verdadeira. No entanto, se a mesma sentença for pronunciada no dia 11 de julho de 2018 ou 13 de julho de 2018, ela será falsa, pelo simples fato que a primeira data já não existe e a segunda ainda não existe.

Para reforçar seus argumentos, os teóricos da série A negam que cada proposição acerca de um evento deva ser traduzida em uma proposição atemporal, pois afirmar que *a é p* não significa apenas asseverar que tal evento ocorre simultaneamente com a pronúncia da sentença e que *a foi p* significa que o evento ocorreu antes da pronúncia da sentença, etc., mas que apenas a sentença *a é p* atesta que o evento realmente existe. Esta argumentação refutou a teoria que procurava minimizar os tempos verbais na linguagem, assumindo uma linguagem atemporal para descrever eventos. Os teóricos da série B aceitam esta refutação, mas não concordam que levar os tempos verbais a sério carregue consigo o fato de que apenas o presente exista.

---

11 Broad acredita que a refutação da tentativa de mostrar uma contradição na série A desfaz o argumento do círculo vicioso de McTaggart. Cf. BROAD, C. D. "Ostensible Temporality". *In*: LOUX, M. J. (ed.). *Metaphysics: Contemporary Readings*. 2. ed. Londres: Routledge, 2008, p. 362-368.

12 A. N. Prior observa que o problema de teorias que afirmam a existência simultânea de presente, passado e futuro (no caso, o eternalismo) é que elas entendem a realidade como se fosse uma caixa com vários compartimentos, isto é, como se também o tempo fosse extensivo como o espaço. Cf. PRIOR, A. N. "The Notion of the Present". *In*: LOUX, M. J. (ed.). *Metaphysics: Contemporary Readings*. 2. ed. Londres: Routledge, 2008, p. 379-383. De fato, este será o grande desafio posto pela teoria restrita da relatividade de Einstein ao afirmar que não há duas dimensões, espaço e tempo, desligadas uma da outra. As duas dimensões formam, a partir de então, uma mesma dimensão espaçotemporal interligada ou, precisamente, uma realidade em quatro dimensões (três dimensões do espaço + uma dimensão do tempo). Cf. SMART, J. J. C. "The Space-Time World". *In*: LOUX, M. J. (ed.). *Metaphysics: Contemporary Readings*. 2. ed. Londres: Routledge, 2008, p. 384-393.

De fato, os teóricos da série B forjaram outros argumentos para defender sua teoria, elaborando uma nova teoria das flexões verbais para se diferenciar da antiga concepção. Em uma nova concepção das flexões verbais, os teóricos da série B afirmam que as sentenças ditas no presente, no passado e no futuro, de fato, não podem ser reduzidas a sentenças atemporais, mas elas têm uma condição de verdade atemporal, isto é, tal sentença é verdadeira se, e somente se, ela se adequa a tal evento localizado na série B.

3.2 Presentismo e Eternalismo

As séries A e B desembocam em duas visões diferentes a respeito do tempo: o presentismo e o eternalismo.[13] O presentismo é a concepção de que somente o presente existe; o passado já existiu e o futuro ainda não existe. Ele representa a posição dos teóricos da série A, embora nem todos os que defendem a série A sejam necessariamente presentistas. O eternalismo (ou *four-dimensionalism*), ao contrário, atribui igual dignidade ontológica ao presente, passado e futuro. Todos os três existem na realidade e cada evento pode ser localizado no tempo a partir de algum referencial. Esta tese representa a posição dos teóricos da série B, embora, mais uma vez, nem todos os teóricos da série B sejam necessariamente eternalistas.

O presentismo pode ser semiformalizado do seguinte modo: para todo x, x é presente, isto é, tudo o que existe se encontra no presente. O presentismo se conforma muito bem com nosso senso comum acerca do tempo, pois temos sim a impressão de que somente o presente existe. O passado existe apenas através de seus efeitos e na memória, o futuro somente como possibilidade. Embora não haja argumentos definitivos a favor ou contra o presentismo, podemos elencar três fortes intuições que se adaptam bem a esta tese, a saber: o endurantismo, o fenômeno da mudança e a univocabilidade das flexões verbais.[14] O endurantismo afirma que um *mesmo* indivíduo localizado em um espaço tridimensional percorre futuro, presente e passado, como se um indivíduo percorresse uma linha horizontal passando pelos

---

13 Estas visões entendem o espaço-tempo como *relação* entre corpos e não como uma *substância*. Há, porém, quem defenda uma visão substancialista do espaço-tempo. Cf. NERLICH, G. "Space-Time Substantivalism". *In*: LOUX, M. J.; ZIMMERMAN, D. W. (eds.). *The Oxford Handbook of Metaphysics*. Oxford/Nova Iorque: Oxford University Press, 2010, p. 281-314.
14 Cf. CRISP, T. M. "Presentism". *In*: LOUX, M. J.; ZIMMERMAN, D. W. (eds.). *The Oxford Handbook of Metaphysics*. Oxford/Nova Iorque: Oxford University Press, 2010, p. 211-245.

pontos A, B e C, vindo do futuro, passando pelo presente até desembocar no passado. Esta posição é contrária àquela que afirma serem os objetos "extensos" também no tempo (perdurantismo).

O fenômeno da mudança, aplicado à argumentação a favor do presentismo, pressupõe o endurantismo, mas se adequa bem ao presentismo, pois mudar significa uma alteração de alguma propriedade F num evento x, passando do presente para o passado ou do futuro para o presente. Nesse caso, parece realmente só haver mudança se a propriedade F passar de futuro pelo presente até o passado, como afirma o presentismo. Também a univocabilidade dos tempos verbais é aceita seriamente apenas no presentismo, pois o eternalista concebe as flexões verbais como mera ilusão, o que não se adequa ao nosso senso comum. Se dissermos que "Collor foi o presidente do Brasil", compreende-se intuitivamente que Collor não tem a propriedade "presidente do Brasil" de forma atemporal, mas de forma pontualmente localizada no passado.

O presentismo se conforma melhor que o eternalismo a essas três intuições básicas do senso comum. No entanto, há razões e intuições também contra o presentismo. Uma delas diz respeito à simples percepção de que podemos falar de coisas, pessoas, animais, do passado e do futuro. Ao afirmar que "muitos dinossauros eram herbívoros" ou que "João será o primeiro bebê do ano 2100", temos a clara compreensão de que expressamos uma verdade de coisas passadas ou futuras. O problema é que, à primeira vista, o presentismo e o princípio do *truthmaker* (realizador da verdade) não se conciliam. O princípio do *truthmaker* afirma que uma proposição p será verdadeira se, e somente se, houver algum objeto A no mundo real que contenha a proposição p. Ora, se assumirmos a veracidade do presentismo e do princípio do *truthmaker*, então só poderemos aferir a verdade de sentenças acerca de objetos que existem no presente. Isto é, indivíduos, coisas e fatos passados ou futuros não existem, segundo o presentismo, logo não se poderia afirmar a verdade de tais proposições, o que parece absurdo.[15]

---

15   Há presentistas que negam ser este um bom argumento contra o presentismo, pois ele não rejeita a veracidade de proposições acerca de eventos do passado ou futuro. O que se exige, para isso, é apenas uma ontologia modal de mundos possíveis. O debate entre Alvin Plantinga e David Lewis se adequa ao debate entre presentismo e eternalismo. O atualismo de Plantinga defende que apenas o mundo atual é real, mas não implica dizer que proposições acerca de mundos possíveis não possam ser verdadeiras, sobretudo proposições necessárias. O possibilismo de Lewis se conforma melhor com o eternalismo, pois admite que todos os mundos possíveis são reais, não encontrando problemas no fato de que se pode constatar a verdade de proposições acerca de fatos passados ou futuros, uma vez que também estes existem. O atualismo de Plantinga poderia responder bem ao problema da verdade de fatos passados ou futuros, advogando a favor

No entanto, a maior razão pela qual muitos rejeitam o presentismo e aceitam o eternalismo é a ideia de que o presentismo é incompatível com a bem-sucedida teoria da relatividade restrita e geral de Einstein. A teoria de Einstein nos revelou que as três dimensões do espaço e a dimensão do tempo formam um conjunto indissociável, preferindo-se falar da dimensão espaçotemporal do mundo. Isto significa que não existe um referencial absoluto a partir do qual se possa medir o tempo e espaço. Aplicado à metafísica do tempo, isto significa dizer que todo espaço e tempo são relativos a um referencial escolhido, não havendo nenhuma preferência ontológica pelo passado, presente ou futuro. O presente não seria uma referência fixa e absoluta a partir da qual se determinam o passado e o futuro. Se realmente o presentismo for inconciliável com a teoria da relatividade, então o preço a pagar para defender o presentismo parece ser muito alto.[16]

A tese que afirma ser o presentismo falso se chama *four-dimensionalism* (em contraposição ao presentismo, também chamado de *three-dimensionalism*) e apresenta três formas básicas: o eternalismo,[17] a teoria do bloco crescente (TBC ou *growing block theory*)[18] e a teoria da contração da árvore (TCA ou *shrinking tree theory*).[19] A diferença entre as três é que, enquanto o eternalismo alega a igual existência de futuro, presente e passado e a TBC

---

do presentismo, precisando apenas negar a tese exagerada de que mundos possíveis são totalmente irreais. Para uma argumentação a favor do presentismo neste aspecto, veja CRISP, T. M. "Presentism". *In*: LOUX, M. J.; ZIMMERMAN, D. W. (eds.). *The Oxford Handbook of Metaphysics*. Oxford/Nova Iorque: Oxford University Press, 2010, p. 211-245. Crisp nega que o presentismo deva pressupor a tese do *existencialismo* que afirma que a existência ou a veracidade de proposições singulares dependem dos indivíduos sobre os quais elas asseveram. Sobre a tese do existencialismo e o atualismo de Plantinga, veja PLANTINGA, A. "On Existentialism". *Philosophical Studies*, 44:1-20, 1983.

16 Para defender o presentismo, Zimmerman chega mesmo a propor o abandono da teoria geral da relatividade, visto ser ela inconciliável com a mecânica quântica (cf. ZIMMERMAN, D. "Presentism and the Space-Time Manifold". *In*: CALLENDER, C. (ed.). *The Oxford Handbook of Philosophy of Time*. Oxford: Oxford University Press, 2011, p. 163-244). Crisp, por sua vez, propõe uma reinterpretação da teoria da relatividade capaz de abarcar o presentismo. A ideia seria representar o mundo por meio de uma hipersuperfície de três dimensões que evolui para uma quarta dimensão que é o tempo, o que pressuporia a introdução de uma foliação preferencial do espaço-tempo em larga escala. Cf. CRISP, T. M. "Presentism". *In*: LOUX, M. J.; ZIMMERMAN, D. W. (eds.). *The Oxford Handbook of Metaphysics*. Oxford/Nova Iorque: Oxford University Press, 2010, p. 233ss. Para uma crítica do modelo de Crisp veja ROMERO, G. E. "Present Time". *arXiv.org* (Cornell University). Disponível em: http://arxiv.org/abs/1403.4671. Acesso em: 14 fev. 2019.

17 Cf. SMART, J. J. C. "The River of Time". *Mind*, 58 (232): 483-494, 1 out. 1949; MELLOR, D. H. *Real Time*. Cambridge: Cambridge University Press, 1981; RUSSELL, B. "On the Experience of Time". *The Monist*, 25: 212-233, 1915.

18 Cf. TOOLEY, M. *Time, Tense, and Causation*. Oxford: Clarendon Press, 1997 e ZEILICOVICI, D. "A (Dis)solution of McTaggart's Paradox". *Ratio*, 28: 175-195, 1986.

19 Cf. MCCALL, S. "Objective Time Flow". *Philosophy of Science*, 43: 337-362, 1976.

afirma a existência apenas do passado e do presente, a TCA defende que no início do universo havia uma infinidade de possibilidades abertas, mas à medida que o tempo passou e passa, os ramos de possibilidades vão se contraindo, fixando um determinado passado e deixando aberto apenas os ramos ainda possíveis de realizar no futuro. Vamos aqui nos concentrar na forma mais habitual e radical do *four-dimensionalism*, a saber: o eternalismo.

Para eternalistas, eventos como a "batalha do jenipapo" e a "descoberta da cura do câncer" têm o mesmo *status* ontológico, ambos *existem*, mas cada um num "pedaço" do espaço-tempo: o primeiro no passado e o segundo no futuro. Palavras como "agora" e "presente" são sempre dêiticos, isto é, são iguais às palavras "aqui" ou "eu", que sempre dependem do contexto referencial que se toma. A palavra "agora" em uma frase como "agora estou com dor de barriga" e "agora iniciamos a (velha) república no Brasil" tem referenciais diferentes, um se refere ao dia 13 de julho de 2018 e outro a 15 de novembro de 1889. Como uma tese contrária ao presentismo, o eternalismo não admite que o presente seja um referencial absoluto, de onde se determinem o passado e o futuro. Passado, presente e futuro existem igualmente, tudo dependendo do referencial tomado para determiná-los. Há pelo menos três argumentos a favor do eternalismo: a impossibilidade da mudança temporal (veja os argumentos de McTaggart contra a série A), o argumento do princípio do *truthmaker* e a teoria restrita da relatividade. Como os dois primeiros já foram vistos anteriormente, vamos nos concentrar no argumento mais forte a favor do eternalismo e contra o presentismo, a saber: a teoria restrita da relatividade.

Albert Einstein publica seu famoso artigo "Zur Elektrodynamik bewegter Körper" em 1905 e revoluciona o conceito que se tinha de tempo e espaço. Em poucas palavras, Einstein mostrou que as leis da física são constantes em todo quadro referencial inerte, o que leva à compreensão de que a velocidade da luz é sempre constante. Na mecânica clássica de Newton, tempo e espaço eram vistos como dimensões absolutas e independentes uma da outra. A teoria restrita da relatividade assegura que as duas dimensões são inseparáveis e que, dependendo do referencial tomado, o espaço-tempo muda, isto é, dependendo da velocidade de um corpo podemos ter tempos diferentes para dois observadores que medem o tempo do movimento de um corpo. Isto significa que o tempo de um evento vai depender da distância do referencial e da velocidade com a qual o corpo se movimenta. A teoria mostrou que, quanto maior a velocidade, mais devagar o tempo passa e que dependendo do lugar referencial que se toma para medir o tempo, também a medida se torna diferente.

A teoria de Einstein tem sido verificada com sucesso desde sua elaboração. Um dos experimentos que atesta seu sucesso é o colapso das partículas de múon. Essas partículas, semelhantes aos elétrons, com um tempo médio de vida de 2,2 microssegundos, são geradas pelos raios cósmicos a uma distância de 15 a 20 km da superfície da Terra e, de acordo com nossa perspectiva, não teriam tempo suficiente para tocar a superfície da terra. Elas deveriam decair depois de 1 km de sua aparição. O que se observa, no entanto, é que as partículas chegam a tocar a superfície porque se movimentam com uma velocidade enorme em comparação a um observador da Terra, isto é, o tempo passa mais devagar para a partícula do que para nós que medimos sua queda. Em resumo: o tempo para o observador na terra e para a partícula não será o mesmo, o que contradiz nossa experiência comum de que o tempo seria algo objetivo, válido para todos.

Nesse sentido, a teoria da relatividade mostrou que presente, passado e futuro dependem do referencial que se toma para determiná-los. Talvez o experimento mental chamado "paradoxo dos gêmeos" possa dar uma ideia mais clara do que seja a relatividade do tempo, apesar da aparente contradição. Imaginemos dois gêmeos, um parado na terra e outro que entra em uma nave espacial que viajará a uma estrela distante a 10 anos-luz da terra e a uma velocidade de 0.8c (c = velocidade da luz no vácuo). Se o gêmeo da nave levar um relógio e deixarmos outro com o gêmeo da terra, vamos verificar o seguinte: o gêmeo da nave vai percorrer este espaço em um tempo de 7,5 anos, mas o tempo para o gêmeo da terra será de 12,5 anos.[20] Isto quer dizer que o tempo passou mais devagar para o gêmeo da nave devido à sua velocidade. Quando o gêmeo da nave fizer o caminho de volta, isto é, mais 7,5 anos, haverá passado mais 12,5 anos para o gêmeo da terra. O tempo total da viagem para o gêmeo da nave será de 15 anos, enquanto o tempo total para o gêmeo da terra será de 25 anos. Isto significa que, quando o gêmeo da nave reencontrar o irmão, será 10 anos mais novo

---

20 Abdico aqui de reproduzir os cálculos que podem ser feitos a partir da fórmula: $t = \frac{d}{v}$ para o gêmeo da terra e a fórmula $t' = t\sqrt{1-v^2}$ para calcular a dilatação do tempo ocorrida para o gêmeo da nave.

que ele, mostrando que a viagem levou o gêmeo da nave para o futuro do irmão que estava na terra.²¹

A teoria da relatividade demonstra que o tempo é uma quarta dimensão da realidade e não pode ser separada das três dimensões espaciais, o que tem grandes consequências para uma teoria do tempo. A teoria de Einstein parece confirmar, sobretudo, a hipótese do eternalismo que afirma ser presente, passado e futuro igualmente existentes, dependendo apenas do referencial que se toma para determiná-los. Se nosso referencial é a Terra (e, segundo a teoria da relatividade, não há nada que defina tal referencial como absoluto), certamente teremos a percepção de presente, passado e futuro como eventos conectados causalmente: o passado causou o presente e, este, o futuro. No entanto, se tomarmos como referencial um planeta imaginário a 10 anos-luz da terra, o que se entenderá por presente, passado e futuro neste referencial não coincidirá com nosso referencial na Terra. Se tomarmos um observador (A) comum à Terra (x) e a este planeta (y), poderíamos ter um conceito de simultaneidade (um agora comum). No entanto, a simultaneidade dos eventos exigiria que um evento ocorrido em x e outro ocorrido em y chegassem com a mesma velocidade e estivessem à mesma distância de nosso observador. Se, por outro lado, x se distanciasse de 6 anos-luz e y de 4 anos-luz, não teríamos mais um conceito de simultaneidade entre os dois eventos. O evento de y ocorreria primeiro que o evento de x para nosso observador, o que significa dizer que o evento de y seria passado em relação ao evento de x. Em resumo, o que chamamos de presente, passado ou futuro depende do referencial que tomamos, demonstrando, assim, que as três formas existem realmente ao contrário do que assevera o presentismo, para o qual somente o presente existe.²²

---

21   Isto comprova que uma viagem para o futuro é teoricamente possível, mas não uma viagem para o passado. Muitos são os paradoxos que uma viagem ao passado produz. O mais famoso deles é o "paradoxo do avô". Imaginemos a possibilidade de alguém voltar ao passado e matar seu próprio avô, antes mesmo dele encontrar sua avó e gerar seu pai. Neste caso, o assassinato resultaria que nem seu pai, nem esse alguém poderiam nascer. Ora, alguém não pode matar seu avô e depois nascer para voltar ao passado! Apesar disso, há físicos, como Stephen Hawking, otimistas a respeito de viagens de volta no tempo.

22   A contradição entre presentismo e a teoria restrita da relatividade pressupõe a veracidade da teoria de Einstein e que ela constitui uma teoria sobre o tempo. Há filósofos, no entanto, que procuram diluir a contradição negando a veracidade da teoria da relatividade, afirmando a existência de um referencial absoluto que definiria *um* presente, seu passado e seu futuro. Craig e Swinburne, por exemplo, procuram demonstrar a insuficiência da teoria de Einstein ao constatar que ela se fundamenta na verificação, mas que esta nunca tem a última palavra na ciência. Cf. CRAIG, W. L. "God and Real Time". *Religious Studies*, 26: 335-347, 1990; SWINBURNE, R. "Verificationism and Theories of Space-Time". *In*: SWINBURNE, R. (ed.). *Space, Time, and Causality*. Dordrecht: Reidel, 1983, p. 63-78.

3.3 Endurantismo e Perdurantismo

As teses até agora explicitadas nos ajudam a compreender as posições acerca da persistência de pessoas e objetos no tempo. A pergunta fundamental aqui consiste em saber se algo permanece a mesma coisa com o passar do tempo ou não. Nossa intuição básica é a de que os objetos começam a existir, duram certo tempo e passam, mas continuam os mesmos durante o curso de sua permanência, apesar de sofrerem mudanças de propriedades. Quando vejo a árvore que plantei cinco anos atrás, tenho a certeza de que ela é a *mesma* árvore, apesar de ter tamanho e forma diferentes. A mesma experiência tenho comigo mesmo. Sinto que sou a mesma pessoa ontem e hoje, apesar de ter engordado, perdido os cabelos ou amputado uma perna. A pergunta é: esta intuição básica tem justificativa convincente? Como ela se adequa às diversas concepções acerca do tempo vistas acima? O enigma se torna maior se compararmos dois tempos de um indivíduo com propriedades diferentes e até contraditórias: como podem se coadunar duas qualidades como "pesar 75 kg em junho" e "80 kg em julho" para um mesmo indivíduo? Estas são duas propriedades contraditórias, pois ou um indivíduo pesa 75 ou pesa 80 kg! Como entender esta mudança no tempo e ainda afirmar que se trata do mesmo indivíduo?

Há pelo menos duas concepções acerca da persistência de objetos e pessoas no tempo, a saber: *endurantismo (ou durantismo)* e *perdurantismo*.[23] Enquanto o endurantismo (literalmente "permanecer em") afirma que os entes são numericamente idênticos em diversos momentos do tempo, o perdurantismo (literalmente "permanecer através") pensa que os diversos momentos do tempo são partes diferentes do mesmo indivíduo. Isto é, endurantistas defendem que os entes estão como um *todo* tridimensional em cada momento do tempo, enquanto perdurantistas acreditam que cada momento do tempo revela apenas *partes temporais* diferentes do ente. As duas teses se ligam às teses acerca do tempo vistas até agora. Endurantistas geralmente (mas não necessariamente) defendem a série A e o presentismo,

---

23   Podemos ainda elencar uma terceira posição, advinda do perdurantismo, mas diferente dele, a saber: o exdurantismo (literalmente "permanecer fora"), que constitui a concepção segundo a qual os entes persistem no tempo através de *estágios* de um mesmo indivíduo. "Estágios" são diferentes de "partes temporais" (perdurantismo) uma vez que existe uma similaridade e conexão causal entre cada estágio, o que resolve melhor alguns problemas do perdurantismo. Cf. SIDER, T. "All the World's a Stage". *Australasian Journal of Philosophy*, 74: 433-453, 1996.

pois acreditam que qualquer objeto tridimensional persiste como um todo a cada momento do tempo: futuro, presente e passado. Perdurantistas geralmente (mas não necessariamente) defendem a série B e o eternalismo, uma vez que pensam que o indivíduo está fatiado em partes temporais diferentes (futuro, presente e passado), todas igualmente reais e ordenadas pelas categorias de anterioridade, simultaneidade e posterioridade.[24]

Explicitando ainda as duas teses, podemos ilustrar: enquanto o endurantista afirma que um indivíduo x em t_1 pode ser o *mesmo* que y em t_2 (não se trata ainda de saber qual critério se deve ter para atestar essa identidade), o perdurantista nega totalmente essa identidade afirmando que um indivíduo x em t_1 jamais será o mesmo que y em t_2. O máximo que pode acontecer é que x e y sejam partes diferentes de um mesmo conglomerado $X = (x+y+z+...)$. Endurantistas creem existir apenas partes espaciais e não partes temporais como os perdurantistas.[25] Aplicado a pessoas, o endurantismo afirma que uma pessoa x, digamos Pedro, está totalmente presente em cada momento do tempo, mas perdurantistas acreditam que a totalidade de Pedro é o conjunto de todas as partes temporais de Pedro, isto é, o Pedro total = Pedro do dia 05 de julho de 2000 + Pedro do dia 06 de julho de 2000 + ..., isto é, ele é a soma de todas as partes temporais de Pedro, desde o seu nascimento até a sua morte. Além disso, cada uma destas partes temporais seria diferente da outra e formariam juntas o Pedro no final de sua existência.[26]

Endurantistas e perdurantistas levantam argumentos a favor de sua própria concepção sem deixar de combater a oposta. Os endurantistas, como os presentistas, adequam-se melhor à nossa intuição ordinária do tempo e da persistência dos entes nele, embora pareçam contradizer as teses científicas do nosso tempo. De modo contrário, os perdurantistas e eternalistas

---

24 De fato, pode-se elencar uma série de posições, mesclando as diversas concepções de tempo e persistência. Cf. HASLANGER, S. "Persistence Through Time". *In*: LOUX, M. J.; ZIMMERMAN, D. W. (eds.) *The Oxford Handbook of Metaphysics*. Oxford/Nova Iorque: Oxford University Press, 2010, p. 315-354.
25 O fato de endurantistas defenderem um espaço tridimensional não é essencial à teoria, da mesma forma que não é essencial ao perdurantismo defender um espaço-tempo tetradimensional. Na realidade, o número das dimensões espaçotemporais chega a 11 em algumas teorias físicas, como é o caso da teoria das cordas (*string theory*). O que se quer afirmar em ambas é apenas que um objeto tem ou não partes temporais, respectivamente, perdurantismo e endurantismo.
26 Endurantistas geralmente defendem uma ontologia da substância ou do substrato. No entanto, não deve haver confusão ou identidade entres essas teorias. Podemos pensar em um endurantista que defenda a teoria dos feixes ou em um perdurantista que defenda uma ontologia substancial (afirmando que o conglomerado substancial X, por exemplo, existe realmente no futuro, presente e passado, isto é, suas partes temporais existem todas simultaneamente).

se adequam melhor às teorias científicas do nosso tempo, contradizendo, às vezes, a nossa intuição ordinária. Desse modo, escolher entre endurantismo e perdurantismo (ou presentismo e eternalismo), aparentemente, significaria uma opção entre intuição ou conhecimento científico, o que, à primeira vista, se resolveria por si. De fato, ninguém duvida que a ciência seja mais consistente que nossas intuições. No entanto, essa simplicidade é apenas aparente, pois nem nossa intuição ordinária é tão ingênua, nem a ciência é tão completa. Assim, o debate precisa considerar tanto uma como outra. Vejamos os argumentos contra e a favor das duas concepções.

Um dos problemas básicos do endurantismo é conciliá-lo com o fenômeno da mudança. Ora, se um indivíduo é presente totalmente em cada momento do tempo, como entender a mudança? Qualquer mudança de propriedade ocorrida em um indivíduo feriria o princípio da indiscernibilidade dos idênticos, isto é, o princípio que afirma que a e b são idênticos se, e somente se, para toda propriedade F de a, F for também uma propriedade de b. Contudo, se tomarmos uma árvore em diferentes momentos, digamos: a em t_1 e b em t_2, sendo que t_1 é outono e t_2 é verão, uma das propriedades de a em t_1 é apresentar as folhas amarelas, enquanto uma propriedade de b em t_2 é apresentar as folhas verdes. Claramente, há uma mudança de propriedades de a e b nos dois tempos, o que nos leva a duvidar que haja uma identidade numérica entre a e b. Como então afirmar que indivíduos são totalmente presentes em cada momento do tempo se, indubitavelmente, há mudança de propriedades dos mesmos indivíduos? O endurantista precisa resolver este problema. O perdurantista tem vantagem aqui, pois defende que a e b são realmente diferentes, uma vez que constituem partes temporais diversas da mesma árvore. Para o perdurantista, dizer que a existe em t_1 significa apenas constatar *uma parte* temporal de a e não a em sua totalidade.

Endurantistas procuram resolver o problema levando a sério as flexões verbais.[27] De fato, t_1 e t_2 representam tempos diferentes, digamos passado e presente. Ora, para um endurantista que aceita o presentismo, apenas t_2 é presente, isto é, existe. Se a em t_1 tinha folhas amarelas, isto se constitui passado e não existe mais. O que existe é b em t_2 que apresenta folhas verdes. Em última análise, b é a continuação de a, mas a não existe mais e, por isso,

---

27 Cf. MERRICKS, T. "Endurance and Indiscernibility". *In*: LOUX, M. J. (ed.). *Metaphysics: Contemporary Readings*. 2 ed. Londres: Routledge, 2008, p. 443-463.

não há contradição entre as duas propriedades de *a* e *b*.[28] Se o endurantista defender uma ontologia da substância, poderá resolver ainda melhor o problema. O teórico da substância afirma que indivíduos possuem propriedades essenciais e acidentais e que a identidade entre *a* e *b* vai depender do tipo de mudança ocorrida. Se a mudança for essencial, então *a* ≠ *b*. No entanto, se acontecer apenas uma mudança de propriedades acidentais, então *a* = *b*, mesmo perdendo ou ganhando propriedades. No último caso, o endurantista da teoria da substância atesta que o elemento que determina a identidade de *a* e *b* não é uma propriedade acidental, mas propriedades essenciais que podem permanecer as mesmas na mudança. Assim, o indivíduo seria o *mesmo* essencialmente, mas não acidentalmente.

Também o perdurantismo enfrenta críticas. Uma delas consiste em afirmar que o perdurantismo leva a uma *creatio ex nihilo*, pois se *a* e *b* são totalmente diferentes, o que garantiria a continuidade entre os dois? Ou melhor, por que dizer que os dois são partes temporais de uma mesma árvore se estamos lidando com dois indivíduos diversos no tempo? A resposta dos perdurantistas para essa questão se resume em afirmar que *a* e *b* não são dois indivíduos, mas duas partes de um mesmo todo. Quando esse problema se aplica a pessoas, pergunta-se se a visão de partes temporais distintas não colocaria em risco a unidade da consciência que temos, uma vez que percebemos uma continuidade do mesmo eu consciente entre ontem e hoje. Até mesmo para compreender simples expressões como "o gato está manchado", pressupomos uma unidade de consciência, pois temos que estar conscientes de cada palavra pronunciada, "o", "gato", "está", "manchado", para termos o sentido de toda a sentença. Se fôssemos um aglomerado descontínuo de partes temporais, tornar-se-ia difícil compreender porque temos a experiência de uma unidade da consciência.[29]

Heller responde a essa crítica afirmando que também na visão perdurantista existe uma conexão causal entre cada uma das partes temporais.[30] A experiência consciente de cada parte da sentença "o gato está manchado"

---

28 Seria altamente complicado para um endurantista que defende o eternalismo evitar a contradição, uma vez que esta posição defenderia a presença do ente em sua totalidade em cada um dos momentos igualmente reais do tempo (presente, passado e futuro).
29 Cf. essa crítica em CHISHOLM, R. M. "Problems of Identity". *In*: MUNITZ, M. K. (ed.). *Identity and Individuation*. Nova Iorque: New York University Press, 1971, p. 3-30.
30 Cf. HELLER, M. "Temporal Parts of Four-Dimensional Objects". *In*: LOUX, M. J. (ed.). *Metaphysics: Contemporary Readings*. 2 ed. Londres: Routledge, 2008, p. 434ss.

liga-se à parte sucessiva através de estados neuronais no cérebro, que produz uma memória de uma parte da sentença capaz de conectar a consciência à experiência da parte seguinte. Heller parece admitir o critério da memória e da consciência para ligar as partes temporais de uma pessoa. No entanto, se bem entendemos Heller, podemos perguntar até que ponto o critério da memória não romperia com a visão perdurantista, uma vez que existiria "algo" idêntico em cada uma das partes temporais da pessoa, a saber: sua consciência.

Outra crítica feita ao perdurantismo é a admissão da irrealidade da mudança. De fato, se as partes temporais são diferentes, isto é, se a é diferente de b, então não podemos dizer que aconteceu uma mudança de um *mesmo* indivíduo. Em uma visão eternalista do perdurantismo, todas as partes temporais seriam igualmente reais, levando a uma visão estática do tempo (pensemos na série B), contradizendo nossa intuição básica do fenômeno da mudança. A resposta de perdurantistas eternalistas consiste em afirmar que é preferível aceitar outra concepção de mudança (veja anteriormente a resposta dos teóricos da série B a essa crítica) a ter que engolir a contradição de afirmar que um *mesmo* indivíduo possui propriedades contraditórias no presente, passado e futuro (caso se aceite o eternalismo).[31]

Pelo que vimos até agora, podemos perceber uma pluralidade de possibilidades de mistura entre as teorias que afetam diretamente nosso problema.[32] As perguntas que podem ser levantadas nesta temática são muitas:[33] somente o presente existe ou existem também o passado e o futuro (presentismo ou eternalismo)? Os tempos verbais devem ser levados a sério ou são apenas uma forma de expressar verdades atemporais, podendo, assim, ser eliminados? Como um objeto (sujeito) persiste no tempo (endurantismo, perdurantismo ou exdurantismo)? O que significa "mudar" no tempo? Existem realmente "mudanças" ou a cada novo tempo há um novo ser? Como existimos no tempo? Somos *totalmente* presentes num determinado tempo ou cada tempo é apenas uma *parte* de nós?

---

31   Cf. HASLANGER, S. "Persistence Through Time". *In*: LOUX, M. J.; ZIMMERMAN, D. W. (eds.). *The Oxford Handbook of Metaphysics*. Oxford/Nova Iorque: Oxford University Press, 2010, p. 332s.
32   Não analiso aqui a interpretação do tempo na tradição hermenêutico-histórica, baseada nas contribuições de Husserl e, sobretudo, Heidegger e Gadamer. Para uma análise dessa tradição, ver o artigo de Manfredo A. de Oliveira, "O Tempo na Modernidade e na Contemporaneidade", *Kairós*, 11 (1-2): 103-123, 2014.
33   Essa é uma síntese de um elenco de perguntas que Haslanger levanta sobre a problemática. Cf. *Ibid.*, p. 340.

Essas perguntas redimensionam todas as teorias sobre a metafísica da pessoa: que consequência tem, para saber quem somos, o fato de existir apenas o presente? Porém, se passado e futuro existem da mesma forma, como entender nossa liberdade? Temos realmente uma liberdade para determinar nosso futuro, caso ele já exista? No caso de eu não existir *totalmente* no presente, alguma coisa muda sobre mim? Isto significa que não posso saber quem eu *sou*, mas apenas quem *estou sendo* no momento? Quem *eu sou* vai ser idêntico apenas a quem *eu fui*, uma vez que somente na morte terei todas as partes temporais de mim mesmo?

A maioria das teorias com as quais vamos lidar na segunda parte deste livro vai ser vista a partir do endurantismo e presentismo, isto é, grande parte delas parte do princípio de que somos presentes totalmente em um determinado momento e que apenas o presente existe de fato.[34] Isto não significa que essas teorias não tenham também suas versões perdurantistas e eternalistas. Praticamente quase todas podem ser vistas sob outros ângulos, embora umas sejam essencialmente mais ligadas ao endurantismo e presentismo, como, por exemplo, a visão simples e a hilemórfica; outras são mais condizentes com o perdurantismo e eternalismo, como a visão psicológica. No entanto, há versões diferentes em cada um dos quadros teóricos sobre o tempo, as quais não podemos aqui elencar em sua completude.

---

34 Embora perdurantismo e eternalismo sejam bastante discutidos e, de fato, representem uma tendência forte na discussão, podemos afirmar que a intuição básica do endurantismo e a do presentismo ainda dominam as teorias.

4

A questão da identidade

A questão da identidade e sua relevância para a filosofia pode ser explicitada através do famoso paradoxo do Navio de Teseu, encontrado nas *Vidas Paralelas* de Plutarco.[1] Segundo a lenda grega, quando Minos, o rei de Creta, venceu Atenas, tributou esta cidade com o sacrifício anual de nove jovens, que deviam ser levados para a ilha de Creta, com o intuito de serem devorados pelo monstro Minotauro. Os navios deviam levar velas negras para indicar o luto dos jovens. No terceiro ano da ida do navio para Creta, o jovem herói Teseu se ofereceu para ir e matar o Minotauro. Teseu levaria consigo velas brancas para indicar na volta a vitória sobre o monstro. Quando Teseu retornou vitorioso para Atenas, o navio foi posto no porto para a veneração das gerações futuras. Os atenienses, então, trocavam as peças do navio toda vez que as antigas peças apodreciam, o que fez o navio perdurar por séculos até o tempo de Demétrio de Falero. O problema consistia em saber se o navio aportado em Atenas era o *mesmo* navio de Teseu, uma vez que as partes já não eram mais as originais.

Muitos filósofos se debruçaram sobre o problema, desde Heráclito, Sócrates e Platão, até Hobbes, Locke e Leibniz. As soluções sempre se mostram paradoxais e revelam a dificuldade para se estabelecer um critério válido para a identidade. Digamos que o navio original de Teseu seja denominado A e o navio com peças diferentes, aportado em Atenas, seja denominado B. O que faz com que A seja idêntico a B? Imaginemos o dia em que a primeira peça foi trocada, seria A=B? O que dizer no final de alguns anos em que todas as peças de A foram trocadas, constituindo

---

1   PLUTARCO. "Teseo" (XXIII). *Vidas Paralelas*. [s. n. t.], t. 1, p. 24-25. Disponível em: http://www.dominiopublico.gov.br/pesquisa/PesquisaObraForm.do?select_action&co_autor=174. Acesso em: 15 fev. 2019.

agora um navio B, seria A=B? Quantas peças podemos trocar de A para que ele continue sendo o navio de Teseu? Hobbes, em seu *De Corpore*, ainda imaginou que um homem pudesse juntar todas as velhas partes do navio original e montar outro navio. Qual deles seria o navio de Teseu? Os dois seriam o mesmo navio? Como isso poderia ser possível? Aqui nos deparamos com o problema da identidade, que trataremos neste capítulo.

De fato, há vários problemas acerca da identidade que incluem pelo menos estas perguntas: que critérios temos para afirmar que x e y são idênticos? – problema dos critérios de identidade; como dizer que x em t_1 é idêntico a y em t_2? – problema da identidade no tempo; o que faz com que uma pessoa x seja idêntica a uma pessoa y? – problema da identidade pessoal; como afirmar que x é idêntico a ele mesmo ou a y em todos os mundos possíveis? – problema da identidade através dos mundos possíveis; a identidade é uma relação contingente ou necessária? – problema da identidade contingente; pode-se falar de uma identidade vaga ou toda identidade precisa ser algo determinado? – problema da identidade vaga; e, por fim, qual a relação entre identidade e composição? – problema mereológico da identidade.

Não temos condições de abordar todos esses problemas neste capítulo. No entanto, daremos pequenas indicações sobre alguns deles e nos concentraremos no problema dos critérios de identidade – com base na análise de Frege continuada por Peter Geach, à qual este acrescenta a noção de identidade *relativa* – e no problema da identidade através de mundos possíveis. Esse conteúdo nos preparará para adentrarmos no problema da identidade pessoal, que é a temática principal deste livro. Dessa forma, seguiremos o seguinte percurso: a noção de identidade (4.1); a identidade em Frege e Geach (4.2); a identidade através de mundos possíveis (4.3); e, por último, noções de identidade pessoal (4.4).

4.1 Noção de identidade

Identidade é a relação que todo ser tem consigo mesmo e com nenhum outro.[2] A relação de identidade se expressa de forma lógica por meio do símbolo (=), assim, anotamos $a=a$ para afirmar a identidade de a consigo

---

[2] Para uma introdução ao problema da identidade veja HAWTHORNE, J. "Identity". *In*: LOUX, M. J.; ZIMMERMAN, D. W. (eds.). *The Oxford Handbook of Metaphysics*. Oxford/ Nova Iorque: Oxford University Press, 2010, p. 99-130; NOONAN, H.; CURTIS, B. "Identity". *The Stanford Encyclopedia of Philosophy*, 21 jun. 2014. Disponível em: http://plato.stanford.edu/archives/sum2014/entries/identity/. Acesso em: 18 nov. 2016.

mesmo. Filósofos fazem uma distinção entre identidade *numérica* (estrita) e identidade *qualitativa* (ampla). Enquanto a primeira expressa bem o conceito de identidade da qual tratamos aqui (*a=a*), isto é, a relação que todo objeto tem consigo mesmo, a identidade qualitativa representa apenas graus diferenciados de "semelhança" entre entes diferentes. Dois entes podem ser ditos "idênticos" por apresentarem propriedades comuns, mas numericamente se tornam distintos por ocuparem dois lugares do espaço. Geralmente, uma identidade numérica pressupõe uma identidade absoluta de todas as propriedades,[3] assim, *a* e *b* serão idênticos numericamente se *a* e *b* possuírem todas e as mesmas propriedades, inclusive a de ocupar um determinado lugar e tempo simultaneamente. Tratamos aqui apenas do problema da identidade numérica e não da qualitativa, isto é, o problema da identidade se resume em saber quais critérios disponíveis para se afirmar que dois entes são um e o mesmo ente numericamente e não apenas qualitativamente.

Entender a identidade como uma relação não é algo pacífico. É famosa a frase de Wittgenstein em seu *Tractatus Logico-Philosophicus* (5.5303) sobre o conceito de identidade: "Afirmar de *duas* coisas que elas são idênticas entre si, não faz o menor sentido, e afirmar de *uma* coisa que ela é idêntica a si mesma, não diz absolutamente nada". Assim, Wittgenstein sugeria abolir o símbolo de igualdade (=) das linguagens formais (cf. 5.533). De fato, Wittgenstein tem razão ao afirmar que não faz sentido dizer que duas coisas são idênticas entre si, mas não teria razão se afirmássemos a identidade entre nomes e não apenas coisas. O problema contemporâneo da identidade numérica não é entre duas coisas, mas entre dois nomes que supostamente se referem à mesma coisa. Foi dessa forma que Frege interpretou, como veremos adiante.

Podemos ilustrar a questão com o conhecido exemplo de saber se na frase "Marcus Tullius é Cícero" os dois termos "Marcus Tullius" e "Cícero" estão se referindo à mesma pessoa ou não. Não interessa saber se "Marcus Tullius" e "Cícero" partilham muitas propriedades. Podemos imaginar dois escritores gêmeos chamados "Marcus Tullius" e "Cícero", semelhantes em tudo, mas sempre dois escritores que ocupam dois lugares no espaço e no tempo. Os dois podem ter uma identidade qualitativa, isto é, eles podem ser semelhantes em "quase" tudo, no entanto, não terão uma identidade numérica. Um dos

---

3 Muitos filósofos são do parecer de que não é preciso afirmar uma identidade absoluta para se ter uma identidade numérica. Veja o pensamento de P. Geach adiante.

principais problemas da identidade diz respeito aos critérios que temos para identificar se dois nomes se referem a um, e apenas um, objeto. O que nos interessa é saber como podemos afirmar que "Marcus Tullius" e "Cícero" são correferenciais. Dessa forma, o problema da identidade não se localiza apenas no plano ontológico, mas também no plano linguístico.

O problema da identidade nos remete ao famoso critério de substituição de Leibniz que afirma: "*Eadem sunt, quorum unum potest substitui alteri salva veritate*" (duas coisas são iguais quando se pode substituir uma pela outra, salvaguardando a verdade).[4] Tal critério afirma que, se x e y forem idênticos, então se pode substituir x por y em qualquer contexto, *salva veritate*. Esse critério traz uma série de problemas e remete a dois princípios advindos de Leibniz que precisam ser distintos. O primeiro é o princípio da *indiscernibilidade dos idênticos*, que afirma: se dois entes são idênticos, então todas as propriedades de um serão as propriedades do outro. Formalmente podemos expressá-lo desta forma:

$$(I_1) \; \forall x \forall y \; (x=y \rightarrow \forall F(Fx \leftrightarrow Fy))$$

Isto significa: se x e y forem idênticos (identidade numérica), então, se x tiver uma propriedade F, y também possuirá esta propriedade, de tal forma que o critério de substituição poderia ser aplicado. Este princípio é praticamente aceito universalmente, a ponto de se chamar "Lei de Leibniz".[5] No entanto, há certas dificuldades quando se confunde *tout court* o princípio da indiscernibilidade dos idênticos com o princípio de substituição, como veremos adiante com a análise de Frege, na qual ele mostra que nem sempre podemos substituir indistintamente dois nomes com uma mesma referência, pois ambos podem ter sentidos diversos.

O segundo princípio ligado ao da substituição é o controverso princípio da *identidade dos indiscerníveis* que afirma: se dois entes têm as mesmas propriedades, então eles são idênticos. Formalmente:

---

4 LEIBNIZ, G. W. "Non Inelegans Specimen Demonstrandi in Abstractis". *In*: HERRING, H. (ed.). *Schriften zur Logik und zur Philosophischen Grundlegung von Mathematik und Naturwissenschaft*. Darmstadt: Wissenschaftliche Buchgesellschaft, 1992, p. 153-177. Leibniz defende que é impossível dois objetos partilharem as mesmas propriedades de forma absoluta, pois a diferença de propriedades é o que determina a individualização de um objeto. Se houvesse objetos absolutamente idênticos, não teríamos como distingui-los e isto levaria a admitir apenas um objeto. Assim, para Leibniz, o princípio da individualização está necessariamente ligado ao princípio da distinção.

5 Na realidade, a reformulação deste princípio foi feita por Tarski em 1935. Cf. SANTOS, J. C. "Objetos e Pessoas na Metafísica Contemporânea". *Itinerarium*, 52: 457-595, 2006.

$(I_2) \forall x \forall y \, (\forall F(Fx \leftrightarrow Fy) \to x=y)$

A dificuldade desse princípio é que podemos ter dois entes com todas as propriedades iguais, mas constituindo entes diferentes. Black nos ofereceu o exemplo das duas esferas que partilham as mesmas propriedades, mas que constituem duas e não uma. Na verdade, jamais haverá duas coisas com *absolutamente* as mesmas propriedades, pois, se são duas, cada uma terá uma propriedade única que não pode ser aplicada à outra, a saber: ser idêntica a si própria. Assim, se $x=x$ e $y=y$, x terá uma propriedade que y não terá e vice-versa. Além disso, x terá um espaço distinto de y. Em síntese, não pode existir *dois* entes absolutamente indiscerníveis entre si. Veja que o problema aqui é ontológico. Resta ainda saber se dois nomes que partilham absolutamente as mesmas propriedades se referem necessariamente ao mesmo objeto ou se pode existir dois nomes com a mesma referência, mas distintos entre si.

As reflexões de Frege tiveram grande relevância na discussão sobre a identidade. Em sua *Ideografia* (1879), Frege havia proposto que a relação de identidade se dá entre nomes e não entre objetos. No entanto, ele teve que rever sua posição em seu famoso artigo "Sobre o Sentido e a Referência", de 1892, devido a uma série de paradoxos que sua posição anterior gerava. Neste artigo, Frege propõe que a relação de identidade será entre os nomes e o objeto, mostrando que os nomes não são apenas signos neutros, mas possuem um conteúdo que distinguem os nomes que têm uma mesma referência, a saber: o sentido.

A tese de Frege surtiu efeito em Peter Geach que, juntamente com Max Black, traduziu a obra de Frege para o inglês, sob a orientação de Wittgenstein. Geach aborda o problema da identidade, procurando preencher uma lacuna fatal na reflexão de Frege acerca da identidade. Em sua obra *Reference and Generality: an Examination of Some Medieval and Modern Theories* (1962), Geach propõe uma teoria relativa da identidade, mostrando que na frase de Frege "x é o mesmo que y" estaria faltando um elemento essencial, a saber: em relação a quê x e y são o mesmo. A frase que expressa identidade de x e y deveria então ser: "x é o mesmo F que y". Dessa forma, Geach pretendia mostrar que não há uma identidade absoluta entre x e y, mas sempre uma identidade relativa a alguma propriedade F. A tese relativa de Geach dá um critério de identidade para saber se x e y são a mesma entidade em relação a uma propriedade determinada. A ideia é que x e y podem ser o mesmo F, mas não o mesmo G. Para entender a relevância dessa tese e sua aplicação ao problema da identidade pessoal é preciso compreender outra distinção, aquela entre identidade sincrônica e diacrônica.

As identidades sincrônica e diacrônica dizem respeito à identidade no tempo e através do tempo. A primeira se elabora no tempo presente e assegura que várias partes de um mesmo indivíduo x em t_1 constituem um mesmo e único indivíduo em t_1, ou que x é idêntico a y no presente momento ou de forma atemporal. Um exemplo de identidade sincrônica é quando afirmo: "Cláudio é (agora) meu padeiro favorito". A identidade diacrônica, por sua vez, assegura que um indivíduo x em t_1 seja o mesmo indivíduo y em t_2. Um exemplo seria: "Cláudio é o mesmo padeiro de ontem". Os maiores paradoxos acerca da identidade estão relacionados à identidade diacrônica, sobretudo quando se trata da identidade pessoal. Voltaremos a esta questão em capítulos posteriores, mas podemos aqui dar um exemplo. A pergunta que se faz é sempre esta: que critério temos para dizer que um indivíduo a em t_1 é o mesmo indivíduo b em t_2, se a e b não possuem todas e as mesmas propriedades? De fato, é difícil afirmar que o Cláudio de hoje é idêntico ao Cláudio de ontem, uma vez que Cláudio não continua o mesmo em todas as suas propriedades (imagine que Cláudio cortou o cabelo ontem). Como podemos dizer que o Cláudio de ontem (com cabelo longo) e Cláudio de hoje (com cabelo curto) são o mesmo Cláudio padeiro se eles não possuem todas as mesmas propriedades?[6]

Por fim, precisamos esclarecer que tipo de relação é a da identidade. Costuma-se afirmar que, pela lógica, a relação de identidade deve ser reflexiva, simétrica e transitiva. A reflexividade é uma relação que todo indivíduo tem consigo mesmo ($a=a$). Esse constitui o principal critério de identidade que perdura desde Aristóteles. Todo ente precisa ser idêntico a ele mesmo e diferente de todo o resto. A simetria e a transitividade advêm do princípio de Leibniz, ou seja: afirmar que a identidade de a e b é simétrica significa dizer que se a está em relação com b, b também estará

---

6 O exemplo parece contradizer o princípio de Leibniz, quando afirma que o Cláudio de ontem e o de hoje têm propriedades diferentes e, mesmo assim, continuam sendo o mesmo. Na realidade, o que se pretende afirmar nessas sentenças não é que: se o Cláudio de hoje (com cabelo curto) é o *mesmo* Cláudio de ontem (com cabelo longo), então o Cláudio de hoje tem que ter cabelo longo, o que seria uma contradição, pois ele tem cabelo curto. O que se pretende afirmar é simplesmente que: se o Cláudio de hoje é o *mesmo* Cláudio de ontem, então o Cláudio de hoje tinha cabelos curtos ontem! Shoemaker esclarece bem essa distinção em "Personal Identity: a Materialist's Account". *In*: SWINBURNE, R.; SHOEMAKER, S. (eds.). *Personal Identity*. Oxford: Blackwell's, 1984, p. 73.

na mesma relação com *a*. Se a identidade não fosse simétrica, cairíamos no absurdo de dizer que *a* possui uma propriedade que *b* não tem, a saber: que *a* tem a propriedade de estar em relação com *b*, mas que *b* não tem a propriedade de estar em ralação com *a*, demonstrando que *a* e *b* não são de fato idênticos. Da mesma forma, a identidade tem que ser transitiva. Se *a* é idêntico a *b* e *b* é idêntico a *c*, então *a* precisa ser também idêntico a *c*. Se a identidade não fosse transitiva, teríamos o caso absurdo de dizer que *b* possui uma propriedade que *a* não tem, isto é, a propriedade de estar em relação com *c*, o que mostraria que *a* e *b* não são idênticos de fato em todas as suas propriedades. A identidade (numérica) é, portanto, uma relação de equivalência (*a*≡*b*) e precisa ser reflexiva (*a*↔*b*), simétrica ((*a*↔*b*)→(*b*↔*a*)) e transitiva (((*a*↔*b*)∧(*b*↔*c*))→(*a*↔*c*)).[7]

4.2 Identidade em Frege e Geach

Como vimos de forma breve anteriormente, Frege teve grande importância na reflexão contemporânea sobre a identidade. De fato, a reflexão sobre a relação de identidade tem um papel decisivo em sua filosofia e foi amadurecendo ao longo de seus escritos.[8] Na *Ideografia* (*Begriffsschrift*), de 1879, Frege pensava que a relação de identidade se dava entre signos e não entre objetos. Sua ideia era que a relação de identidade entre dois juízos ou sentenças assertivas tinha um mesmo valor semântico, o qual Frege chamou de "conteúdo conceitual",[9] de tal forma que se poderia substituir tais asserções sem prejuízo de seu valor de verdade. Quando afirmamos, por exemplo:[10]

a) Os gregos derrotaram os persas em Platea.
b) Os persas foram derrotados pelos gregos em Platea.

Observe que A e B são escritas de forma diferente, uma está na voz ativa e outra na voz passiva. No entanto, as duas têm o mesmo "conteúdo conceitual", pois estão afirmando a mesma coisa, a saber: que foram os gregos

---

7 A relação de identidade entre dois conjuntos A e B acontecerá quanto A tiver todos os elementos do conjunto B. Formalmente: A=B→∀*x*(*x*∈A↔*x*∈B).
8 Para uma evolução do pensamento de Frege acerca da identidade, cf. VELLOSO, A. "Os Paradoxos da Identidade e seu Papel como Limitadores de uma Teoria Funcional da Linguagem". *Princípios*, 16 (26): 05-34, jul.-dez. 2009 (Natal, RN).
9 Cf. FREGE, *Begriffsschrift*, § 3.
10 Cf. *Ibid*.

e não os persas que venceram em Platea. Haveria, portanto, uma relação de equivalência ou identidade entre as duas sentenças no que tange ao seu conteúdo conceitual, mesmo que apresentem notações diferentes. Assim, Frege sugeria a seguinte notação A=B ou A≡B. Um pouco diferente se dá com nomes próprios ou descrições definidas, pois um mesmo objeto pode ser representado ou definido completamente por vários nomes. Quando afirmamos as seguintes sentenças:

a) Crispim matou sua mãe com um osso.
b) O Cabeça de Cuia matou sua mãe com um osso.

Percebe-se que "Crispim" e "Cabeça de Cuia" são dois nomes próprios para o mesmo personagem lendário do folclore piauiense, e que a identidade se dá entre os nomes que expressam um mesmo objeto. Assim, pode-se substituir o sujeito de A pelo sujeito da sentença B e vice-versa.[11] Entretanto, aqui há um problema. Será que dois nomes com a mesma referência podem realmente ser substituídos em qualquer contexto semântico? Em seu artigo "Sobre o Sentido e a Referência" (Über Sinn und Bedeutung) de 1892, Frege muda sua interpretação sobre a relação de identidade, inserindo um novo elemento que ele chamou de "sentido" (*Sinn*).[12]

Frege relembra, no início de "Sobre o Sentido e a Referência", que a igualdade põe questões difíceis de responder, sobretudo a questão de saber se ela é uma relação e, se for uma relação, relação entre o quê? Sua concepção na *Ideografia* era de que a igualdade se dava entre signos, mas isto depois lhe pareceu complicado. Afirmar que $a=b$ simplesmente porque os dois têm o mesmo objeto de referência, suporia que poderíamos substituir $a=b$ por $a=a$. Porém, $a=a$ é uma afirmação analítica que posso fazer *a priori* e que não acrescenta nenhum valor cognitivo. Por outro lado, $a=b$ parece denotar um acréscimo de conhecimento não contido na expressão $a=a$. Frege ilustra esta afirmação com seu famoso exemplo

---

11 Não entramos aqui no problema entre Frege e Russell acerca dos nomes próprios. Certamente, neste exemplo, o nome "Crispim" e "Cabeça de Cuia" são nomes próprios que não têm uma referência no mundo real. Para Russell, tais nomes não têm um sentido e deveriam ser excluídos de uma linguagem formal, uma vez que são desprovidos de valor semântico. Para Frege, eles não têm uma referência, mas nem por isso deixam de ter um sentido.
12 Frege faz ainda uma distinção entre sentido (*Sinn*) e representação (*Vorstellung*). O sentido é algo objetivo, um *pensamento* exprimível em uma linguagem e compartilhável por outros, enquanto a representação é a imagem mental subjetiva que está ligada à vida psíquica do indivíduo e não pode ser partilhada com outros. Cf. FREGE, "Sobre o Sentido e a Referência". Trad. Sérgio R. N. Miranda. *Fundamento – Rev. de Pesquisa em Filosofia*, 1 (3): 24, mai.-ago. 2011.

da "estrela da manhã" e "estrela da tarde". Se as duas expressões fossem idênticas porque se referem ao planeta Vênus, poderíamos então indiscriminadamente substituir em qualquer sentença ou contexto semântico um termo pelo outro.

De fato, "estrela da manhã" = "estrela da tarde" não parece denotar a mesma verdade de "estrela da manhã" = "estrela da manhã". Frege mostra que, uma vez que posso descobrir a segunda identidade de forma *a priori*, a primeira só é adquirida *a posteriori*, pois o fato de ambas as expressões se referirem ao mesmo planeta Vênus se verifica apenas a partir de observações astronômicas. Isto significa que entre os signos e os objetos há um terceiro elemento, o *sentido*, e que a identidade não é apenas entre signos, nem mesmo entre objetos, mas entre signos e objetos, mediados pelo sentido. O *sentido* é um "modo de apresentação" (*Art des Gegebenseins*) do próprio objeto, o que significa que um mesmo objeto pode apresentar vários sentidos que não são idênticos entre si, pelo fato de serem descobertos *a posteriori* e não deduzidos de forma *a priori* do objeto. Em síntese, embora a e b tenham a mesma referência, a expressão $a=b$ não traduz a mesma verdade que $a=a$, pois a primeira identidade tem um acréscimo cognitivo que a segunda não tem. Uma pessoa pode saber que $a=a$ e não saber que $a=b$.

Peter Geach, em seu livro *Reference and Generality: an Examination of Some Medieval and Modern Theories* (1962) e em seu artigo "Identity" (1967), defendeu a ideia de que a reflexão de Frege acerca da identidade tinha uma lacuna fatal, que a tornava incompleta. Frege expressava a relação de identidade por meio da fórmula $a=b$, que significa "a é idêntico a b" ou "a é o mesmo b", como se houvesse uma identidade absoluta entre a e b. Geach é do parecer que a tese clássica que entendia identidade como uma relação de igualdade absoluta entre a e b está errada, uma vez que nessa versão não se pode estabelecer um critério completo e definitivo para constatar a veracidade da identidade. Assim, Geach defende a ideia de uma identidade *relativa*, em que a relação entre a e b deve ser mediada por uma propriedade F, a tal ponto que a fórmula $a=b$ deve ser interpretada da seguinte forma: "a é o mesmo F que b". A propriedade F é exatamente aquilo no qual a e b são idênticos, o que, ao mesmo tempo, permite certa desigualdade entre a e b a respeito de qualquer outra propriedade G. Em poucas palavras, é relativo à propriedade F que *a* e *b* são idênticos, não existindo, portanto, uma identidade absoluta.[13]

A identidade relativa de Geach não constitui apenas uma identidade qualitativa, mas pretende ser numérica, sem ser absoluta. A ideia é que só podemos constatar a identidade entre *a* e *b* se houver um *termo geral* sobre o qual eles coincidem. Um termo geral para Geach constitui um adjetivo ou substantivo ao qual posso acrescentar o termo "o mesmo". Assim, a sentença "O padeiro de ontem é o mesmo homem de hoje" pode ser interpretada simbolizando "o padeiro de ontem" com c_1, "o padeiro de hoje" com c_2, e o substantivo "homem" com F. Assim, se quero manifestar uma relação de identidade entre c_1 e c_2, teria que dizer que "c_1 é o mesmo F de c_2". F é o termo geral ou substantival que une os dois termos da sentença[14] e se torna o critério para saber se os dois termos são idênticos ou não.

Outro aspecto importante na proposta de Geach é que tal estratégia dá espaço para distinções entre c_1 e c_2 sem excluir a identidade. Imagine que o "padeiro de ontem" tinha os cinco dedos da mão direita ao vir entregar o pão, mas o "padeiro de hoje" só tem quatro dedos na mão direita, pois sofreu um acidente na noite anterior. Certamente, falta uma propriedade G (um dedo) em c_2 que c_1 tinha. Como conservar ainda a identidade entre os dois sem desobedecer ao princípio da indiscernibilidade dos idênticos ou Lei de Leibniz? Este é um dos famosos paradoxos da identidade no tempo: como posso dizer que duas coisas são a mesma se elas mudam (ganham ou perdem propriedades) com o passar do tempo? Veja que c_1=F e c_2=F, da mesma forma que c_1=G e $c_2 \neq$G. Isto significa um afronto ao princípio da indiscernibilidade dos idênticos que, no caso, afirmaria: se c_1 e c_2 são idênticos, então ambos compartilham as mesmas propriedades, a saber, F ou G. A relação de identidade deveria ser transitiva: se c_1=c_2 e c_1=G, então c_2=G, o que, no caso, não acontece. Geach tem um problema difícil para resolver, mas sua estratégia consiste em recusar a versão clássica de

---

[13] A ideia de uma identidade relativa é bastante criticada no panorama filosófico. Para uma crítica desta visão, veja: BURKE, M. "Dion and Theon: an Essentialist Solution to an Ancient Problem". *The Journal of Philosophy*, 91: 129-139, 1995; PERRY, J. "The Same F". *The Philosophical Review*, 64: 181-200, 1970; MCGINN, C. *Logical Properties*. Oxford: Blackwell's, 2000.

[14] Geach usa a expressão *substantival*, mas geralmente também utiliza a palavra *sortal* (vem do inglês *sort* que significa "espécie"), inaugurada por John Locke e relançada por Strawson em 1950. Alguns autores aplicam o termo *sortal* para designar o tipo ou espécie que um indivíduo é, lembrando as substâncias segundas de Aristóteles e Tomás de Aquino. O termo *sortal* seria o critério para se contar algum objeto, isto é, para individualizá-lo como *um* determinado e não outro.

identidade, expressa na lei de Leibniz.[15] Sua tese permitirá ver objetos sofrendo alterações no tempo e, mesmo assim, continuar sendo "o mesmo algo". Dizer que c_1 e c_2 são distintos em relação a G não significa afirmar que ambos sejam absolutamente distintos, da mesma forma que afirmar que são idênticos em relação a F não deve levar a uma identidade absoluta. O exemplo do gato Tibbles dado por Geach pode esclarecer sua tese.[16]

Imagine um gato gordo chamado Tibbles deitado preguiçosamente em um tapete. Digamos que Tibbles inteiro seja simbolizado por *t*. Pensemos que *t* tem pelo menos 1000 pelos no seu corpo e cada pelo pode ser simbolizado pela letra *p*, assim, temos $p_1, p_2, p_3...p_{1000}$ para referenciar cada um dos 1000 pelos de *t*. Cada *p* é uma parte própria de *t* e *t* compreende o gato com todos os 1000 pelos. Se tivermos alguma perda de pelo, então teremos $t_n = t - p_n$, isto é, t_n simboliza o gato Tibbles sem o pelo p_n. Se, por exemplo, ele perder o pelo p_{20}, então $t_{20} = t - p_{20}$ e assim por diante. Podemos imaginar agora que cada *t* excetuado de um *p* constituirá um gato diferente. Dessa forma, $t \neq t_1 \neq t_2 \neq t_3 \neq ... t_{1000}$. Assim, se entendermos a identidade como absoluta, teríamos não apenas um gato no tapete, mas 1001 gatos, uma vez que nenhum dos gatos que perder um pelo será idêntico a qualquer outro, o que parece um absurdo. De fato, existe apenas *um* gato no tapete, mesmo que ele perca pelos ao longo do tempo. Geach mostra, assim, que é preciso assumir uma identidade relativa entre os vários *ts*, na qual o termo substantival "gato" seja aplicado identicamente a cada um sem ignorar que eles possuem propriedades diferentes. Como afirma Geach:

> Este nome [Tibbles] para um gato tem referência e nomeia o único gato no tapete, mas apenas nesse sentido "Tibbles" nomeia, como um nome compartilhado, tanto *c* [para *cat*] em si como qualquer das menores massas de tecido

---

15 Veja a nota anterior, que explica este fenômeno sem pressupor a tese de Geach. Cf. SHOEMAKER, S. "Personal Identity: a Materialist's Account". *In*: SWINBURNE, R.; SHOEMAKER, S. (eds.). *Personal Identity*. Oxford: Blackwell's, 1984, p. 73.

16 Com este exemplo (encontrado em GEACH, P. *Reference and Generality*. 3. ed. Ithaca, NI: Cornell University Press, 1980, p. 214s), Geach refaz o paradoxo de Crisipo (279-206 a. C.) e procura demonstrar que a Lei de Leibniz não pode resolvê-lo. Talvez este seja um dos mais famosos exemplos de Geach a ser posteriormente discutido por outros, como David Lewis em seu artigo "Many but Almost One" (*In*: CAMPBELL, K.; BACON, J.; REINHARDT, L. (eds.). *Ontology, Causality and Mind: Essays on the Philosophy of D. M. Armstrong*. Cambridge: Cambridge University Press, 1993). Outras soluções para o mesmo paradoxo podem ser vistas em INWAGEN, P. "The Doctrine of Arbitrary Undetached Parts". *Pacific Philosophical Quarterly*, 62: 123-137, 1981 e CHISHOLM, R. M. "Parts as Essential to their Wholes". *Review of Metaphysics*, 26: 581-603, 1973. Tomamos aqui a análise do exemplo feita em FILHO, D. B. *Identidade Relativa e Sortais*. Curitiba: Setor de Ciências Humanas, Universidade Federal do Paraná, 2015, p. 73s. (Dissertação de Mestrado). Disponível em: https://acervodigital.ufpr.br/bitstream/handle/1884/40130/R%20-%20D%20-%20DANTE%20BARLETA%20FILHO.pdf?sequence=1&isAllowed=y. Acesso em: 20 ago. 2018.

felino como c_{12} e c_{279}; para todos estes são um e o mesmo gato, embora não uma e a mesma massa do tecido felino".[17]

Dessa forma, Geach propõe que uma identidade absoluta é um contrassenso e somente uma identidade relativa a algum F pode ser constatada. A teoria da identidade relativa, apesar de controversa, adequa-se bem a teorias endurantistas, como também a alguns tipos de perdurantismo e nos remete para outro problema acerca da identidade, a saber: se existe um elemento essencial em cada objeto que persiste necessariamente em qualquer mudança, a fim de que o objeto continue o mesmo. Ou ainda, se existe uma identidade através de mundos possíveis, mesmo que tenhamos que lidar com mudanças. Passemos a este problema verificando o problema da identidade na lógica dos mundos possíveis.

4.3 Identidade através de mundos possíveis

A ideia de que existem mundos possíveis tem dividido filósofos ao longo dos últimos cinquenta anos. Pelos menos duas versões são bem visíveis, a de David Lewis e Alvin Plantinga. Em suma, enquanto Lewis defende que mundos possíveis existem realmente, isto é, concretamente, Plantinga é do parecer que mundos possíveis são entes abstratos, sendo o nosso mundo atual o único que existe concretamente.

O problema da identidade entre mundos possíveis pode ser colocado da seguinte forma: imaginemos que um indivíduo *a* pertence a um mundo w_1 e um indivíduo *b* pertence a um mundo possível w_2. Haverá uma relação de identidade entre mundos possíveis se *a=b*, o que significa que um *mesmo* objeto existe em diferentes mundos possíveis. Contudo, se mundos possíveis existem e podemos falar de identidade entre eles, pode-se ainda sustentar o princípio da indiscernibilidade dos idênticos ou a Lei de Leibniz? A identidade entre mundos possíveis parece ser um problema para esse princípio, uma vez que *a* e *b* possuem pelo menos uma propriedade diferente um do outro, isto é, a propriedade de pertencer cada um a um mundo diferente.

Antes de tudo é preciso se perguntar se existem propriedades "essenciais individuais não triviais"[18] ou se indivíduos são apenas "identidades nuas" (*bare*

---

17 GEACH, P. *Reference and Generality*. 3. ed. Ithaca, NI: Cornell University Press, 1980, p. 215.
18 Cf. MACKIE, P.; JAGO, M. "Transworld Identity". *The Stanford Encyclopedia of Philosophy*, 21 dez. 2017. Disponível em: http://plato.stanford.edu/archives/fall2013/entries/identity-transworld/. Acesso em: 18 fev. 2019.

identities),¹⁹ compostos unicamente por propriedades acidentais/contingentes. Chisholm nos apresenta o seguinte exemplo para ilustrar que identidades nuas levam a paradoxos (também chamado de "paradoxo de Chisholm"):²⁰ imaginemos os dois personagens bíblicos Adão e Noé. Digamos que não existam essências individuais e que Adão e Noé não possuam nenhuma propriedade que os identifique através dos mundos possíveis. Poderíamos mudar qualquer propriedade de Adão, fazendo-o parecer em algum mundo possível com Noé e vice-versa. Se trocarmos todas as propriedades de um pelo outro, teríamos um mundo possível em que Adão seria Noé e vice-versa, isto é, que o esposo de Eva seria agora Noé. Ora, se isto pudesse acontecer com os dois, poderia acontecer com quaisquer outros indivíduos, o que parece ser uma conclusão intolerável.

Para evitar isso, muitos filósofos²¹ acreditam ser necessário pressupor essências individuais (ou um conjunto delas) capazes de preservar nossa identidade no mundo atual e através de mundos possíveis, fazendo com que, por exemplo, Adão seja Adão e não Noé e que Noé seja Noé e não Adão. Como afirma Chisholm:

> Para cada entidade x, existem certas propriedades N e certas propriedades E, tais que: x tem N em alguns mundos possíveis e x tem não-N em outros; mas x tem E em todo mundo possível em que x existe; e, além disso, para todo y, se y tem E em qualquer mundo possível, então y é idêntico a x. [...] As propriedades E serão, portanto, *essenciais* para x e as propriedades N *não-essenciais*, ou acidentais.²²

O tema de propriedades essenciais entre mundos possíveis nos leva à pergunta sobre a modalidade de tais propriedades: são elas contingentes ou necessárias? Voltemos a um exemplo de Frege para ilustrar a discussão sobre a necessidade ou contingência da relação de identidade. Quando afirmo que "estrela da manhã" = "estrela da tarde" constituo nesta relação de identidade algo necessário ou contingente? Parece certo que $a=a$ representa uma identidade necessária de algo consigo mesmo em todos os mundos possíveis,

---

19 Cf. FORBES, G. *The Metaphysics of Modality*. Oxford: Oxford University Press, 1985. É importante ressaltar que *bare identities* não significa a mesma coisa que *bare particulars*. O primeiro não denota a ausência de propriedades essenciais não triviais, mas que A e B não diferem em suas propriedades essenciais não triviais nos diferentes mundos possíveis. Cf. ADAMS, R. M. "Primitive Thisness and Primitive Identity". *The Journal of Philosophy*, 76: 24-26, 1979.
20 Cf. CHISHOLM, R. M. "Identity through Possible Worlds: Some Questions". *Noûs*, 1: 1-8, 1967.
21 Cf. *Ibid* e FORBES, G. *The Metaphysics of Modality*. Oxford: Oxford University Press, 1985, cap. 6.
22 CHISHOLM, R. M. "Identity through Possible Worlds: Some Questions". *Noûs*, 1: 5, 1967.

mas o que dizer de *a=b*? Em seu artigo "Identity and Necessity", Kripke defende a ideia de que a relação de identidade é necessária e não contingente e explica melhor seu conceito de "designador rígido", apresentado em suas três conferências na Universidade de Princeton e depois publicadas em seu *Naming and Necessity*, em 1980.[23]

Da seguinte proposição:

$$\forall x \forall y \, ((x=y) \to \Box(x=y))$$

Isto é, para todo x e y, se x é idêntico a y, então, *necessariamente* x será idêntico a y; Kripke tira a conclusão de que *necessariamente x=y*, a saber:

$$\Box(x=y)$$

O problema é que tal expressão pode ser interpretada de forma forte, na qual x e y existem necessariamente em todos os mundos possíveis. Entretanto, se voltarmos a falar de "estrela da manhã" e "estrela da tarde" não poderemos interpretar que necessariamente elas existam nem que se refiram a um planeta chamado Vênus. De fato, a existência de Vênus é contingente e não necessária, da mesma forma que qualquer afirmação sobre ele. O mesmo vale para a autoidentidade. A expressão *a=a* não é algo necessariamente válido em todos os mundos possíveis de forma forte, ou melhor: certamente pode existir um mundo possível em que *a* nem mesmo exista. O que Kripke está afirmando é que, uma vez que x exista, então, necessariamente $x=x$, da mesma forma que se x e y existem e $x=y$, então, necessariamente $x=y$.

A identidade necessária entre "estrela da manhã" e "estrela da tarde" também se dá pela *nomeação* do planeta Vênus em duas situações diferentes, quando o sol estava se pondo e quando o sol estava nascendo. O fato de designar o planeta Vênus como "estrela da manhã" (*a*) em certa ocasião e "estrela da tarde" (*b*) em outra, faz com que *a=b* esteja na modalidade *de re* (ontologicamente), isto é, *necessariamente*, pois aqui são dois nomes próprios atribuídos ao mesmo referencial. No entanto, na modalidade *de*

---

[23] Cf. KRIPKE, S. "Identity and Necessity". *In*: LOUX, M. J. (ed.). *Metaphysics: Contemporary Readings*. 2 ed. Londres: Routledge, 2008, p. 218-247; KRIPKE, S. *Naming and Necessity*. Oxford: Blackwell's, 1980.

dicto (epistemicamente) a relação *a* = *b* pode ser puramente *contingente*, isto é, descoberta apenas empiricamente e não *a priori*. Em resumo: *a* = *b* é uma relação de identidade necessária do ponto de vista *ontológico*, embora contingente do ponto de vista *epistêmico*. A descoberta *a posteriori* e contingente de *a* = *b*, como, por exemplo, que água = H_2O, calor = movimento de moléculas, luz = correntes de fótons, etc., não faz com que a relação de identidade seja também contingente, ela é necessária, neste e em todos os mundos possíveis (interpretada de forma fraca, a saber: uma vez que *a* = *b*, então, necessariamente *a* = *b*). Isto significa que, se for verdade que a água = H_2O, então ela sempre foi necessariamente H_2O, se o calor = movimento de moléculas, então ele sempre foi o movimento das moléculas e assim por diante.[24]

É neste ponto que Kripke lembra seu conceito de *designador rígido*: "O que eu entendo por 'designador rígido'? Eu entendo um termo que designa o mesmo objeto em todos os mundos possíveis".[25] Isto não significa que o objeto exista necessariamente em todos os mundos possíveis, mas apenas que se ele existir em um determinado mundo possível, será denominado por seu "designador rígido". O ato que confere um designador rígido a um objeto é como um "batismo" que caracterizará o objeto em todos os mundos possíveis, pois capta a essência de algo, seja de forma *a priori* ou *a posteriori*. Quando batizamos Vênus de "estrela da manhã" ou *Phosphorus* (*a*) e de "estrela da tarde" ou *Hesperus* (*b*), esses dois nomes são designadores rígidos para o planeta Vênus de tal forma que *a* e *b* serão necessariamente idênticos. Assim, Kripke afirma:

> Se os nomes são designadores rígidos, então não pode haver dúvida de que as identidades são necessárias, porque "*a*" e "*b*" serão designadores rígidos de um determinado homem ou coisa *x*. Então, mesmo em todos os mundos possíveis, *a* e *b* se referirão a este mesmo objeto *x*, e a nenhum outro, e assim não haverá nenhuma situação na qual o objeto que agora estamos chamando "*x*" não teria sido idêntico a si mesmo. Então, não se poderia ter uma situação em que Cícero não teria sido Túlio ou *Hesperus* não teria sido *Phosphorus*.[26]

---

24 Kripke distingue os conceitos de *aprioridade* e *necessidade*, que a tradição desde Kant sempre usou de forma indiscriminada. Para Kripke, algo pode ser necessário e *a posteriori*, pois enquanto o termo aprioridade tem a ver com epistemologia e quer destacar que uma verdade pode ser conhecida independentemente da experiência, o termo necessidade tem a ver com metafísica e quer mostrar que uma verdade não poderia ser diferente do que é. Assim, nada impede que uma verdade necessária (metafisicamente) seja conhecida (epistemologicamente) somente *a posteriori*. Cf. KRIPKE, S. "Identity and Necessity". *In*: LOUX, M. J. (ed.). *Metaphysics: Contemporary Readings*. 2 ed. Londres: Routledge, 2008, p. 230s.
25 *Ibid.*, p. 226.
26 *Ibid.*, p. 234.

O designador rígido fixa o nome ou a descrição de algo referenciado para identificá-lo em todos os mundos possíveis, levando a perceber que identidade precisa ser uma relação necessária e não contingente. Quando se afirma que os termos rígidos "água" e "H_2O" são idênticos é porque não poderia haver uma relação diferente ou contingente entre os dois termos designados rigidamente.

4.4 Noções de identidade pessoal

Pretendemos aqui dar apenas noções gerais do problema da identidade pessoal. O primeiro ponto a esclarecer é que o problema da identidade relacionado a pessoas não se refere à identidade qualitativa, senão numérica. Duas pessoas podem ser qualitativamente semelhantes, por exemplo, dois gêmeos podem apresentar uma série de propriedades semelhantes: cor dos olhos, genes, temperamento, etc., mas sempre constituírem numericamente duas pessoas diferentes. O que importa aqui é a identidade numérica e, mais especificamente, quais critérios temos para dizer que uma pessoa x em t_1 é idêntica a uma pessoa y em t_2.

O problema da identidade pessoal gira em torno da persistência de pessoas através do tempo. Pessoas, diferentemente de objetos puramente físicos como uma pedra, sofrem constantemente mudanças em suas propriedades. Se não perdem suas partes, objetos físicos podem permanecer os mesmos através do tempo, mas o mesmo se torna difícil para pessoas que são compostas não apenas de elementos físicos, mas também de elementos psicológicos que mudam suas características a todo instante. Todos nós passamos pela experiência de mudar de convicções, desejos ou crenças ao longo dos dias. Mesmo nosso corpo biológico muda totalmente a cada sete anos, o que nos faz pensar que o critério de identidade para pessoas não é tão simples quanto para os entes puramente materiais (o que também não tem nada de simples!). Quando você olha para uma foto sua quando era criança e a compara com sua aparência trinta anos depois, você não questiona que aquela criança seja você; mas por que não? Pouquíssimas propriedades daquela criança estão presentes em você agora e, nem mesmo assim, você põe este fato em dúvida. O que permaneceu em toda esta mudança? Haveria algum traço *essencial*, isto é, *necessário* que identificasse você ao longo dos anos, apesar das mudanças? Quais seriam essas propriedades?

Na identidade pessoal, a Lei de Leibniz parece ainda mais fragilizada e incapaz de dar conta do que acontece com as pessoas. Uma pessoa x em t_1 jamais permanece absolutamente idêntica a qualquer que seja o y em t_2. Isto significa que não existem pessoas que não mudem de propriedades ao longo do tempo, o que nos faz perguntar como o princípio da *indiscernibilidade dos idênticos* funciona para pessoas. Tal dificuldade nos faz pensar que Geach tem razão ao afirmar que uma identidade absoluta parece ser impossível, tanto mais para pessoas. Na análise de uma identidade relativa, poderíamos bem entender que pessoa x e y são idênticas sempre em relação a alguma propriedade que as identifique essencialmente. Quando digo que o "Cláudio de ontem" e o "Cláudio de hoje" são a *mesma* pessoa estou utilizando o *sortal* "pessoa" para afirmar em relação ao quê eles são o mesmo, isto é, em relação à sua *pessoalidade*. O "Cláudio de ontem" e o "Cláudio de hoje" podem até ter diferentes propriedades, como por exemplo, ontem ele estava mais gordo, com barba, acreditava na proposição p, não teve experiência e, etc., diferentemente do "Cláudio de hoje". No entanto, tais propriedades não constituíam a pessoalidade de Cláudio, que permaneceu a mesma ontem e hoje.

Contudo, se é em relação à pessoalidade de Cláudio que a identidade através do tempo deve ser analisada, surge a questão dos critérios para se caracterizar a pessoalidade. O que é uma pessoa ou aquilo que faz com que uma pessoa seja pessoa? Muitos filósofos, como Tomás de Aquino, entendem pessoalidade a partir do velho axioma de Boécio: "*Persona est naturæ rationalis individua substantia*" (pessoa é uma substância individual de natureza racional). No entanto, essa afirmação se compromete com uma série de pressupostos não evidentes, que precisam de esclarecimentos: o que significa natureza, racionalidade, indivíduo? O que é uma substância? Constitui uma ontologia da substância aquela adequada para tratar dos entes? Esta série de pressupostos discutíveis parece exigir uma atualização da proposta de Boécio em relação a pessoas.

A discussão das últimas décadas oscilou entre duas posições que vão ser esclarecidas em capítulos posteriores: a visão biológica e a psicológica. Para a visão biológica, pessoas não são nada mais que seu corpo biológico, o que significa que para x e y serem pessoas idênticas basta ambas terem o mesmo corpo biológico em tempos diferentes. Veremos que o melhor argumento da visão biológica identifica corpo não apenas com membros substituíveis, como um braço ou um coração, mas com o próprio cérebro.

Assim, *grosso modo*, para P_1 em t_1 ser idêntico a P_2 em t_2, basta ambos terem o mesmo cérebro. Já a visão psicológica afirma que o critério de identidade pessoal são os conteúdos mentais/psicológicos que um sujeito adquire ao longo dos anos. Para P_1 e P_2 constituírem uma mesma pessoa, basta que ambos possuam uma *continuidade psicológica*, como convicções, desejos, crenças em primeira pessoa, etc. Além dessas duas visões, outras concorrem como uma solução. Duas delas são as chamadas visão simples e visão hilemórfica, que afirmam que P_1 e P_2 serão idênticos em tempos diferentes se ambos possuírem uma mesma alma (*forma substancial*). "Almas" seriam elementos imateriais que cada corpo humano teria, pressupondo assim, uma dualidade de corpo e alma em seres racionais, como são os humanos. Por fim, a visão constitucional procura afirmar que pessoas são constituídas de um corpo, mas são idênticas à sua perspectiva em primeira pessoa.

Todas essas teses serão analisadas em capítulos posteriores. O que importa aqui é mostrar que o problema da identidade aplicado a pessoas tem uma complexidade ainda maior pela especial influência que o tempo tem sobre seres deste tipo. Pessoas sao um tipo de ente que se diferencia dos outros pela racionalidade, isto é, pelos estados mentais que se apresentam como diferentes de estados físicos. Estados mentais ocupam a consciência, que diferentemente do corpo ou cérebro, possui características como intencionalidade, não localização e internalidade. Qualquer critério capaz de identificar pessoas através do tempo precisa incluir tais características por constituírem fenômenos essenciais para se contar elementos como pessoas.

A partir daqui procederemos no estudo da identidade pessoal e analisaremos as várias teses que optaram por certa ontologia geral, como vimos nos debates até agora, e aplicaram tal ontologia no problema da metafísica da pessoa. O arcabouço das teses é bastante abrangente, o que nos obriga a fazer opções ao longo da exposição. O que pretendemos nos próximos capítulos é apresentar o debate acerca dessas posições, sem tomar partido por uma delas.

II
TEORIAS METAFÍSICAS DA PESSOA

5

Prospecto geral das teorias

O debate sobre a metafísica da pessoa tem merecido destaque no contexto da filosofia analítica nas últimas décadas. Isso se explica por vários fatores, entre eles, o interesse antigo e sempre novo de querer obter resposta à pergunta: quem sou eu? Saber quem somos constitui uma tarefa existencial e um dos maiores desafios para a filosofia. O debate sobre a metafísica da pessoa não se refere tão somente à questão existencial, mas também tem relevância para problemas éticos e filosófico-religiosos, como o aborto, a eutanásia e a sobrevivência do "eu" depois da morte corporal: quando começa ou termina a existência de uma pessoa humana? Qual fator determina sua persistência no tempo e fora dele? Não são poucas as respostas levantadas para o problema da identidade pessoal. Descartes elaborou três hipóteses acerca daquilo que o identificava como pessoa: ou eu sou 1) uma coisa pensante, ou 2) uma coisa vivente (animal) ou 3) um corpo. Descartes exclui as duas últimas e chega à conclusão de que "eu sou uma coisa pensante" (alma), dando razão a uma das grandes teses acerca da identidade pessoal: a *visão simples*. Introduzimos, assim, a segunda parte deste livro, que se preocupa em apresentar algumas das teorias mais importantes no debate atual acerca da identidade pessoal.

O objetivo deste capítulo é dar uma ideia básica das diversas posições que serão aprofundadas nos capítulos posteriores e, assim, oferecer um panorama geral do debate contemporâneo. A linguagem deste capítulo não é tão elaborada e, às vezes, até mesmo usa "clichês filosóficos" para mostrar o quanto tais posições podem ser interpretadas sem considerar seus argumentos mais profundos. Os capítulos seguintes darão um tratamento mais acurado a cada uma das teses.

Neste tópico e no restante do livro, analisamos as chamadas visão biológica (5.1), visão psicológica (5.2), visão constitucional (5.3), visão hilemórfica (5.4) e outras posições importantes, respectivamente: a visão de D. Hume e a chamada visão *simples* (5.5), que, no entanto, não aprofundaremos em capítulos posteriores. A razão dessa exclusão não se dá pela pouca importância das duas posições, mas pela natureza do livro, que se preocupa com as teorias mais discutidas na atualidade. Tanto a visão de Hume quanto a visão Simples têm poucos partidários na abordagem analítica atual.

5.1 A visão biológica da pessoa

No debate atual, a visão biológica se contrapõe diretamente à visão psicológica. Essas duas teorias têm encontrado maior número de partidários nas discussões contemporâneas, mas ambas geram problemas irresolúveis quando concebem *identidade* como uma relação *necessária* entre a pessoa e seu corpo, de um lado, e, de outro, da pessoa com suas memórias ou estados psicológicos.

Na visão biológica (VB), a pessoa não apresenta uma relevância ontológica à parte daquela corporal, de modo que pode ser reduzida aos seus componentes físicos.[1] Seguir-se-ão sínteses de alguns argumentos pró e contra tal posição. Essa tese será elaborada aqui apresentando seus melhores argumentos. A VB pode ser expressa da seguinte forma:[2]

(VB) Pessoa P_2 em t_2 é igual à pessoa P_1 em t_1 se, e somente se, P_2 em t_2 tiver o mesmo cérebro que P_1 em t_1.

A VB não afirma simplesmente que uma pessoa é identificada com partes não vitais do corpo ou mesmo com partes vitais substituíveis. Nenhum defensor da VB afirma, por exemplo, que, se alguém chegar a perder um braço ou

---

[1] Cf. autores como AYERS, M. *Locke*. Londres: Routledge, v. 2, 1990, p. 278–292; CARTER, W. R. "How to Change Your Mind". *Canadian Journal of Philosophy*, 19: 1-14, 1989; MACKIE, D. "Personal Identity and Dead People". *Philosophical Studies*, 95: 219-242, 1999; OLSON, E. T. *The Human Animal: Personal Identity without Psychology*. Oxford: Oxford University Press, 1997; INWAGEN, P. *Material Beings*. Ithaca, NI: Cornell University Press, 1990 e WILLIAMS, B. "Personal Identity and Individuation". *Proceedings of the Aristotelian Society*, 57: 229-252, 1957.

[2] Na realidade, há várias formas de VB: uma é a VB que identifica a pessoa com seu organismo animal (animalismo), outra é a VB que a identifica com seu cérebro, outra, ainda, que a identifica com o seu corpo. Essas distinções serão feitas no capítulo sobre a visão biológica. Nessa visão geral utilizo a versão da VB que identifica a pessoa com seu cérebro.

cortar uma unha, perderá sua identidade pessoal. Nem mesmo a substituição de um órgão vital como o coração, pulmão, rim, etc., poderia torná-lo outra pessoa ou fazer perder completamente sua identidade. A história será, porém, diferente se tal órgão for o cérebro. Segundo a neurofisiologia moderna, estão centradas no cérebro humano todas as nossas memórias e convicções, os sentimentos, a personalidade e a consciência. Para a VB, então, o critério que define a continuidade da pessoa no tempo pode ser identificado com a conservação do cérebro. Se este perder partes essenciais, sobretudo o tronco cerebral que regula as operações vitais, como também o córtex superior, teremos a perda de identidade e morte de uma pessoa.[3] Dessa forma, a VB é uma posição fisicalista reducionista, para a qual tudo aquilo que chamamos de estados mentais, pessoalidade, consciência, *qualia*, são, necessariamente, dependentes e redutíveis a estados físicos ou funções neuronais.

À primeira vista, a VB parece ser a explicação mais sensata e científica para a identidade pessoal. Quem diria que nosso corpo não é um critério para definir quem somos? Qual teoria poderia nos provar que aquilo que vejo no espelho, meus olhos, boca, nariz, etc., não sou eu mesmo? Quem poderia ainda negar que o cérebro determina, em grande parte, minha personalidade, sentimentos e outros *qualia* que tenho? Se, por exemplo, dissesse que eu não sou meu corpo, mas minhas memórias ou estados psicológicos (como afirma a visão psicológica), então teria que admitir, por exemplo, que jamais fui um feto, pois fetos não são dotados de estados mentais. Ou ainda, que nunca me tornarei um cadáver, pois nem mesmo estes possuem estados mentais. A VB parece, portanto, gozar de bastante plausibilidade, tanto do ponto de vista científico quanto do senso comum.

Problemas, no entanto, surgem quando fazemos alguns experimentos mentais que empurram a VB para um canto, onde fica mais fácil observar suas facetas contraintuitivas. Esses experimentos foram usados por diversos autores para combater a VB. Um deles é aquele que usa da imaginação para perguntar: o que aconteceria se pudéssemos realizar o transplante do cérebro de João para o corpo de Aline? Quem seria quem: Aline seria então João, uma vez que tem seu cérebro? Ou mais ainda, se pudéssemos dividir os dois hemisférios do cérebro de João (*fission problem*) e colocar em Aline somente 51% de seu cérebro e os outros 49% permanecessem com João,

---
3 Cf. NAGEL, T. "Brain Bisection and the Unity of Consciousness". *Synthese*, 22: 396-413, 1971.

onde estaria João neste caso: no corpo de Aline ou no corpo de João? Esses experimentos levantam sérias questões para a VB.

Um defensor da VB poderia simplesmente negar tais experimentos afirmando que tudo faz parte de fantasias esdrúxulas. No entanto, pode-se dizer que, como qualquer teoria empírica, a VB pode ser falsificada um dia, se levarmos a sério certos avanços na área de transplantes. Além disso, críticos da VB lembram que a semelhança genética entre o corpo de um humano e o corpo de primatas como o chimpanzé é de 98,6%. Isso significa que apenas 1,4% nos diferencia corporalmente deles. Ou seja, geneticamente, somos mais semelhantes aos macacos do que um camundongo em relação a um rato, pelo menos dez vezes mais semelhantes.[4] Fica, portanto, difícil de aceitar que nossas dessemelhanças em relação aos primatas sejam apenas 1,4%, uma vez que nós, seres humanos, desenvolvemos uma linguagem simbólica e abstrata, instrumentos como computadores e, sobretudo, conseguimos produzir algo como a *Mona Lisa* ou *A Divina Comédia*. Se a VB tivesse razão, seria difícil imaginar como uma diferença quantitativa tão pequena poderia gerar uma diferença qualitativa tão extrema.

5.2 A visão psicológica da pessoa

Poderíamos, então, concluir que a visão psicológica (VP) seja a solução apropriada para o problema da identidade pessoal? A VP remonta a John Locke no capítulo "Sobre a Identidade e Diversidade" de seu *Ensaio sobre o Entendimento Humano* (1689).[5] Nesse capítulo, Locke evidencia que a identidade pessoal não está fundada nem em uma substância, nem em

---

[4] Cf. WADE, N. "In Chimpanzee DNA, Signs of Y Chromosome's Evolution". *The New York Times*, Nova Iorque, 1 set. 2005, p. A00015. Disponível em: https://www.nytimes.com/2005/09/01/science/in--chimpanzee-dna-signs-of-y-chromosomes-evolution.html. Acesso em: 18 fev. 2019.

[5] Apesar da grande diferença entre suas teorias, podemos elencar os seguintes autores contemporâneos como defensores da VP: JOHNSTON, M. "Human Beings". *Journal of Philosophy*, 84: 59-83, 1987; GARRETT, B. *Personal Identity and Self-Consciousness*. Londres: Routledge, 1998; HUDSON, H. *A Materialist Metaphysics of the Human Person*. Ithaca, NI: Cornell University Press, 2001; LEWIS, D. "Survival and Identity". *In*: RORTY, A. O. (ed.). *The Identities of Persons*. Berkeley: University of California Press, 1976; e relançado em seu *Philosophical Papers*. Oxford: Oxford University Press, v. 1, 1983; NAGEL, T. *The View from Nowhere*. Oxford: Oxford University Press, 1986; NOONAN, H. *Personal Identity*. 2. ed. Londres: Routledge, 2003; NOZICK, R. *Philosophical Explanations*. Cambridge/Londres: Harvard University Press, 1981; PARFIT, D. *Reasons and Persons*. Oxford: Oxford University Press, 1984; PERRY, J. "Can the Self Divide?". *Journal of Philosophy*, 69: 463-488, 1972; SHOEMAKER, S. "Personal Identity: a Materialist's Account". *In*: SHOEMAKER, S.; SWINBURNE, R. *Personal Identity*. Oxford: Blackwell's, 1984 e UNGER, P. *Identity, Consciousness, and Value*. Oxford: Oxford University Press, 1990.

uma suposta alma, ou mesmo no próprio corpo. A identidade pessoal depende somente da *consciência* ou da *memória* de um indivíduo. A VP pode ser assim descrita:

(VP) Pessoa P_2 em t_2 é igual à pessoa P_1 em t_1 se, e somente se, P_2 em t_2 tiver as memórias, crenças e preferências que tem P_1 em t_1.

A VP afirma uma *continuidade psicológica* que conecta as lembranças do indivíduo no passado com o presente e o futuro. Tal conexão seria para Locke condição necessária e suficiente para garantir a identidade pessoal ao longo do tempo. Mas o critério psicológico traz problemas consigo. O primeiro é o caráter transitivo que precisa ter a identidade pessoal, o qual não condiz com o critério psicológico. Vários exemplos foram levantados. Imaginemos uma situação em que João aos 15 anos ($João_1$) roubou manga no quintal da vizinha e se lembra dessa situação aos 30 anos de idade ($João_2$) quando se casou com Clara, mas esqueceu esse mesmo fato aos 70 anos ($João_3$). Ora, o $João_1$ é idêntico ao $João_2$, porém não seria idêntico ao $João_3$, visto que este já não tem a mesma memória de $João_1$. Teríamos então um resultado não transitivo: $João_1$ = $João_2$, $João_2$ = $João_3$, mas $João_3$ ≠ $João_1$, evidência incompatível com a identidade pessoal. $João_3$ tem que ser igual a $João_1$, embora a lembrança do roubo tenha se perdido em seu inconsciente.

Outro argumento contra a VP é o chamado *"too many minds problem"* que pode ser ilustrado ao imaginarmos uma situação futura em que poderemos transferir todas as lembranças, crenças e percepções de um indivíduo para um clone seu, tornando impossível saber quem será ele depois desse processo. Isso também poderia ser imaginado ao transferir meus estados mentais para uma máquina ou mesmo multiplicá-los em centenas de máquinas diferentes. Quem serei *eu* ao término desse experimento? O critério psicológico encontra também desafios no tocante a problemas éticos, tais como aborto ou eutanásia. Se a pessoa é idêntica aos seus estados mentais, pode-se concluir que ninguém jamais foi um feto ou mesmo será um cadáver, já que nessas condições não se tem estados mentais. Embora sem radicalizar as situações, pode-se dizer que se o critério psicológico fosse verdadeiro, nem mesmo haveria um *eu* no momento do sono, do desmaio, da perda de memória ou qualquer outra forma de alteração ou interrupção das conexões psicológicas, o que parece altamente contraintuitivo. Dessa forma, o critério psicológico parece não ser necessário nem suficiente para a identidade pessoal.

Há quem afirme, inclusive, que a VP seja trivial para o problema da identidade pessoal, pois somente faria sentido mencionar o critério psicológico quando P_2 e P_1 *são* a mesma pessoa em tempos diferentes com as mesmas lembranças. Quando P_2 e P_1 *não são* idênticos, embora possuindo iguais lembranças, crenças e percepções, não se poderia falar de critério psicológico para identidade pessoal. Isso significa que o critério psicológico pressuporia *ab ovo* uma identidade pessoal, caindo em uma circularidade inevitável.

5.3 A visão constitucional da pessoa

A visão constitucional (VC) da pessoa rejeita a VB e a VP no que diz respeito à identidade pessoal. Pessoas não são idênticas nem ao seu corpo, nem às suas lembranças, mas constituem uma entidade ontológica originária.

Uma das defensoras da VC é Lynne Rudder Baker, da Universidade de Massachusetts. Baker afirma uma diferença fundamental entre *constituição* e *identidade*, pelo menos da forma como essa vem compreendida na mereologia. A pessoa seria constituída pelo corpo, mas não estritamente idêntica a ele. Para explicar o conceito de "constituição", Baker assevera que a ideia de identidade implica normalmente a modalidade da necessidade, enquanto a de constituição traz consigo apenas a modalidade da contingência. Constituição seria, então, para Baker, uma "identidade contingente".[6] Uma identidade estrita, como geralmente se pensa em mereologia, poderia ser assim simbolizada:

$IE_{def}: x = y \rightarrow \Box \, (x = y)$

Uma identidade contingente teria outra formalização, a saber:

$IC_{def}: x = y \rightarrow \nabla(x = y)$[7]

---

6 "Identity is a necessary relation; constitution is contingent". BAKER, L. R. "Précis of Persons and Bodies: a Constitution View". *Philosophy and Phenomenological Research*, 64 (3): 593, mai. 2002.

7 Utilizo aqui o símbolo ∇ para a modalidade de contingência. Esse símbolo foi introduzido por Montgomery e Routley, cf. MONTGOMERY, H. A.; ROUTLEY, F. R. "Contingency and Non-Contingency Bases for Normal Modal Logics". *Logique et Analyse*, 9 (35-36): 318-328, dez. 1966.

A concepção de uma "identidade contingente" se aplica amplamente na natureza e nos artefatos. Uma cadeira, por exemplo, não é idêntica necessariamente à madeira, mas apenas de forma contingente. A cadeira é uma constituição da forma "cadeira" *pela* matéria "madeira". Isso se traduz da seguinte maneira: aquilo que faz com que a cadeira seja cadeira não é a madeira enquanto tal, mas outra propriedade. De igual forma, aquilo que faz com que a madeira seja madeira, não é a propriedade que faz com que a cadeira seja cadeira. Isso remete à concepção aristotélica de propriedades essenciais e acidentais. A cadeira tem uma propriedade essencial diferente da propriedade essencial da madeira enquanto madeira, de tal modo que uma cadeira, para ser cadeira, não precisa da madeira necessariamente, mas só contingentemente (uma vez que posso fabricar uma cadeira de plástico, ferro, etc.).

Uma propriedade essencial permite que uma coisa persista no tempo sem deixar de ser ela própria. Baker nomeia essas propriedades (essencial e acidental) de propriedades *não derivada* e *derivada*. Uma propriedade "não derivada" seria essencial, no momento em que define a coisa enquanto tal; a "derivada" seria uma propriedade compartilhada por um ser que tem outra propriedade como essencial. Se x é constituído por y em t, então significa que x apresenta uma propriedade não derivada que o define como x, digamos A_1 e, ao mesmo tempo, possui uma propriedade derivada y pela qual vem constituído, digamos A_2. Ora, x é estritamente idêntico a A_1, mas somente contingentemente idêntico a y que tem A_2 como propriedade essencial. Pode-se dizer que x e y compartilham as propriedades A_1 e A_2 em t, mas de forma diferente. Voltemos ao exemplo da cadeira: se x for cadeira e y for madeira, então x possuirá muitas propriedades de y e vice-versa. Se, por exemplo, y tiver 5 kg, x também terá 5 kg, mas apenas de forma derivada. De forma semelhante, se x tiver a propriedade não derivada de ser "algo para sentar-se", também o terá y em um determinado tempo t de forma derivada. Em resumo, afirmar uma identidade constitucional entre x e y significa que ambos possuem uma *unidade genuína*.

O conceito de identidade constitucional se aplica ao de pessoa humana. Segundo Baker, a pessoa não é idêntica ao corpo animal, assim como a cadeira não é idêntica à madeira ou a estátua de Apolo não é idêntica ao mármore. Dizer que a pessoa é *constituída* pelo corpo humano significa afirmar que o corpo é a pessoa, mas apenas de forma derivada, isto é, contingente. A pessoa deve sua persistência no tempo a outra propriedade que Baker chama de *perspectiva em primeira pessoa* (PPP). A pessoa é idêntica à sua perspectiva em primeira pessoa de forma não derivada e idêntica ao seu corpo humano de forma derivada. Revelar que *x* é constituído por *y* implica afirmar que *x* e *y* têm propriedades comuns, mas não são estritamente idênticos. Se João tem um corpo deficiente de um braço, então é a pessoa de João que é deficiente físico. A deficiência física é uma propriedade contingente ou derivada da pessoa de João. No entanto, a pessoalidade de João não traz nenhuma deficiência pelo fato de seu corpo não apresentar uma parte. Por conseguinte, a pessoalidade de João não é definida por sua corporalidade e sim por sua PPP. Afirmar que João é seu corpo e João é sua PPP não significa a existência de dois Joões, mas um só João constituído por um corpo deficiente. As duas propriedades, corpo e PPP, estão unidas de forma contingente: seu corpo de forma derivada e sua PPP de forma não derivada.

5.4 A visão hilemórfica da pessoa

A visão hilemórfica (VH) remonta a Aristóteles, que afirmava serem alma e corpo duas substâncias incompletas da pessoa humana na medida em que o corpo seria a *matéria* e a alma, a *forma*. Seres materiais são distintos de seres animados pelo fato dos últimos possuírem um "princípio vital" chamado de "alma", que exerce uma série de funções de acordo com o tipo de alma que o ente animado tem. Aristóteles divide as almas em três tipos: vegetal, animal e intelectiva. A "alma" é a forma que garante a continuidade do ente, apesar de acontecer uma troca de matéria no tempo. Aplicado à pessoa, o hilemorfismo de Aristóteles contrastava com a visão de Platão, para quem a pessoa era idêntica somente à sua alma, presa no cárcere do corpo. Ao contrário, Aristóteles concebia a pessoa como uma união substancial necessária entre corpo e alma, insinuando a possibilidade que a alma espiritual possa sobreviver à morte do corpo. Na Idade Média, Tomás de Aquino utilizará o hilemorfismo aristotélico para esclarecer as relações de alma e corpo, a partir da perspectiva cristã. Em uma junção brilhante entre Agostinho e Aristóteles, Tomás elabora a tese de que somente a doutrina da ressurreição pode conciliar a ideia de imortalidade da alma com a necessidade do corpo para a unidade da pessoa.

No entanto, esse paradoxo entre necessidade do corpo e independência da alma parece não ser totalmente resolvido por Tomás, o que leva o debate contemporâneo a posições diversas àquela do aquinate. Além disso, o hilemorfismo contemporâneo apresenta uma nova roupagem, apropriando-se da metodologia e da clareza analítica dos filósofos contemporâneos.

5.5 Outras posições importantes

Não podemos abordar nos limites deste livro todas as visões acerca da identidade pessoal. No entanto, faz-se mister mencionar, mesmo que de forma insuficiente, algumas posições que marcam a história desta problemática. Refiro-me a duas visões opostas: a posição de D. Hume, que nega a existência de uma substância pessoal, e a chamada visão *simples*, que tem uma longa tradição desde Platão, Agostinho, passando por Descartes até os tempos atuais nas posições de R. Chisholm e R. Swinburne.

A primeira delas é a posição de D. Hume, exposta no primeiro livro de seu *A Treatise of Human Nature*, na sessão intitulada "Of Personal Identity". A ideia básica por trás desse texto é a negação de que haja uma substância permanente chamada "eu" (*self*) que continua a mesma durante o tempo e apesar das mudanças. Hume defende o total abandono da "ideia" de uma identidade pessoal, baseando-se no princípio de que toda ideia válida é sempre gerada a partir de uma experiência empírica. A "ideia" de uma substância imaterial que garanta a permanência de um "eu" e que possua minhas percepções é totalmente arbitrária e fundada apenas em nossa imaginação.

Para Hume, toda impressão nos sentidos causa um efeito na memória e imaginação, capaz de produzir uma ideia. Ora, não temos nenhuma impressão sensível daquilo que chamamos de *self*, ele não é uma experiência que vivenciamos diretamente tal como acontece com os outros objetos sensíveis. Ao contrário, a ideia de *self* surge sempre ligada às nossas percepções de tal forma que não podemos distinguir um "eu" para além deste "feixe de percepções", como são as impressões de cores, sabores, superfícies, imagens, etc.:

> De minha parte, quando eu entro mais intimamente dentro daquilo que chamo "meu eu", sempre esbarro em uma ou outra percepção particular, de calor ou frio, luz ou sombra, amor ou ódio, dor ou prazer. Eu nunca posso capturar "meu eu" em nenhum tempo sem uma percepção e nunca posso observar nada, senão a percepção.[8]

---

8   HUME, D. *A Treatise of Human Nature*, livro I, parte IV, sessão 6.

De fato, para Hume, o "eu" não é nada mais que "um feixe ou coleção de diferentes percepções, que sucedem umas às outras com uma rapidez inconcebível e estão em um perpétuo fluxo e movimento".[9] A mente seria, então, "uma espécie de teatro, onde várias percepções sucessivamente fazem sua aparição". O "eu" constitui uma invenção da imaginação que leva a pressupor erroneamente não apenas a identidade dos objetos percebidos, mas também a ilusão da unidade das nossas percepções, ideia que foi bastante desenvolvida por Kant em seu conceito de "eu" como "apercepção transcendental", a qual acompanha todas as representações do indivíduo.[10]

É preciso fazer aqui uma nota crítica. O problema básico da análise de Hume constitui seu princípio: não é coerente afirmar que toda ideia válida seja sempre baseada em uma impressão empírica. Se assim fosse: que impressão poderia justificar esse próprio princípio? Não há nenhuma impressão empírica que fundamente esse princípio, levando o edifício antimetafísico de Hume a uma incoerência fundamental. Sobre sua posição acerca da identidade pessoal, interessante é notar que o próprio Hume não ficou satisfeito com sua teoria, como ele mesmo afirma no apêndice de seu *Treatise*, mas não aprofundou mais a questão, abandonando completamente o tema.

Totalmente contrária à posição de Hume é a chamada *visão simples* (VS), um termo cunhado por D. Parfit para distingui-la da *visão complexa* (VC).[11] Tradicionalmente defenderam a VS personagens como o bispo Butler e T. Reid contra a VC de Locke. Partidários contemporâneos da VS são filósofos como R. Chisholm e R. Swinburne que se levantam contra as posições da VC de S. Shoemaker, D. Parfit, B. Williams, D. Lewis, e outros. Vamos nos concentrar aqui apenas na VS de Chisholm e Swinburne.

---

9   *Id., Ibid.*
10 Cf. KANT, I. *Crítica da Razão Pura*. Trad. Valério Rohden e Udo Baldur Moosburguer. São Paulo: Nova Cultural, 1996 (Os Pensadores), B 136 – B 140.
11 Cf. PARFIT, D. "On 'The Importance of Self-Identity'". *Journal of Philosophy*, 68 (20): 683-690, 1971. A diferença básica entre visão *simples* e visão *complexa*, segundo Parfit, consiste no seguinte: a visão simples pensa que a identidade diacrônica da pessoa constitui um fato não analisável e trivial, isto é, o critério de identidade pessoal não é algo impessoal ou constituído por outros fatos senão a própria pessoa. É uma relação puramente lógica ($a = a$) e totalmente redundante: a pessoa (seja ela quem for) é idêntica a si mesma ao longo do tempo. Para Chisholm e Swinburne, uma pessoa é a mesma em tempos diferentes se tiver a mesma alma. Já a visão complexa pensa que a identidade da pessoa no tempo é constituída por *outros fatores* que não são idênticos simplesmente à pessoa, fatores impessoais como a continuidade psicológica ou do corpo. Em poucas palavras, a pessoa seria *reduzida* a uma série de outros fatores (memórias, crenças, partículas atômicas, etc.) que não pressupõem a pessoa. Há quem não concorde com esta mera distinção e pondera a interpretação de Parfit (cf. NOONAN, H. "The Complex and Simple Views of Personal Identity". *Analysis*, 71 (1): 72-77, 2011).

A VS de Chisholm é alicerçada em sua concepção epistêmica que assume o princípio básico de que "estados de autoapresentação" (*self-presenting states*), isto é, estados mentais imediatamente percebidos pelo sujeito são evidentes e incorrigíveis: "Se uma proposição é autoapresentada para uma pessoa, isto significa que ela a conhece diretamente".[12] Tais são, por exemplo, estados mentais de crença, dor, medo, prazer e outros estados internos. Assim, contra Hume, Chisholm atesta que temos, sim, uma experiência direta daquilo que chamamos *self* e a temos em cada um dos estados internos de autoapresentação. Obviamente, Chisholm não aceita o princípio empirista de Hume e estende o conceito de "percepção" para abarcar também a percepção de estados mentais, como defendia Descartes ao afirmar que a certeza epistêmica de estados internos é indubitável. Mais ainda, Chisholm afirma que "todas as vezes que a pessoa conhece algo diretamente, pode-se dizer que ela tem um conhecimento imediato de si mesma".[13] Isto significa que todas as vezes que somos conscientes de objetos externos, somos conscientes também do nosso "eu" que os apreende.

Em "On the Simplicity of the Soul" (1991), Chisholm identifica o *self* ou a "pessoa" com o termo "alma" em uma linha platônica e cartesiana, defendendo a simplicidade da alma como se fosse uma mônada, sem partes e sem janelas, apenas "qualitativamente" distinta de qualquer outra coisa, inclusive do corpo.[14] A ideia básica é que pessoas são idênticas a uma substância imaterial simples (alma), diferentemente do corpo, que é essencialmente uma propriedade divisível ou "quantitativa". Chisholm defende um *essencialismo mereológico*, no qual um todo W é composto essencialmente de suas partes ($P_1, P_2, P_3... P_n$), de tal forma que, se uma das partes lhe faltar, por exemplo P_1, não teríamos mais o todo W, mas um todo diverso W*. Ou, em suas palavras: "Qualquer todo x, se x tem y como uma de suas partes, então y é parte de x em todo mundo possível no qual x existe".[15] Este princípio se aplica a tudo o que é quantitativo e divisível, mas não ao que é qualitativo e simples, como é a alma. Se a alma fosse divisível, então qualquer que fosse sua operação (crença, medo, pensamento, etc.) seria composta essencialmente de partes, cada uma

---

12   CHISHOLM, R. M. *Person and Object: a Metaphysical Study*. La Salle: Open Court, 1976, p. 24.
13   *Ibid.*, p. 24.
14   Cf. CHISHOLM, R. M. "On the Simplicity of the Soul". *Philosophical Perspectives – Philosophy of Religion*, 5: 167-181, 1991.
15   CHISHOLM, R. M. *Person and Object: a Metaphysical Study*. La Salle: Open Court, 1976, p. 145.

representando por si a própria operação, o que geraria não mais uma só operação, mas muitas. Contudo, o fato é que tenho a experiência de uma só operação quando penso, tenho medo, creio ou espero. Ainda, tenho a experiência de um *mesmo* "eu" que permanece ao longo do tempo, isto é, que não perde partes porque não as tem (*ens per se*), diferentemente do corpo que sempre muda, perdendo e ganhando partes (*ens successivum*), o que faz dele um objeto diverso desde a infância até a velhice. A pessoa humana não é, portanto, um composto de corpo e alma, como se ela fosse divisível e tivesse duas partes próprias. Nunca posso dizer que "tenho um corpo", mas apenas que "sou minha alma", na VS de Chisholm.

Apesar de defender a VS, Swinburne pensa de forma diversa. Para ele, embora o "eu" seja idêntico à alma, temos um corpo como uma parte própria de nós mesmos. A alma é a parte essencial e necessária que responde a uma primeira pergunta do problema da identidade, a saber: o que faz com que P_2 em t_2 seja idêntico a P_1 em t_1? Outra parte do "eu" consiste no corpo que representa apenas um componente contingente e não define aquilo que somos essencialmente.[16] Contudo, há uma segunda pergunta a respeito da identidade pessoal, a saber: quais são as evidências que temos para dizer que nosso critério para definir a identidade pessoal é correto? Swinburne pensa que os critérios da "continuidade do cérebro" e da "continuidade psicológica" levam a paradoxos insolúveis porque procuram se basear em evidências empíricas e estas não são suficientes para responder à segunda pergunta.

Swinburne retoma o dualismo clássico (de Platão a Descartes) com todos os seus argumentos para mostrar: 1) que existe uma substância imaterial, simples, não analisável, necessariamente diferente do corpo e que define aquilo que somos e 2) as melhores evidências que podemos ter para demonstrar a veracidade de 1) são as aporias das "soluções empíricas" e as conclusões lógicas *a priori* que podemos tirar da natureza do mental.

Segundo Swinburne, dois sérios problemas podem ser levantados contra as "soluções empíricas" da visão biológica e psicológica, são os chamados *fission* e *fusion problems* (problemas da *fissão* e da *fusão* de cérebros).[17] Os dois

---

16 Cf. SWINBURNE, R. "Personal Identity: the Dualist Theory". *In*: SHOEMAKER, S.; SWINBURNE, R. (ed.). *Personal Identity*. Oxford: Basil Blackwell, 1984, p. 27.
17 Swinburne trata da impossibilidade da fissão de pessoas em seu livro *The Evolution of the Soul*. Oxford: Clarendon Press, 1997, p. 149-150, e da impossibilidade da fusão de pessoas em "Personal Identity: the Dualist Theory". *In*: SHOEMAKER, S.; SWINBURNE, R. (ed.). *Personal Identity*. Oxford: Basil Blackwell, 1984, p. 44s.

problemas trazem a seguinte dificuldade: se os dois hemisférios do cérebro de uma pessoa forem transplantados em dois corpos diferentes, como podemos afirmar que as duas pessoas depois do transplante são idênticas à original? (*fission problem*). E, visto por outro lado, como podemos afirmar que o hemisfério transplantado, interligado ao hemisfério de outro cérebro, pode gerar outra pessoa? (*fusion problem*). Swinburne pensa que a pessoa é indivisível e, mesmo que tal transplante fosse possível, o que resultaria não seria nem duas pessoas idênticas ao original (no caso da *fission*) e nem uma nova pessoa (no caso da *fusion*), mas no máximo a sobrevivência de uma das partes. A sobrevivência da pessoa, porém, não seria determinada por uma continuidade do cérebro ou da memória (mesmo que P_2 tivesse partes do cérebro ou memórias de P_1), mas pela continuidade da substância mental pura (alma) de P_1 em P_2, o que não é possível saber empiricamente. Os critérios da "continuidade do cérebro" e da "continuidade psicológica" não seriam, portanto, suficientes para definir aquilo que somos essencialmente porque ambos lidam apenas com a parte contingente do "eu", isto é, o corpo e não com a alma. Em poucas palavras, para Swinburne, a pessoa pode "logicamente" sobreviver sem ter o mesmo corpo/cérebro (ou mesmo sem corpo algum) e sem ter as mesmas memórias, mas não sem ser a *mesma* substância mental.

A evidência que pode ser levantada para defender essa tese advém da possibilidade lógica de "eu" existir sem uma extensão corporal, como Descartes atestou em suas *Meditações*. Segundo Descartes, poderíamos, sem nenhuma contradição, pensar-*nos* existindo sem um corpo, mas não existindo sem pensar. "Pensar" aqui denota todo e qualquer estado mental sobre o qual não podemos nos enganar, ao contrário da extensão corporal, da qual não temos clareza e facilmente podemos duvidar de sua existência, sem nenhuma contradição lógica. Ora, isto mostraria que alma e corpo são essencialmente distintos em suas propriedades, pois, pelo princípio de Leibniz, duas coisas não podem ser idênticas se não compartilharem das mesmas propriedades. A substância mental pura tem intencionalidade e o corpo não a tem; o corpo é extensivo no espaço e a substância mental pura não o é. Assim, a diferença ontológica das duas substâncias nos assegura que temos duas partes, mas que somos necessariamente apenas uma delas, a substância mental.

Swinburne, no entanto, discorda de um traço da tradição dualista, a saber: que a alma seria imortal *porque* é indivisível. Para ele, a imortalidade não seria dedutível da simplicidade da alma, pois Deus poderia destruir a alma e recriá-la mais uma vez com suas propriedades, sem com isso podermos afirmar que ela é composta. O princípio de que uma entidade não poderia ter dois inícios (como, por exemplo, a criação e a recriação da alma por Deus) não é, segundo Swinburne, um dogma justificado e, por isso, não haveria razão suficiente para excluir a possibilidade de Deus recriar uma alma destruída e, assim, afirmar a sua mortalidade.

Depois dessa visão panorâmica, resta agora nos dedicarmos a cada uma das posições que surgem no debate contemporâneo em torno da pessoa, apresentando os argumentos dos filósofos que melhor defendem essas teses, como também daqueles que levantam as melhores críticas. A linguagem dos próximos capítulos será mais acurada e os argumentos e críticas mais elaborados e aprofundados.

6

A visão psicológica: lockeanismo e neolockeanismo

A visão psicológica afirma que a pessoa é idêntica às suas memórias. Historicamente, essa visão se liga a John Locke no famoso capítulo intitulado "Of Identity and Diversity", da segunda edição de 1694 de seu *An Essay Concerning Human Understanding*. Nesse capítulo, Locke defende uma solução não substancial ao problema da identidade pessoal, distinguindo entre "alma", "ser humano" e "pessoa". Alguém poderia ser a mesma "pessoa" e não ser o mesmo "ser humano", como afirma em seu famoso exemplo do príncipe e do sapateiro. Locke é um dos primeiros a utilizar experimentos mentais para levar uma tese a seu limite e demonstrar sua probabilidade. O experimento mental do príncipe e do sapateiro imagina uma situação em que a consciência e as memórias do príncipe vão para o corpo do sapateiro. Todos veem externamente que se trata do "ser humano" sapateiro, mas internamente se constata que não é mais que a "pessoa" do príncipe. Isto porque Locke identifica a pessoalidade com a consciência/memória e não com o corpo.

Logo depois da publicação, Locke enfrentou adversários contundentes como Joseph Butler e Thomas Reid que indicaram os principais problemas da visão psicológica que perduram até hoje, a saber: o problema da circularidade e da intransitividade em sua teoria. Os neolockeanos, como Anthony Quinton e H. P. Grice, procuraram resolver estas dificuldades da visão psicológica e outros como Sydney Shoemaker e John Perry realizaram uma defesa contundente a partir de novas matizes.

Neste capítulo vamos analisar a visão tradicional de Locke e seus principais problemas (6.1), abordar as novas defesas dos argumentos de Locke (6.2), adentrar na concepção de Sydney Shoemaker para oferecer à visão psicológica uma nova força argumentativa (6.3) e, afinal, apresentar a visão psicológica a partir do *four-dimensionalism* ou eternalismo de John Perry (6.4).

6.1 A posição tradicional de Locke

No texto "Of Identity and Diversity.", Locke parece ter uma preocupação teológica e moral que pode ser expressa da seguinte forma: qual o critério para sabermos se uma pessoa ressuscitada é a mesma que cometeu delitos ou boas ações enquanto viva, a fim de dar a ela a punição ou recompensa merecida? O texto defende que tal critério não se encontra em uma substância, seja ela imaterial (alma), material (corpo animal), e nem mesmo na junção das duas, mas apenas na consciência que é idêntica ao "eu". O termo "consciência" para Locke quer representar não apenas nossa perspectiva em primeira pessoa, mas nossas memórias e crenças. Vamos acompanhar a argumentação do texto mais de perto.

A pergunta inicial de Locke é esta: o que faz com que algo seja *ele mesmo* em tempo e lugar *diferentes*? Não teríamos dificuldades de responder se a coisa estivesse no mesmo local e tempo, pois ela é idêntica a si própria, mas se ela estivesse em tempo e lugar diferentes, a pergunta seria pertinente: o que garante que isto é aquilo? Locke lembra que duas coisas de igual espécie não podem ocupar o mesmo espaço e tempo, assim como uma só coisa não pode estar ao mesmo tempo em espaços diferentes. Isto leva Locke a atestar que duas coisas não podem, então, ter o mesmo início no tempo e no espaço. Uma determinada localização espaçotemporal de suas origens individualiza um objeto e faz com que ele seja idêntico a si próprio (*principium individuationis*). O problema da identidade surge quando *uma mesma* coisa pode estar em locais e tempos *diferentes*, gerando a dúvida se esse algo, visto em tempo-local x é o mesmo visto no tempo-local y.

A resposta a essa questão para objetos puramente materiais não constitui um problema, pois uma coisa A em tempo-local x será a mesma coisa B em tempo-local y se, e somente se, A e B tiverem a mesma matéria, o mesmo princípio de individuação no espaço e tempo que vai perdurar por todo o tempo que o objeto existir. Mas o critério de identidade não é igual para entes vivos, lembra Locke, uma vez que para estes não são apenas o lugar e o tempo que determinam sua identidade, mas algo que permanece mesmo depois de uma troca de matéria. Nos vegetais há um princípio que une todas as suas partes de forma coerente e organizada, tornando cada uma delas parte do todo. Embora aconteça uma troca de partículas através do metabolismo, a planta continua a mesma ao longo do tempo. Locke segue a tradição aristotélica que vê na *vida* o princípio que garante a continuidade da *mesma* planta ao longo do tempo. Também os animais têm um princípio parecido com os vegetais e diferente das coisas meramente materiais, que garante sua identidade, a saber: eles têm o início de qualquer movimento vindo de dentro e não de fora.

Contudo, quando um indivíduo, por exemplo João, é a coisa em questão, o problema da identidade fica mais complicado: o que faz com que João seja o mesmo ao longo do tempo ou na eternidade? Locke pensa que é possível dar três respostas diferentes: 1) identificar João com uma substância imaterial (a alma), como fazem os platônicos; 2) identificá-lo com uma substância material (o animal, isto é, seu corpo vivo); ou 3) identificá-lo com a pessoa, entendida como a consciência que João tem de si mesmo, isto é, seu próprio "eu". As duas primeiras teses identificam João com uma substância e Locke vê problema nas duas. Em síntese, a primeira traz a seguinte dificuldade: como poderíamos dizer que a alma de João dentro do corpo de um cão constitui ainda o mesmo João que antes estava em um corpo humano? Ou ainda, como posso saber que é a mesma alma de João que agora está em um corpo chamado Pedro, se este não trouxer nenhuma memória de João? Mais ainda, como poderia Pedro ser punido ou recompensado pelas ações que João cometeu? Pense, por exemplo, na doutrina hindu do *karma*, a ser purificado nas várias reencarnações, nas quais a pessoa não se lembra das vidas passadas. A segunda tese também é problemática, pois se João é idêntico ao animal vivo, em que cada parte compõe a sua identidade, como pode ele continuar o mesmo se perder alguma de suas partes?

A tese de Locke constitui a terceira posição: João é idêntico à consciência que tem de si mesmo, independentemente do tipo de substância que sustenta esta consciência. Depois de definir que pessoa "é um ser pensante inteligente que tem razão e reflexão e pode considerar a si próprio como o mesmo ser pensante",[1] Locke oferece o seu critério de identidade: "Apenas através da consciência que é inseparável do pensamento e, como parece a mim, é essencial a ele",[2] podemos saber se uma mesma coisa pensante é ela mesma em tempos e lugares diferentes: "Nisto apenas consiste a identidade pessoal, a saber: na igualdade de um ser racional; e até onde esta consciência pode ser estendida para trás em qualquer ação passada ou pensamento, alcança também a identidade desta pessoa".[3]

É nesse contexto que Locke apresenta o famoso exemplo do príncipe e do sapateiro.[4] Imaginemos, sugere Locke, que a alma de um príncipe tenha entrado no corpo de um sapateiro, carregando consigo todas as lembranças do príncipe. Muitos concordarão que o sapateiro não é o mesmo *homem* que o príncipe, pois visto de fora todos verão o sapateiro e não o príncipe. Entretanto, por dentro, tratar-se-á não do sapateiro, mas apenas do príncipe. Se o príncipe tiver cometido delitos e tivesse que ser condenado por isso, segundo Locke, deveríamos condená-lo, mesmo no corpo do sapateiro, uma vez que foi sua consciência, seu "eu" a cometer os crimes e não o "eu" do sapateiro, que desapareceu. Outro problema levantado por Locke é aquele no qual uma pessoa cometeu crimes em tempo *x*, mas depois teve amnésia e esqueceu-se totalmente dos delitos. Pergunta-se se esta pessoa em um tempo *y*, depois da amnésia, pode ser julgada pelos crimes cometidos em tempo *x*. Locke é do parecer que a justiça humana não pode ser baseada em um critério tão interno quanto o da consciência, sugerindo assim que o critério externo do corpo seria o único a dar alguma garantia de punição ao criminoso. No entanto, no "último dia", quando "Deus revelar os segredos dos corações", então ninguém será punido ou premiado por algo que não tenha tido consciência e memória, ressaltando mais uma vez que seu critério último e definitivo da identidade pessoal é sempre a consciência e não o corpo ou a alma.

Os críticos da tese de Locke apareceram logo cedo. Tradicionalmente, duas críticas importantes foram lançadas à visão psicológica: a crítica da circularidade, levantada pelo bispo anglicano e filósofo Joseph Butler, e a crítica da intransitividade, feita por Thomas Reid. A primeira delas se encontra no apêndice "Of Personal Identity" do livro *The Analogy of Religion* (1736), no qual Butler acusa Locke de cometer um "erro maravilhoso": a memória

---

[1] LOCKE, J. *An Essay Concerning Human Understanding*. Livro II, cap. XXVII, § 11.
[2] *Id., Ibid.*
[3] *Id., Ibid.*
[4] Cf. *Ibid.*, §15.

pressupõe a identidade pessoal e não a constitui. De fato, quando nos lembramos de acontecimentos passados, existe sempre um "eu" que teve estas experiências. Contudo, se a memória já pressupõe um "eu", não é ela quem cria este "eu". Podemos ilustrar esse fato da seguinte forma: imaginemos que João tem a lembrança de que aos 10 anos foi mordido por um cão. Ao suscitar essa lembrança, João afirma: "Eu lembro que 'eu' fui mordido por um cão aos 10 anos". A primeira parte da sentença "eu lembro que" demonstra um estado de consciência atual de um fato passado, isto é, uma memória. O objeto desta memória começa também com o pronome "eu", a saber: "'eu' fui mordido por um cão aos 10 anos". Como poderia, então, a memória de fatos passados formar/gerar o conceito de "eu" se seu objeto pressupõe o mesmo "eu" que teve esta experiência? Poderia alguém ter uma memória anterior à existência do seu "eu" capaz de fundar este próprio "eu"? Mas isto não é possível porque a memória é sempre uma lembrança de uma experiência vivida pelo "eu". Daí o problema da circularidade: Locke colocaria o critério de identidade exatamente em algo (memória) que já pressupõe o "eu" que fez esta ou aquela experiência. Butler argumenta que não é a memória a constituir a pessoa, mas uma *substância* que possui memórias de experiências passadas.[5]

A segunda crítica é feita por Thomas Reid no capítulo "Of Identity" de seu ensaio *Of Memory*, publicado em 1785 e depois no capítulo "Of Mr. Locke's Account of Our Personal Identity", do mesmo ensaio. Nesses textos, Reid também levanta a crítica da circularidade, demonstrando que a identidade pessoal deve consistir em algo permanente que sustenta nossos pensamentos, memórias, sentimentos e ações, e não nos próprios pensamentos, memórias ou ações, pois estes mudam constantemente.[6] Segundo Reid, o melhor testemunho de que existe uma substância sustentando nossos pensamentos é a própria memória, pois ela testemunha que havia um "eu" no passado que fez esta ou aquela experiência. Se não fosse assim,

---

[5] É claro que a circularidade acontece apenas se a memória for verdadeira, isto é, se realmente for uma memória de uma experiência vivida em primeira pessoa. Neste caso, a visão psicológica afirma que a memória garante a identidade pessoal ao mesmo tempo em que precisa garantir ser a *mesma pessoa* a ter uma memória que seja verdadeira. Se a memória fosse falsa, então não se daria a circularidade, mas nem mesmo tal memória seria a base de uma identidade pessoal. A solução mais comum para a circularidade de memórias verdadeiras é o conceito de *quasi-memória*, cunhado por Sydney Shoemaker, que pretende não pressupor a identidade pessoal. Mais sobre isso no tópico 6.3.

[6] Cf. REID, T. "Of Identity". *In*: PERRY, J. (ed.). *Personal Identity*. 2. ed. Londres: University of California Press, 2008, p. 109s.

ela seria falaciosa! Além disso, se a identidade pessoal se fundasse em algo tão volátil quanto a consciência e a memória, afirma Reid, seríamos uma pessoa diferente a cada minuto que passa, uma vez que nossa consciência e memória mudam constantemente.[7] Ao deitar e levantar não seríamos os mesmos, pois teríamos uma nova consciência a cada manhã e, assim, seríamos uma nova pessoa a cada dia, o que é absurdo. Reid não crê que Locke seja desse parecer, pois o que ele queria com sua tese era garantir que um delito ou um mérito pudessem ser atribuídos à pessoa que o praticou conscientemente. Se Locke tivesse tirado todas as consequências de sua tese, teria visto que sua estratégia faz exatamente o contrário, pois, de acordo com sua teoria, ninguém seria responsável por uma ação praticada dois minutos atrás, uma vez que temos uma nova consciência e uma memória diferente a cada minuto.

> A identidade só pode ser afirmada de coisas que têm uma existência contínua. Consciência e todo tipo de pensamento são transitórios e momentâneos, e não têm existência contínua; e, portanto, se a identidade pessoal consistisse na consciência, certamente se seguiria que nenhum homem seria a mesma pessoa dois momentos de sua vida; e como o direito e a justiça de recompensa e punição são baseados na identidade pessoal, nenhum homem poderia ser responsável por suas ações.[8]

Contudo, a crítica mais famosa de Reid foi a da não transitividade da identidade pessoal em Locke. Reid afirma que toda relação de identidade precisa ser transitiva, isto é, se pessoa A é idêntica à pessoa B e esta é idêntica à pessoa C, então A é idêntica também a C. O histórico exemplo que Thomas Reid cita é aquele do general que um dia foi um jovem e um garoto.

> Suponha que um corajoso oficial tenha sido açoitado quando era um menino na escola por roubar um pomar, tenha tomado uma bandeira do inimigo em sua primeira batalha e tenha sido condecorado general em idade avançada; suponha, também, que deve ser admitido como possível, que, quando ele tomou a bandeira, estava consciente de ter sido açoitado na escola, e que, quando se tornou general, ele estava consciente de que tinha tomado a bandeira, mas tinha perdido absolutamente a consciência de seu açoite. Tudo isto suposto, deveríamos deduzir, segundo a doutrina do Sr. Locke, que o que foi açoitado na escola é a mesma pessoa que tomou a bandeira, e que aquele que tomou a bandeira é a mesma pessoa que se

---

7 REID, T. "Of Mr. Locke's Account of Our Personal Identity". *In*: PERRY, J. (ed.) *Personal Identity*. 2. ed. Londres: University of California Press, 2008, p. 116.
8 *Id., Ibid.*

tornou general. Daqui se segue, se houver alguma verdade na lógica, que o general é a mesma pessoa que foi açoitada na escola. Mas a consciência do general não chega tão longe quanto o seu açoite; portanto, de acordo com a doutrina do Sr. Locke, ele não é a pessoa que foi açoitada. Portanto, o general é, e ao mesmo tempo não é, a mesma pessoa que foi açoitada na escola.[9]

Para Reid, é impensável que o general seja idêntico ao jovem que pegou a bandeira, que este seja idêntico ao garoto que roubou o pomar, e que, no entanto, o general não seja idêntico ao garoto que roubou o pomar, considerando a não *continuidade psicológica* entre estes dois. Se a continuidade psicológica é a única coisa a contar na identidade pessoal, então ninguém seria o mesmo ao longo dos anos, uma vez que lembramos e esquecemo-nos de muitos acontecimentos em fases diferentes da vida. Para Reid, se Locke estivesse certo, então, o oficial teria começado a existir como pessoa, pelo menos, duas vezes nessa história: quando começou a ter consciência na infância e quando pegou a bandeira na juventude, uma vez que o jovem tem continuidade psicológica com o garoto, e o velho general tem continuidade psicológica com o jovem, mas não há continuidade entre o garoto e o velho. Existiria um abismo (esquecimento) entre o garoto e o velho general que geraria um novo nascimento do jovem em relação ao velho. Ora, mas Locke havia dito que uma mesma coisa não pode ter dois inícios, logo o garoto e o general tiveram inícios (de consciência) diferentes e seriam duas pessoas diversas, o que feriria uma propriedade intrínseca à identidade, a saber: a transitividade.

6.2 As defesas de A. Quinton e P. Grice

A intransitividade da visão psicológica foi enfrentada por seus partidários, que procuraram resolver o problema demonstrando que a continuidade psicológica é uma *questão de graus*[10] e que pode haver uma *continuidade indireta* entre o general e o garoto. De fato, cada pessoa faz a experiência de esquecer fatos passados, o que produz uma descontinuidade psicológica entre as várias fases de nossa existência e que enfraquece o critério psicológico de Locke. Anthony Quinton fez uma distinção entre continuidade

---
9 *Ibid.*, p. 114.
10 Veja PARFIT, D. *Reasons and Persons*. Nova Iorque: Oxford University Press, 1987, p. 206ss; LEWIS, D. "Survival and Identity". *In*: MARTIN, R.; BARRESI, J. *Personal Identity*. Malden, MA: Blackwell's, 2003, p. 157.

psicológica *direta* e *indireta* capaz de resolver esse problema.[11] Se tomarmos o garoto do exemplo como o ponto inicial A, o jovem combatente como um ponto médio B e o velho general como o ponto final C de uma cadeia psicológica, podemos afirmar dois tipos de continuidade: uma *direta* que liga os pontos A-B e B-C, e outra *indireta* que liga A-C. Quinton dá três critérios para definir uma continuidade direta: 1) os pontos devem estar justapostos em uma cadeia; 2) deve haver aspectos constituintes bastante semelhantes entre os pontos; e 3) o ponto posterior tem lembranças de alguns elementos do anterior.

Nesse sentido, A-B e B-C preenchem os requisitos. Da mesma forma, dois critérios definem uma continuidade indireta: 1) deve existir uma série de estados mentais, cujos membros são diretamente contínuos com o seu imediato predecessor e sucessor; e 2) a fase original são os dois pontos finais da série. Isto significa que A-C estão ligados indiretamente numa cadeia A-B-C de continuidade direta entre seus membros, isto é: A-B e B-C, o que salva a transitividade da identidade.[12] Em suma: se o garoto (A) é idêntico (isto é, se há uma continuidade psicológica direta) ao jovem combatente (B), e o jovem combatente (B) é idêntico ao velho general (C), então o velho general (C) é também idêntico ao garoto (A) (isto é, há uma continuidade psicológica indireta). Dessa forma, para Quinton, *identidade* a partir desse critério abrange não apenas uma continuidade psicológica direta, mas também uma indireta.

O problema dessa solução para a intransitividade da identidade pessoal é que, mesmo admitindo um tipo de "continuidade indireta", resta ainda uma série de coisas que esquecemos *totalmente* e que garantem uma descontinuidade psicológica nas várias fases da vida de uma pessoa, por exemplo, ninguém se lembra de absolutamente nada quando tinha alguns meses de idade, nem muito menos quando estivemos em estado de sono. A pergunta que surge é: não éramos nós no colo de nossa

---

11 Cf. QUINTON, A. "The Soul". *In*: PERRY, J. (ed.). *Personal Identity*. 2. ed. Londres: University of California Press, 2008, p. 59. Derek Parfit faz uma distinção parecida entre *conectividade* e *continuidade* psicológica. Veja PARFIT, D. *Reasons and Persons*. Nova Iorque: Oxford University Press, 1987, p. 206.
12 Há filósofos que aceitam esse argumento (veja NOONAN, H. *Personal Identity*. Londres: Routledge, 1989, p.12), outros, porém, discordam [veja SKRZYPEK, J. *A Hylomorphic Account of Personal Identity*. Saskatoon: Departamento de Filosofia, Universidade de Saskatchewan, 2011, p. 12 (Dissertação de Mestrado). Disponível em: https://www.academia.edu/15155009/_A_Hylomorphic_Account_of_Personal_Identity_MA_Thesis_University_of_Saskatchewan_2011_. Acesso em: 12 jun. 2017].

mãe ou quando estivemos dormindo ontem à noite na cama, uma vez que não existe nestes casos *nenhum* tipo de continuidade psicológica? Outra questão difícil constitui saber se falar em "graus de continuidade" ou mesmo em um tipo de "continuidade indireta" não abandonaria o conceito de identidade numérica no problema da identidade pessoal. Imaginemos o seguinte exemplo: João (A) é mais gordo que Paulo (B) e Paulo é mais gordo que Pedro (C) e, assim, posso certamente concluir que João (A) é mais gordo que Pedro (C). A mesma relação "mais gordo que" é aplicada para A-B, B-C e A-C, mas não está garantido que seja na mesma medida, pois basta imaginar que João seja 2 kg mais gordo que Paulo e Paulo seja 3 kg mais gordo que Pedro para se concluir que, embora João seja "mais gordo que" Pedro, não se pode *deduzir* desse simples predicado quantos quilos um é mais gordo que o outro.

A mesma dificuldade surge com a identidade pessoal. Pensemos no mesmo exemplo de Reid. Se adotarmos uma identidade diferenciada em graus de continuidade psicológica entre o garoto, o jovem e o velho general, e afirmarmos que o "grau" de continuidade entre o garoto e o jovem é maior do que aquele entre o garoto e o velho general, poderíamos concluir que o garoto e o jovem são mais idênticos do que o garoto e o velho general. No entanto, admitir isto seria abandonar toda uma noção de identidade (numérica), pois ou algo é idêntico a outro ou não é! Alguém poderia argumentar que esse problema aparece em qualquer outro critério de identidade pessoal, pois uma "estrita continuidade", seja ela da memória ou do corpo, não será jamais possível, propondo que se abandone a Lei de Leibniz neste ponto e assuma uma identidade relativa ou *sortal* para se aplicar à pessoa. Embora esse fato seja verdadeiro para a visão psicológica e corporal, deve-se admitir que a visão psicológica traz ainda o peso de não poder explicar certas descontinuidades que a visão corporal não apresenta, por exemplo: a descontinuidade com meu feto. Se isto é um problema para a visão psicológica (uma vez que não há *nenhum* tipo de continuidade psicológica entre o feto e o adulto), não constitui um problema para o animalismo (uma vez que admite uma continuidade da vida animal entre o feto e o adulto).

A crítica da circularidade também teve sua resposta em propostas contemporâneas. H. P. Grice, em seu artigo "Personal Identity", defende uma teoria da construção lógica do *ego* capaz de contornar esse problema.[13] Sua tese é vista como uma alternativa para uma teoria do *puro ego*, compreendido como uma substância imaterial. Grice procede da seguinte forma: em primeiro lugar é importante traduzir frases em que o "eu" aparece em sentenças que expressem um dado objetivo, uma memória-conhecimento. Por exemplo, pode-se transformar a frase "eu escuto um ruído", constituída por uma experiência imediata do "eu", em outra que articule uma memória mais objetiva tal como "alguém escuta um ruído", capaz de expressar um conhecimento cuja veracidade possa ser verificada. Essa transformação é importante para tentar fugir da circularidade.

Para analisar essa sentença, Grice introduz o termo técnico "estado temporário total" (*total temporary state* ou *t.t.s.*), que representa todas as experiências que uma pessoa está tendo em dado momento. Se alguém realiza em um determinado momento a experiência simultânea de cheirar uma flor no campo, escutar sons de pássaros, olhar o campo florido, imaginar sua namorada e nada mais que isto, todas essas experiências constituem o conteúdo de sua consciência naquele momento e são elementos que compõem o *t.t.s.* dessa pessoa. Segundo Grice, a pessoa é uma coletânea de séries de *t.t.s.* interligados entre si, mas que podem também apresentar "buracos" que rompem a série em determinados momentos. A identidade pessoal consiste naqueles elementos que são *verdadeiros* em todas as séries de *t.t.s.* para uma mesma pessoa. Nas séries que pertencem a uma mesma pessoa, cada elemento da cadeia possui ou *pode* possuir, em certas condições, uma memória de alguma experiência que é um elemento do membro precedente. Assim, pode-se ainda analisar a frase "alguém escuta um ruído" da seguinte forma: "um escutar (passado) de um ruído é um elemento em um membro de uma série interligada de *t.t.s.* memoradas e memoráveis".[14] "Memoradas" e "memoráveis" são termos que representam o conjunto das experiências que são ou podem ser relembradas, e o termo "série interligada" quer demonstrar que nenhuma série de *t.t.s.* é independente das outras. Outro elemento importante são as "condições" nas quais acontece a experiência. Grice tem tais "condições" como garantias externas verificáveis na produção da experiência subjetiva.

Com esse aparato, Grice procura demonstrar que sua teoria não cai em circularidade no momento em que não precisa pressupor as condições nas

---

13 Cf. GRICE, H. P. "Personal Identity". *In*: PERRY, J. (ed.). *Personal Identity*. 2. ed. Londres: University of California Press, 2008, p. 73-95. A partir daqui, seguimos este artigo.
14 *Ibid.*, p. 88.

quais uma memória foi dada. Ele compara a crítica de circularidade levantada à sua teoria com a mesma crítica lançada ao fenomenalismo, que cairia em circularidade pelo fato de pressupor a experiência subjetiva para atestar as condições "externas" que provocaram certo fenômeno no sujeito. Ora, como garantir objetividade nessas condições externas, se as mesmas condições são já fenômenos percebidos pelo sujeito? O fenomenalismo cairia na circularidade ao tentar garantir a objetividade das condições em que o fenômeno se dá com o propósito de escapar do puro idealismo, mas tais condições já são também fenômenos percebidos pelo sujeito. Poderia se pensar que a teoria de Grice cai no mesmo problema, pois o seu conceito de *t.t.s.* fala das *condições* capazes de garantir a ocorrência ou a possibilidade de tal experiência. Como garantir tais condições se seria o mesmo "eu" a percebê-las? Grice quer mostrar que seu conceito de *t.t.s.* não precisa pressupor o "mesmo eu" que experimentou um fato a fim de que possa ser uma memória. Grice não fala de "minhas memórias", mas das "memórias de alguém" que, segundo ele, não faz de sua teoria um conjunto de sentenças analíticas e irrelevantes. De fato, "memória" para Grice deve ser entendida como "memória-conhecimento" que procura se livrar da pura subjetividade da memória. Memória como geralmente se entende seria uma "crença verdadeira do *meu* passado", enquanto Grice propõe entendê-la como uma "crença verdadeira *do* passado".

Com isso, Grice pensa que não precisa pressupor o "meu eu" que fez uma experiência para ter uma memória(-conhecimento) e para ter uma *t.t.s.*, pois o que se pressupõe é que existe um "alguém" que fez tais experiências em certas condições, que existe um conjunto destas experiências (*t.t.s.*) em um dado momento e ainda que há uma série contínua de *t.t.s.* à qual pertence uma determinada memória. Com a proposta de Grice chegamos a uma evolução da visão psicológica efetuada por Sydney Shoemaker, que vai elaborar melhor o conceito de *quasi-memória* e dar mais importância à série causal entre as (*quasi-*)memórias, com o objetivo de afastar o fantasma da circularidade.

6.3 O neolockeanismo de Sydney Shoemaker

Sydney Shoemaker tem construído um pensamento metafísico bastante estruturado que organiza temas como teoria sobre propriedades, causação, realização de estados mentais, leis da natureza, funcionalismo, identidade pessoal, constituição material e outros. Suas reflexões sobre identidade pessoal e sua reconstrução da visão psicológica de Locke devem ser entendidas dentro de um contexto bem mais amplo que, neste capítulo, precisa ser abordado nem que seja *en passant*. No que segue, procuramos apresentar de modo geral sua *Teoria causal de propriedades* (TCP) e seu *funcionalismo* para, somente depois, abordarmos sua contribuição para uma revisão da posição psicológica da identidade pessoal.

A tese básica de Shoemaker sobre propriedades de coisas concretas é que elas são caracterizadas *essencialmente* pelo seu poder causal.[15] Uma propriedade é caracterizada exatamente por aquilo que ela pode produzir ao ser instanciada ou realizada. Esse critério identifica a propriedade de tal forma que duas propriedades serão idênticas em mundos diferentes se ambas apresentarem o mesmo poder causal capaz de produzir os mesmos efeitos. Mas este fato não dá à propriedade uma natureza somente intrínseca.[16] Shoemaker pensa que propriedades são determinadas sobretudo por relações externas a elas mesmas, pois somente em atuação com outras é que uma propriedade pode exercer algum poder causal. Por exemplo, a convicção de que "está chovendo", sozinha, não me faz pegar um guarda-chuva. Esta convicção só causará este efeito se vier acompanhada de outras propriedades ou estados mentais, tais como o "desejo de ir ao escritório", "o desejo de permanecer enxuto", etc. Ou ainda, a propriedade "pesar 50kg" de uma pedra não esmagaria meu pé se não estivesse relacionada com outras propriedades, por exemplo, "cair de certa altura e em um determinado local", etc.

Porém, qual o *status* ontológico de uma propriedade? Shoemaker defende a tese fisicalista não reducionista, na qual admite que haja propriedades físicas e também não físicas, como, por exemplo, as propriedades mentais. Todavia, uma vez que sustenta a tese metafísica do fisicalismo, Shoemaker assume que toda propriedade mental precisa ser determinada/realizada/instanciada ou constituída por propriedades físicas. O seu "não

---

15   As primeiras obras de Shoemaker sobre a TCP foram "Causality and Properties". *In*: INWAGEN, P. (ed.). *Time and Cause: Essays Presented to Richard Taylor*. Dordrecht: Reidel, 1980 e "Causal and Metaphysical Necessity". *Pacific Philosophical Quarterly*, 79 (1): 59-77, mar. 1998.

16   Amstrong desenvolveu também uma teoria causal de propriedades que atribui uma natureza intrínseca às propriedades, o que se diferencia da posição de Shoemaker. Cf. ARMSTRONG, D. M. "The Causal Theory of Properties: Properties according to Shoemaker, Ellis and Others". *Philosophical Topics*, 26 (1/2): 25-37, 1999.

reducionismo" se fundamenta na constatação de que propriedades são *realizadas* de forma múltipla, descartando, por exemplo, a posição do *type Physicalism* no âmbito da filosofia da mente, que afirma uma identidade psicofísica entre estados mentais e estados físicos de forma geral. Assim sendo, Shoemaker argumenta a favor do *funcionalismo* em que o poder causal de propriedades é realizado em diversos tipos de propriedades físicas. Aqui o conceito de "realização" tem primazia sobre o conceito de superveniência que muitos filósofos preferem utilizar.[17] "Realização" pode ser vista de duas formas: a primeira é quando uma propriedade realizável é instanciada por outra propriedade em um mesmo sujeito ou objeto (*same-subject property-realization*), o que Shoemaker chama de *realização$_1$*; a segunda é bem utilizada no contexto da identidade pessoal no qual acontece a instanciação da propriedade de um objeto em um objeto diferente, mas que é *coincidente* com ele (por exemplo, uma propriedade da pessoa é instanciada em uma propriedade do corpo, na qual pessoa e corpo *coincidem* no espaço e no tempo). Shoemaker chama este tipo de *realização$_2$*.[18] Contudo, o conceito de "realização" não está restrito apenas ao âmbito da filosofia da mente, uma vez que Shoemaker expande esse conceito para todos os fatos macrofísicos ou "estado de coisas" que sempre são instanciados por uma base microfísica.[19]

A TCP de Shoemaker é de caráter *forte*, isto é, propriedades realizáveis/ determináveis não são nada além ou acima (*nothing over and above*) daquilo que podem causar seus realizadores.[20] Isto significa que o poder causal do realizador exaure a natureza da propriedade realizável.[21] Poderíamos perguntar se essa visão forte não cai na tese da identidade entre as propriedades realizáveis e seus realizadores ou mesmo na redução das primeiras às segundas. De fato, parece que a visão forte leva ou ao reducionismo/identidade ou ao epifenomenalismo, pois se há algo

---

17   Cf. por exemplo, KIM, J. *Physicalism, or Something Near Enough*. Princeton/Oxford: Princeton University Press, 2005.
18   Mais à frente observaremos a diferença entre estes dois tipos de realização e sua implicação para o problema da identidade pessoal.
19   Cf. SHOEMAKER, S. *Physical Realization*. Oxford: Oxford University Press, 2007, p. 32ss.
20   Versões fracas de TCP são ainda mais populares que as fortes, veja, por exemplo, a visão de SWOYER, C. "The Nature of Natural Laws". *Australasian Journal of Philosophy*, 60 (3): 214s, set. 1982. Nas versões fracas, propriedades realizáveis não são esgotadas em seu poder causal por seus realizadores.
21   Parecem ser da mesma posição Armstrong e Hawthorne. Cf. ARMSTRONG, D. M. "The Causal Theory of Properties: Properties According to Shoemaker, Ellis and Others". *Philosophical Topics*, 26 (1/2): 26, 1999; HAWTHORNE, J. "Causal Structuralism". *Philosophical Perspectives – Metaphysics*, 15: 362, 2001.

nas propriedades realizáveis "além e acima" dos poderes causais dos seus realizadores, então tais características seriam ineficazes, epifenomenais.[22] Ao acobertar a "múltipla realização" de propriedades, Shoemaker não pretende defender um tipo de poder causal abstrato, epifenomenal ou "no ar", mas é da opinião de que tais poderes só aparecem nas instâncias realizadas.

Para esclarecer melhor esta situação, é preciso compreender que o conceito de "realização física" defendido por Shoemaker assume uma relação de "constituição", e não de identidade entre propriedades mentais e físicas. De fato, propriedades mentais e físicas *coincidem*, mas isto não significa que elas sejam a mesma coisa. Por exemplo, a propriedade "estar com dor" é realizada pela propriedade física "excitação da fibra-C", mas ambas não são idênticas nem reduzidas uma à outra (uma vez que outros seres, além de humanos, podem sentir dor). Isto poderia sugerir um tipo de sobredeterminação (*overdetermination*) causal, mas Shoemaker nega esse fato afirmando que algum efeito produzido pela dor e pela excitação da fibra-C, como, por exemplo, ir ao armário pegar uma aspirina, acontece pelo fato da dor ter um poder causal contido no conjunto dos poderes causais da propriedade física que a realiza. Shoemaker dá um exemplo ilustrativo dessa relação:

> Nós podemos comparar isto com o caso em que Smith morreu como resultado de uma salva de tiros realizada por uma esquadra, mas na qual o único tiro desta esquadra que derrubou Smith foi aquele realizado por Jones – a salva de tiros matou Smith, mas ela fez isso apenas porque incluía um tiro particular, aquele de Jones, que matou Smith. Este não é obviamente um caso de sobredeterminação.[23]

A ideia é que as duas propriedades vão ter sua parte causal na produção de algum efeito. Dizer, por exemplo, que R é uma propriedade física que realiza

---

22 Deste parecer é J. Kim, que admite o reducionismo de propriedades mentais às propriedades físicas a fim de salvaguardar a eficácia dos estados mentais no mundo físico e, ao mesmo tempo, assegura que há características epifenomenais de alguns estados mentais, como são os *qualia* (Cf. KIM, J. *Physicalism, or Something Near Enough*. Princeton/Oxford: Princeton University Press, 2005). Shoemaker foge do epifenomenalismo e do reducionismo mostrando que propriedades mentais não se identificam com as propriedades físicas, mesmo que não haja "nada além, nem acima" dos poderes causais de seus realizadores. O fato é que as propriedades realizáveis são realizadas não apenas por *um* determinado estado físico, mas por muitos estados físicos diferentes, isto é, elas teriam não apenas *um* realizador, mas *vários* realizadores. Outra diferença entre Kim e Shoemaker é que, enquanto para Kim propriedades epifenomenais (como *qualia*) não são funcionais nem realizáveis fisicamente, para Shoemaker elas são realizáveis fisicamente, embora ele também admita que não sejam propriedades funcionais. Cf. SHOEMAKER, S. *Physical Realization*. Oxford: Oxford University Press, 2007, p. 115ss.

23 Cf. SHOEMAKER, S. *Physical Realization*. Oxford: Oxford University Press, 2007, p. 13.

uma propriedade mental P é afirmar que o poder causal de P é um subconjunto próprio dos poderes de R, o que leva a considerar que P não é ineficaz, nem que P e R são idênticos ou que acontece alguma sobredeterminação quando os dois causam algum efeito *e*.[24] Este compartilhamento do poder causal acontece pela relação de constituição ou coincidência entre propriedades mentais e físicas. Nesse sentido, Shoemaker faz uma distinção entre "propriedades finas" e "propriedades grossas". As primeiras podem ser partilhadas por coisas que coincidem, mas são de diferentes tipos (por exemplo, pessoas e seus corpos), e as segundas são propriedades que determinam as condições de persistência de um objeto. Assim, estados mentais seriam propriedades *grossas* porque elas determinam as condições de identidade de uma pessoa, enquanto propriedades físicas são *finas* enquanto são partilhadas pela pessoa e pelo seu corpo. No entanto, propriedades físicas que realizam estados mentais são também chamadas de propriedades grossas, o que leva a entender que propriedades grossas possuem certa variação de graus.[25]

De fato, na relação de constituição ou coincidência aparece mais clara a distinção entre propriedades *finas* e *grossas*, como também a distinção entre *realização*$_1$ e *realização*$_2$. Para Shoemaker, somente a *realização*$_2$ representa a relação de constituição ou coincidência entre dois objetos. Tomemos como exemplo as propriedades da pessoa que são *realizadas*$_2$ em propriedades do corpo. A pessoa partilhará com o corpo uma série de propriedades *finas* como "pesar 70kg", "ter cabelos brancos", "ter grandes olhos", etc., assim, podemos dizer que a pessoa e o corpo têm estas características e elas não constituem uma condição de persistência da pessoa. No entanto, propriedades grossas da pessoa como "desejar X" ou "pensar Y" serão propriedades que garantirão as condições de persistência da pessoa e não serão compartilhadas com o corpo, embora as propriedades grossas físicas que as realizam tenham os seus poderes causais como um subconjunto dos seus próprios poderes. Shoemaker admite que uma suspeita do problema, chamado por ele de *"too many minds"*, pode vir à tona, pois quatro são os objetos que parecem coincidir no caso da pessoa humana: 1) um agregado de matéria; 2) um corpo; 3) um organismo animal; e 4) uma pessoa. Esses quatro "objetos" coincidem no espaço e no

---

24 "Em tal caso, pode-se afirmar que ambas as instâncias causam o efeito; mas a instância R causará o efeito porque ela contém a instância P como uma parte. Isto não é uma sobredeterminação de uma forma ofensiva" (*Ibid.*, p. 53).
25 Cf. SHOEMAKER, S. *Physical Realization*. Oxford: Oxford University Press, 2007, p. 7.

tempo e têm condições de persistência diferentes um do outro. Os quatro objetos compartilham as mesmas propriedades *finas*, mas não as mesmas propriedades *grossas* que dão a elas condições de persistência diferentes. Pessoas têm propriedades psicológicas que garantem sua identidade sincrônica e diacrônica, o que os outros três objetos não apresentam. Ao contrário, animais têm sua condição de persistência na vida orgânica, o corpo em uma certa configuração das partes físicas e um aglomerado material em certa disposição das partículas elementares. Apesar dessa diferença, os quatro compartilham uma série de propriedades *finas* que garantem sua coincidência no tempo e no espaço.

> Pessoas e seus corpos compartilham as mesmas propriedades físicas finas e, dessa forma, partilham as mesmas propriedades microestruturais; mas pessoas têm propriedades mentais enquanto seus corpos não têm. Assim, propriedades mentais não supervêm sobre propriedades finas de pessoas e não supervêm sobre propriedades microestruturais.[26]

Resumindo: propriedades psicológicas são *realizadas* pelas propriedades físicas do animal e do corpo e, por isso, tais propriedades apresentam o conjunto de poderes causais das propriedades psicológicas, mas estas se diferenciam das propriedades físicas porque o seu poder causal traz implicações para a identidade da pessoa e não do corpo. As propriedades grossas da pessoa como memórias, desejos, intenções, crenças, etc. implicam uma propriedade de classe (*sortal*) que está internamente relacionada com o que uma coisa é essencialmente. No caso das propriedades psicológicas, elas estão relacionadas com a classe *pessoa* e não com a classe corpo ou animal.

No entanto, como Shoemaker aplica seu fisicalismo não reducionista de estados mentais ao problema da identidade pessoal e como essa aplicação favorece a uma revisão da visão lockeana? Pelo que vimos em sua TCP, *estados psicológicos* são propriedades que garantem a condição de persistência da pessoa e não do corpo, embora pessoas sejam coincidentes com seus corpos. "Estados psicológicos" é uma expressão muito mais abrangente que "memórias" e inclui não apenas a lembrança de acontecimentos passados, mas também crenças, gostos, traços de personalidade, interesses, etc. Esta é uma mudança fundamental na visão de Locke, que tinha a memória como critério de identidade pessoal. Shoemaker amplia o "critério da memória" de Locke

---

26 Cf. *Ibid.*, p. 91.

para um "critério de continuidade psicológica" para definir as condições de persistência da pessoa. A razão dessa mudança é que se pode levantar um obstáculo sério ao critério da memória, a saber: aquele da total e irreversível perda de todas as memórias, o que Shoemaker chama de "amnésia filosófica".[27] Esse experimento mental poderia falsificar a teoria da memória de Locke (como vimos no capítulo 5), mas não uma teoria da "continuidade psicológica", como a de Shoemaker, pois continuidade da memória é apenas um subconjunto da continuidade psicológica. Assim, Shoemaker oferece uma revisão do critério de Locke da seguinte forma:

> Dois estágios de pessoas serão diretamente conectados, psicologicamente, se o posterior deles contiver um estado psicológico (uma memória, traços de personalidade, etc.) numa relação apropriada de dependência causal com o estado contido no anterior; e dois estágios pertencerão à mesma pessoa se, e somente se, (1) eles estiverem conectados por uma série de estágios de tal forma que cada membro desta série esteja diretamente conectado, psicologicamente, com o membro imediatamente precedente e (2) nenhuma série de estágios que os conecte se "ramifique" em algum ponto, i.e., contenha um membro que esteja diretamente conectado, psicologicamente, com dois estágios diferentes ocorrendo num mesmo tempo.[28]

É preciso analisar esta definição, sobretudo a partir da ideia de "relação apropriada de dependência causal" que garante a continuidade psicológica e, dessa forma, a identidade pessoal. O maior problema aqui é ainda o da circularidade. Para evitar o círculo vicioso entre continuidade psicológica e identidade pessoal, Shoemaker precisaria definir a continuidade psicológica sem pressupor a identidade pessoal para, assim, definir a identidade pessoal

---

27 Cf. SHOEMAKER, S. "Personal Identity: a Materialist's Account". *In*: SHOEMAKER, S.; SWINBURNE, R. *Personal Identity*. Oxford: Blackwell's, 1984, p. 86s. Shoemaker aponta para dois tipos de "amnésia filosófica". A primeira seria um tipo de "destruição do cérebro" (*brain zap*), na qual seria difícil pensar na sobrevivência da pessoa, mesmo que o corpo sobrevivesse, pois, neste caso, todos os traços psicológicos, linguísticos, gostos, crenças, memórias, seriam deletados e uma nova pessoa começaria do zero. Outra forma de "amnésia filosófica" não seria tão radical, pois, embora todas as memórias fossem perdidas, a pessoa poderia sobreviver se continuasse com alguns traços psicológicos: gostos, preferências, temperamento, língua, etc.
28 SHOEMAKER, S. "Personal Identity: a Materialist's Account". *In*: SHOEMAKER, S.; SWINBURNE, R. *Personal Identity*. Oxford: Blackwell's, 1984, p. 90. Shoemaker reconhece que a "ramificação" (o chamado *fission problem*) é a única forma de interromper a continuidade psicológica, o que levaria à não sobrevivência da pessoa. Isto acontece em casos como o imaginado por David Wiggins, no qual os dois hemisférios de um cérebro são transplantados em corpos diferentes (cf. WIGGINS, D. *Identity and Spatio-Temporal Continuity*, Oxford: Blackwell's, 1967, p. 53). Nesse caso, para Shoemaker, não se poderia afirmar uma identidade entre os novos compostos e o cérebro original e, assim, não se poderia afirmar também nem uma continuidade psicológica, nem a sobrevivência da pessoa original. John Perry tem outro parecer, o que analisaremos no tópico 6.4.

através do critério da continuidade psicológica. Entra em ação toda a visão funcionalista de Shoemaker a respeito de propriedades em geral e propriedades mentais em particular, anteriormente analisadas. Uma propriedade mental é um "estado funcional" enquanto é caracterizada pelo poder causal que exerce em conexão com outras propriedades na produção de um efeito.

A conexão causal com outras propriedades mentais pode ser "copessoal", isto é, pertencer a uma *mesma* pessoa, o que dá a ela uma identidade sincrônica na unidade da consciência e, assim, a capacidade de produzir um efeito qualquer. Obviamente que a unidade sincrônica é pressuposta em uma unidade diacrônica. Pessoa A em t_2 será a mesma pessoa B em t_1 se, e somente se, houver uma série causal entre os estados mentais de A e B, ou melhor: "Estados mentais são sincronicamente unificados em virtude do que eles conjuntamente causam ou são capazes de causar, e o que eles causam será algo depois com o qual eles são diacronicamente unificados".[29] Isto significa que há uma conexão causal de vários estados mentais em uma pessoa (unidade sincrônica) que perdura no tempo por meio de novos estados mentais causados pelos primeiros (unidade diacrônica). Assim, a "continuidade psicológica" deriva daquilo que são essencialmente estados mentais, a saber: propriedades funcionais (que exercem um poder causal).

No entanto, aqui surge o problema da circularidade, pois parece que tanto a identidade sincrônica quanto a diacrônica dependem da identidade pessoal para serem definidas. Isto é, pressuponho que o que dá unidade à série dos estados mentais é o fato de serem de uma *mesma* pessoa, mas é exatamente a identidade dessa pessoa que deveria ser constituída pela série dos estados mentais. Para evitar isto, Shoemaker elabora seu conceito de *quasi-memória* que pretende salvaguardar a conexão causal entre as séries de estados mentais sem pressupor a identidade pessoal. A argumentação começa recordando que três critérios devem ser preenchidos para assegurar que pessoa *S* se lembre de um evento *E*:[30] 1) *S* deve ter um estado mental que pode ser chamado de "memória aparente"; 2) o conteúdo dessa memória aparente deve estar em consonância com a natureza do evento *E;* e 3) a aparente memória de *S* foi causada de um modo apropriado por "alguém que experimentou *E*" no tempo de sua ocorrência. O critério (3) usa a expressão

---

29 SHOEMAKER, S. "Personal Identity: a Materialist's Account". *In*: SHOEMAKER, S.; SWINBURNE, R. *Personal Identity*. Oxford: Blackwell's, 1984, p. 94.
30 Cf. SHOEMAKER, S. "Personal Identity and Memory". *The Journal of Philosophy*, 56 (22): 870, 1959.

"alguém que experimentou *E*" e não apenas que "*S* tenha experimentado *E*", o que pressuporia de forma circular a identidade pessoal de *S*. Nesse sentido, importaria apenas a qualificação "ser causado de modo apropriado", isto é, seria relevante apenas saber se *realmente* aquela memória aparente foi causada pela experiência de alguém que participou do evento *E*. Essa estratégia garantiria o critério de persistência da pessoa, a saber: que haja uma conexão causal entre as séries de estados mentais (que são as propriedades grossas capazes de dar as condições de persistência da pessoa).

Mas é possível garantir a certeza de uma conexão causal entre estados mentais e, assim, uma continuidade psicológica sem pressupor um *eu* que tenha essas conexões? Shoemaker apresenta seu famoso experimento mental do transplante de cérebros entre Brown e Robinson para esclarecer melhor esta possibilidade.[31] Imaginemos que por meio de um transplante, o cérebro de Brown é colocado na cabeça de Robinson.[32] A pessoa resultante dessa operação, a qual podemos chamar de Brownson, apresenta todas as memórias de Brown, seus desejos, suas crenças, seus traços psicológicos e se identifica como Brown. Para Shoemaker, não seria apenas uma intuição dizer que Brown foi transportado para a cabeça de Robinson pelo fato dele ter todas as memórias ou falar das experiências de Brown em primeira pessoa. O que nos dá a certeza de que há uma continuidade psicológica entre Brown e Brownson é o fato de sabermos que o cérebro de Brown está na cabeça de Robinson e este é o "modo apropriado" pelo qual Brown e Brownson estão ligados causalmente. Sabemos *realmente* que são as experiências de Brown que estão causando as memórias de Brownson e isto garantiria, por si só, a identidade pessoal entre os dois.

O caso Brownson parece não ser conclusivo para defender a visão psicológica porque se pressupõe uma base física, isto é, o cérebro, para transportar os estados psicológicos. Isto não resultaria em um critério biológico da identidade pessoal? Para aclarar este ponto é importante lembrar que, para o funcionalismo de Shoemaker, (o poder de) uma propriedade mental pode ser realizada em diferentes propriedades físicas (múltipla realizabilidade), o que tem consequências para o problema da identidade pessoal. A maior delas é

---

31 Shoemaker apresenta esse exemplo pela primeira vez em SHOEMAKER, S. *Self-Knowledge and Self-Identity*. Ithaca, NI: Cornell University Press, 1963, p. 22-25.
32 Vale ressaltar que Shoemaker se refere apenas ao transplante do cérebro que é a fonte dos estados psicológicos e não do tronco cerebral que constitui o cerne da vida orgânica.

que isso significa que podemos ter uma continuidade psicológica em corpos diferentes. Shoemaker faz menção a outro experimento mental chamado de "aparelho de transferência de estados cerebrais", em que se poderia transferir todos os estados mentais de um cérebro para outro, garantindo a continuidade psicológica ao tempo em que abandona totalmente o cérebro antigo.[33] Para reforçar a intuição de que a pessoa seria preservada nesse procedimento, Shoemaker imagina uma sociedade em que as pessoas são atacadas por uma radiação que destrói seus corpos em poucos anos. Sendo uma sociedade com alta tecnologia, eles inventaram uma máquina que produz clones exatos do corpo da pessoa e periodicamente eles precisam ir ao hospital para fazer uma "mudança de corpo". O que acontece, de fato, é uma mudança de todos os estados mentais para um novo corpo, sendo que o velho corpo pode ser incinerado. Nesse caso, afirma Shoemaker, parece claro afirmar que o procedimento conserva a pessoa, embora não um *determinado* corpo. O exemplo combate, sobretudo, a ideia de que a pessoa é idêntica ao seu corpo, ao seu organismo animal ou ao seu cérebro, mesmo que não seja uma forma de defender algum dualismo. Mais uma vez, para Shoemaker, a relação que existe entre estados mentais e estados físicos, pessoa e organismo animal ou corpo não é a de identidade, mas a de coincidência ou *constituição*.[34]

A relação de constituição ajuda a entender a resposta de Shoemaker a uma das críticas mais contundentes à visão psicológica, a saber: a crítica do "*too many minds*" que pode ser vista no problema do feto.[35] Se a pessoa é idêntica a seus estados psicológicos, então ninguém foi um dia um feto, o que é absurdo. Ora, se assim fosse, teríamos duas coisas coexistindo, o organismo em um determinado tempo e, depois, a pessoa, o que leva a pressupor que existiriam dois seres com cada um de nós. Shoemaker responde afirmando que não são duas "coisas" conosco, mas somos apenas uma coisa, isto é, uma pessoa constituída de um corpo. A pessoa é também um animal, mas o sentido de "é" não é de identidade, mas de coincidência ou constituição.

---

33 Este experimento foi utilizado pela primeira vez por WILLIAMS, B. "The Self and the Future". *The Philosophical Review*, 79: 162, 1970.
34 A ideia de "constituição" será melhor esclarecida quando tratarmos da visão constitucional de Lynne Rudder Baker.
35 Cf. OLSON, E. T. *The Human Animal: Personal Identity Without Psychology*. Nova Iorque: Oxford University Press, 1997, p. 73. Para uma resposta de Shoemaker veja SHOEMAKER, S.; STRAWSON, G. "Self and Body". *Proceedings of the Aristotelian Society*, 73 (1): 291, 1999 (volume suplementar); SHOEMAKER, S. "Functionalism and Personal Identity: a Reply". *Noûs*, 38 (3): 528, 2004.

Isto significa que a pessoa é seu organismo biológico porque compartilha com ele algumas propriedades (finas), mas não é o organismo que define as condições de persistência da pessoa, senão a série de estados mentais ligados causalmente (continuidade psicológica). Em resumo, o organismo animal que coincide com a minha pessoa foi, sem dúvidas, um feto algum dia e se desenvolveu até adquirir um cérebro com capacidades de *realizar*$_2$ as propriedades *grossas* dos estados mentais (estados psicológicos): "Eu fui um feto somente no sentido de que eu serei um cadáver; o que é verdade é que alguma coisa que me constitui agora foi um dia um feto e que alguma coisa que me constitui agora será um dia um cadáver".[36]

Defensores do animalismo não aceitam a ideia de Shoemaker de que seria possível uma relação de coincidência ou constituição entre pessoa e corpo. Para Olson, a distinção entre "constituição" e "identidade" não tem valor e interpreta a posição de Shoemaker como um tipo de dualismo, no qual o corpo tem pouca importância para aquilo que somos essencialmente. Se alguma coisa (um corpo) coincide conosco no espaço e no tempo, compartilha a mesma matéria que temos, mas sem que sejamos idênticos a ele, então essa coisa não pode ser nós mesmos, isto é, não seríamos um animal na posição de Shoemaker, afirma Olson.[37] Isto levaria ao problema do "*too many minds*" capaz de falsificar a visão psicológica.

A principal crítica do animalismo à visão psicológica parece estar centrada na não aceitação do conceito de "constituição". Uma análise acurada desse conceito será feita no capítulo sobre a visão constitucional da pessoa, no qual teremos a oportunidade de nos deter melhor nessa crítica do animalismo. Contudo, vale ainda ressaltar um problema básico da visão psicológica do tipo fisicalista não reducionista de Shoemaker, a saber: sua incoerência ontológica. Shoemaker defende uma posição metafísica que admite somente entidades físicas no universo, todavia, ao mesmo tempo, afirma que há propriedades não físicas (não idênticas, nem redutíveis às entidades físicas), como são os estados mentais. Tal incoerência poderia ser resolvida apenas se fossem esclarecidos os conceitos de "físico" e "não físico" utilizados pelo autor, de tal forma que pudéssemos perceber onde *realmente* se

---

36   SHOEMAKER, S.; STRAWSON, G. "Self and Body". *Proceedings of the Aristotelian Society*, 73 (1): 304, 1999 (volume suplementar).
37   Cf. OLSON, E. T. "What Does Functionalism Tell us about Personal Identity". *Noûs*, 34 (4): 682-698, 2002.

encontra a diferença ontológica entre os dois (ao se afirmar que propriedades não físicas são diferentes ou não redutíveis a propriedades físicas) e onde se encontra *realmente* a semelhança ou identidade entre eles (ao se afirmar que as propriedades não físicas são também físicas, uma vez que se assume a tese geral do fisicalismo). Shoemaker parece não se colocar essas questões e acaba construindo um quadro teórico carente de maior coerência semântica e ontológica.[38]

6.4 O *four-dimensionalism* de John Perry

John Perry procurou elaborar a visão psicológica de outro ponto de vista, no intuito de não somente evitar o problema da circularidade, mas reinterpretar a questão da identidade pessoal *no* tempo. Perry concorda que a pessoa seja idêntica a uma série de estados psicológicos, mas inclui em sua versão uma ontologia do processo e uma compreensão eternalista ou *four-dimensionalist* do tempo, demonstrando que o perdurantismo é a melhor forma de resolver o problema da identidade pessoal.[39]

Em primeiro lugar é preciso lembrar a grande dificuldade da identidade no tempo: uma coisa x será idêntica a outra y se, e somente se, y tiver *todas* as propriedades que x tem. A questão é que a inserção do tempo nesta relação jamais fará com que x e y tenham todas as propriedades em comum, pois o fato de estarem em tempos diferentes já garante que ambos tenham uma propriedade que o outro não tem, a saber: x existe em t_1 e y existe em t_2. Como duas coisas podem ser idênticas (*identidade estrita*) se não compartilham *todas* as propriedades? Se não houvesse solução para isso, a questão da identidade pessoal estaria resolvida: nada, nem ninguém é (estritamente) idêntico a si mesmo em tempos diferentes.

De fato, esta é a conclusão de Perry: uma pessoa P_2 em t_2 não é *idêntica* a uma pessoa P_1 em t_1, pois P_1 e P_2 são apenas *partes temporais* ou *estágios* de P. A pessoa P é idêntica a todo o *tempo de vida* (*lifetime*) que ela percorreu e isto inclui os estágios P_1 em t_1, P_2 em t_2, P_3 em t_3, etc. Isto parece contradizer a transitividade da identidade porque se afirmo que P_1 é idêntico a P, P_2 é idêntico a P,

---

38 Sobre esta crítica veja PUNTEL, L. B. *Estrutura e Ser: um Quadro Referencial Teórico para uma Filosofia Sistemática*. São Leopoldo, RS: Unisinos, 2008, p. 374ss.
39 Outros adeptos do *four-dimensionalism* são D. Lewis, J. J. C. Smart, W. V. Quine, A. Whitehead, Ted Sider, entre outros.

então P_1 seria também idêntico a P_2, o que não é verdade para Perry. Para esclarecer essa dificuldade, ele faz uma distinção entre identidade e *relação de unidade temporal (R)*.[40] A melhor forma de entender a relação de unidade temporal é compará-la com a relação de unidade espacial. Perry oferece o exemplo da mesa, feita de quatro pés e uma base. As partes da mesa não são idênticas entre si, mas estão relacionadas com o todo da mesa de tal forma que posso afirmar que "este pé da mesa é parte da *mesma* mesa da qual aquele outro pé também é parte". Nesse caso, as partes estão numa relação de unidade espacial.

A relação de unidade temporal consiste no mesmo raciocínio incluindo as partes e o todo, mas desta vez mediados pela categoria do tempo. Imaginemos que a mesma mesa em t_1 é marrom e em t_2 é verde. Posso dizer que as mesas em t_1 e t_2 são partes temporais do todo temporal da mesa. Contudo, observa-se uma aparente contradição, pois parece que estamos afirmando que o todo da mesa é marrom *e* verde, o que revelaria uma contradição. Claro que a contradição é diluída quando o fator tempo aparece: o todo da mesa é feito de partes temporais, que podem ganhar e perder propriedades no tempo. A mesa em t_1 tem a propriedade "marrom", mas a perde em algum momento, dando vez à mesa em t_2 que ganha a propriedade "verde". Ambos os momentos têm uma relação de unidade temporal com o todo da mesa e isto é diferente de afirmar que as duas partes temporais são idênticas, o que geraria a contradição, pois a mesa não é *simultaneamente* "marrom" e "verde". Em síntese, para Perry, não há uma relação de identidade entre as partes temporais, mas apenas uma *relação de unidade temporal*, que une as partes entre si como *estágios* de um todo temporal:

> Se *a* e *b* são partes (temporal ou espacial) de certo objeto do tipo K e R_k é a relação de unidade (temporal ou espacial) para os Ks, então, se o K do qual *a* é uma parte é idêntico ao K do qual *b* é uma parte, *a* tem que ter R_k com *b*. Contudo, apesar disso, R_k não é uma relação de identidade e não deve ser confundida com ela.[41]

Com esse aparato, Perry analisa o caso da *fission* (duplicação ou divisão de cérebros) e tira uma conclusão diferente de Shoemaker, para quem não

---

40 Cf. PERRY, J. "Identity and Self-Knowledge". *Philosophy, Theory, and Practice in Biology*, 9 (5): 1-12, 2017.
41 PERRY, J. "Can the Self Divide?". *The Journal of Philosophy*, 69 (16): 468, 7 set. 1972. No caso da identidade pessoal, o termo R_k significa a relação causal entre os estados psicológicos da qual falam Quinton, Grace e Shoemaker, como vimos anteriormente. A ideia de Perry é que R_k não precisa ser transitiva como é a relação de identidade.

teríamos duas pessoas idênticas com a original. Perry interpreta o caso de outro modo, incluindo sua distinção entre identidade e relação de unidade temporal. Para demonstrar isso, ele relembra um experimento mental dado por Shoemaker:[42] imaginemos que Brown, Jones e Smith entram em um hospital para se submeterem a um procedimento de rejuvenescimento do cérebro (os cérebros são retirados e colocados em uma máquina para uma troca de massa cinzenta). Em dado momento do procedimento, a enfermeira se descuida e faz cair os cérebros de Brown e Smith, destruindo-os. Às escondidas, a enfermeira coloca o cérebro de Jones três vezes dentro da máquina e depois insere as três cópias do cérebro de Jones nos crânios de cada um deles. O original Jones morre de um enfarte e os outros dois acordam, cada um afirmando ser Jones, com suas memórias, crenças e gostos. Depois da operação, o experimento mental dá os nomes de Brown-Jones e Smith-Jones para os dois sobreviventes. A questão é: quem são eles?

Para Shoemaker não há continuidade da identidade pessoal entre Brown-Jones e Smith-Jones com o original Jones, uma vez que isto feriria a transitividade da identidade: se $a = b$ e $b = c$, então $a = c$. Nesse caso, Brown-Jones não é idêntico a Smith-Jones, logo os dois não podem ser idênticos ao original Jones. Contudo, Perry procura esclarecer melhor essa relação: Brown-Jones e Smith-Jones, depois da operação, teriam uma *relação de unidade temporal* com o Jones antes da operação, o que faz de ambos uma parte temporal dele. Dessa forma, Brown-Jones e Smith-Jones não precisam ser idênticos um ao outro para serem o *mesmo* Jones, antes da operação. Em resumo, Perry é da opinião que as três sentenças abaixo podem ser tidas como verdadeiras:

1. Smith-Jones não é a mesma pessoa que Brown-Jones.
2. Smith-Jones é a mesma pessoa que Jones.
3. Brow-Jones é a mesma pessoa que Jones.

Sem levar à contradição de que:

4. Smith-Jones é a mesma pessoa que Brown-Jones.

---

[42] Shoemaker apresenta esse caso em *Self-Knowledge and Self-Identity*. Ithaca, NI: Cornell University Press, 1963. Perry reproduz e discute este exemplo em PERRY, J. "Can the Self Divide?". *The Journal of Philosophy*, 69 (16): 463-488, 7 set. 1972.

De fato, um teórico da visão psicológica precisa defender (1), (2) e (3), uma vez que Brown-Jones e Smith-Jones têm todas as memórias, crenças, gostos e vivências de Jones, que garantem a continuidade psicológica dos dois com o original. O fato é que Brown-Jones e Smith-Jones estão ligados temporalmente ao mesmo Jones (mas não *ao* Jones como um todo, senão apenas a uma parte temporal de Jones, a parte antes da operação). Por isso, nas sentenças (2) e (3), o que se quer afirmar realmente é que os dois têm uma relação de unidade com uma parte temporal de Jones e não com o todo temporal de Jones. Assim, (2) e (3) afirmam uma verdade apenas se entendermos que, *antes da operação*, Brown-Jones e Smith-Jones constituíam um mesmo estágio de Jones (há aqui uma identidade estrita entre Jones, Brown--Jones e Smith-Jones), mas, *depois da operação*, os dois não são mais idênticos entre si nem com o original, pois constituem duas partes temporais diferentes. O que existe entre eles é uma relação de unidade temporal (R).

Depois da operação, temos três estágios diversos que podemos chamá--los de estágio$_1$ (Jones), estágio$_2$ (Brown-Jones) e estágio$_3$ (Smith-Jones). O que Perry quer asseverar é que o estágio$_2$ (Brown-Jones) não é *estritamente idêntico* ao estágio$_1$ (Jones), uma vez que os dois têm propriedades temporais diferentes, a saber: um tem a propriedade t$_1$ e o outro a propriedade t$_2$. O mesmo se diz do estágio$_3$ (Smith-Jones) em relação ao estágio$_1$ (Jones) e do estágio$_2$ (Brown-Jones) em relação ao estágio$_3$ (Smith-Jones). Embora não haja uma relação de identidade entre essas partes, há uma relação de unidade temporal, isto é, os estágios 1, 2 e 3 são partes temporais e estão unidos a *todo o tempo de vida* de Jones.

A pergunta que resta é se o Jones, antes da operação, vai sobreviver a essa duplicação. Perry parece não estar interessado nessa pergunta, mas apenas em mostrar que a relação entre as cópias duplicadas entre si e com o original não tem nada de extraordinário, pois é a mesma relação que todos nós temos com nossas partes temporais, isto é, não uma relação de identidade (estrita), mas de unidade temporal. A pessoa que fomos ontem, que somos hoje e seremos amanhã não são estritamente idênticas, pois não partilhamos absolutamente todas as propriedades. No entanto, somos três partes (nós ontem, nós hoje, nós amanhã) de um mesmo todo temporal chamado "eu". Se houvesse uma *fusion* (reunificação) de Brown-Jones com Smith-Jones [lembre-se de que (o estágio$_1$) Jones morreu de ataque cardíaco], teríamos outro estágio$_4$ que reuniria às experiências dos dois diferentes ramos em apenas um estágio.

A análise de Perry quer salvar a visão psicológica de contradições no caso da duplicação, mas também mostrar que a identidade de pessoas no tempo não pode ser uma identidade estrita. Para isso, pressupõe que todos os objetos, não somente pessoas, têm não apenas partes espaciais como também partes temporais, levando em conta a união de espaço e tempo afirmada pela ciência. Contudo, resta sempre uma pergunta difícil: posso realmente afirmar que não somos (totalmente) alguém em t_1, mas apenas uma junção final de nossos estágios temporais? Isto é, será que não podemos afirmar quem *nós somos*, mas somente quem *nós fomos*? Esta não parece ser nossa intuição básica e o animalismo de Olson vai tentar provar o contrário.

7

A visão biológica de E. T. Olson

Muito do que se escreveu sobre identidade pessoal tem sua base na concepção de Locke no texto adicional à segunda edição de seu *An Essay Concerning Human Understanding*, intitulado "Of Identity and Diversity",[1] como vimos no capítulo anterior. Posição frontalmente contrária a ela tem sido a visão biológica, ou animalismo, em uma expressão cunhada por Snowdon.[2] Embora a visão biológica tenha inspiração aristotélica, constitui uma visão contemporânea em crescimento desde o "Identity and Spatio-Temporal Continuity" (1967), de David Wiggins, no qual ele discorda da diferença entre pessoa e animal feita por Locke e sugere uma "teoria do atributo animal", afirmando que pessoas humanas são idênticas ao corpo biológico da espécie *homo sapiens*. A partir de então, outros filósofos endossaram a teoria, entre eles Michael Ayers, William Carter, David Mackie, Paul Snowdon, Peter van Inwagen e Eric T. Olson, este último, talvez o melhor representante da corrente.[3]

---

1 Capítulo XXVII da segunda edição.
2 Cf. SNOWDON, P. F. "Personal Identity and Brain Transplants". *In*: COCKBURN, D. (ed.). *Human Beings*. Cambridge: Cambridge University Press, 1991, p. 109. Outro termo ainda usado é "visão do organismo" (veja LIAO, M. "The Organism View Defended". *The Monist*, 89: 334-350, 2006). Embora o termo "animalismo" seja bastante adotado pelos filósofos dessa posição, preferimos em geral usar a expressão "visão biológica" de E. T. Olson, ainda que ele também adote o termo "animalismo".
3 Cf., entre outros textos, AYERS, M. *Locke: Epistemology and Ontology*. Nova Iorque: Routledge, 1991, 2 v.; CARTER, W. R. "Our Bodies, Our Selves". *Australasian Journal of Philosophy*, 66: 308-319, 1988; CARTER, W. R. "Will I Be a Dead Person?". *Philosophy and Phenomenological Research*, 59: 167-172, 1999; MACKIE, D. "Animalism vs. Lockeanism: No Contest". *Philosophical Quarterly*, 49: 369-376, 1999; SNOWDON, P. F. "Persons, Animals, and Ourselves". *In*: GILL, C. (ed.). *The Person and the Human Mind: Issues in Ancient and Modern Philosophy*. Oxford: Clarendon Press, 1990, p. 83-107; INWAGEN, P. *Material Beings*. Ithaca, NI: Cornell University Press, 1990; OLSON, E. T. *The Human Animal: Personal Identity Without Psychology*. Nova Iorque: Oxford University Press, 1997; OLSON, E. T. *What Are We?*

A visão biológica (VB) afirma que pessoas são essencialmente animais. A maioria dos filósofos que defende essa posição não sugere que toda *pessoa* seja um animal, pois muitos deles não negam necessariamente a existência de outros tipos de pessoas como Deus, anjos, demônios, robôs ou ETs. O que se defende é que toda pessoa humana constitui um animal ou, ainda, que nenhum critério psicológico é necessário ou suficiente para a persistência de pessoas humanas no tempo. No presente capítulo expomos a visão biológica da pessoa, sobretudo a posição elaborada por E. T. Olson, e as principais críticas direcionadas a ela. Inicialmente, faz-se mister esclarecer as condições de persistência da pessoa na VB (7.1), para em seguida analisar seus principais argumentos (7.2) e alguns casos que ratificam essa posição, como o problema do feto e de corpos em estado vegetativo (7.3). No final, são levantadas as principais críticas à visão biológica e a defesa de seus partidários (7.4) e (7.5).

7.1 As condições de persistência na VB

Para a VB, as condições de persistência do animal humano são a continuidade da vida biológica, isto é, um animal humano sobrevive no tempo se, e somente se, suas funções vitais continuarem, a saber: metabolismo, capacidade de respiração, circulação do sangue, etc. A VB se confronta diretamente com a intuição básica da visão psicológica de que "nós vamos aonde nossos estados psicológicos forem". O caso onde essa intuição aparece mais clara é, como vimos, no experimento mental chamado "transplante de cérebros" do qual podemos aqui oferecer outra versão:[4] imagine um rico empresário chamado Carlos que enfrenta um câncer que em pouco tempo destruirá todos os seus órgãos, levando-o à morte. O *cérebro* de Carlos está intacto de tal forma que seus estados psicológicos estão normais: ele sabe quem é, tem consciência de sua história, suas crenças e habilidades, sofre com o problema da doença e da morte iminente. Imaginemos que Carlos tem a oportunidade e o dinheiro para fazer um transplante de cérebro e realiza a cirurgia, deslocando os dois hemisférios de seu cérebro para o cor-

---

A Study in Personal Ontology. Nova Iorque: Oxford University Press, 2007. Seguiremos aqui, em grande parte, os textos de E. T. Olson.
4   O exemplo é uma adaptação de SHOEMAKER, S. *Self-Knowledge and Self-Identity.* Ithaca, NI: Cornell University Press, 1963, p. 23s.

po perfeito de Daniel, um pobre que se encontra em estado vegetativo (seu cérebro não funciona mais, por isso, não tem vida psicológica), mas que continua realizando suas funções biológicas, isto é, seu tronco cerebral continua intacto. A intuição básica da visão psicológica é que o novo ser que possui o cérebro de Carlos e o corpo de Daniel – podemos chamá-lo de Carliel – é idêntico a Carlos e não a Daniel. Em poucas palavras, Carlos foi transferido para o corpo de Daniel porque, segundo a visão psicológica, onde estão as memórias, crenças, estados psicológicos de Carlos, ali estará Carlos, a saber, no corpo de Daniel.

A VB discorda da visão psicológica e afirma que Carlos é idêntico ao corpo animal vivo sem cérebro deitado na cama depois da cirurgia. Nesse sentido, Carlos não é idêntico a Carliel, mas ao corpo de Carlos que, aos poucos, vai morrer de câncer. A mudança de cérebro não seria, portanto, suficiente para deslocar Carlos para o corpo de Daniel. Porém, o que aconteceu com Daniel? Para a visão psicológica, Daniel não existe mais, uma vez que seu cérebro não tem mais atividade. Para a VB, Daniel continua vivo, pois seu tronco cerebral está ativo e controla todas as funções do corpo, que responde à luz e ao som, pode mover os olhos, tem movimentos reflexos, pode piscar, engolir, tossir, etc. como se o corpo estivesse dormindo sem a presença de estados mentais.

A VB concorda com a visão psicológica que Daniel terá os estados mentais de Carlos (suas lembranças, crenças, estados psicológicos) e que se sentirá como Carlos, mas isto não faz com que Daniel seja Carlos. O transplante de cérebro representa nada mais que o transplante de qualquer outro órgão: coração, fígado, rim. Ninguém diria que a mudança de coração entre Carlos e Daniel transformaria um no outro. Da mesma forma, segundo a VB, o transplante de cérebro não mudaria a pessoa de um lugar para outro, pois pessoas são idênticas a animais humanos que têm condição de persistência na continuidade dos processos biológicos que sustentam a sua vida animal. Daniel teria toda a vida mental de Carlos, saberia seu passado, sua história, teria suas crenças, seus gostos, mas não seria Carlos, senão Daniel com estados mentais diferentes. Assim, se para a visão psicológica quem sobreviveria à cirurgia seria Carlos, na VB quem sobrevive é Daniel. Resumidamente, pode-se afirmar que, para a VB:

Uma pessoa P_2 num tempo t_2 é idêntica a uma pessoa P_1 em t_1 se, e somente se, P_2 continua os processos vitais previamente realizados por P_1.[5]

De fato, Olson tem problemas com esse tipo de definição para o problema da identidade pessoal, pois, segundo ele, perguntar se pessoa P_2 é idêntica à pessoa P_1 pressupõe apenas uma identidade qualitativa e não numérica, isto é, o que se está perguntando é se uma pessoa P_1 terá as mesmas qualidades de outra pessoa P_2 em tempos diferentes. Porém, o problema da identidade pessoal é numérico, em que se quer saber o que faz com que um *ser* seja o *mesmo ser* em tempos diferentes. Para Olson, um animal humano pode continuar sendo o *mesmo* ser e deixar de ser pessoa. Ser pessoa não é algo que acompanha o ser animal desde sua existência até a morte. Quando o animal era um feto não existia ainda como pessoa e, se estiver em um estado vegetativo, também deixará de ser pessoa sem deixar de ser um animal vivente. Na VB, ser pessoa não é essencial a animais humanos, mas apenas uma capacidade desenvolvida que teve começo e pode ter um fim, antes da morte do animal.

Obviamente, é preciso esclarecer o que Olson entende por *pessoa* aqui, pois ele assume uma definição controversa de que o conceito de pessoa implicaria apenas capacidades como racionalidade e autoconsciência.[6] Se for assim, então o problema da identidade pessoal (= identidade numérica entre P_2 e P_1) se desviaria para uma dimensão apenas psicológica, na qual a visão psicológica teria preeminência. Se o conceito de pessoa for assim entendido, então o que se pergunta é apenas se uma pessoa P_2 (isto é, um ser com racionalidade e autoconsciência) é idêntica a uma pessoa P_1 (também com racionalidade e autoconsciência) em tempos diferentes. Contudo, assim já se pressupõe que o "eu" seja idêntico a seus estados psicológicos, o que desvia o real interesse do problema, segundo Olson. O que realmente se pretende perguntar no problema da identidade pessoal é que critérios temos para dizer que P_2 é o *mesmo* P_1 em tempos diferentes e não apenas a *mesma* pessoa (entendida como um ser autoconsciente).

Olson assegura: "A afirmação que pretendo levar a sério (e depois defender) é que ser *pessoa* é análogo a ser *criança* ou *adulto* ou *filósofo*, no sentido que algo pode ser uma pessoa em um tempo e não-pessoa em outro".[7] Isto é, ser

---

[5] Cf. BLATTI, S. "Animalism". *The Stanford Encyclopedia of Philosophy*, 21 dez. 2016. Disponível em: https://plato.stanford.edu/archives/win2016/entries/animalism/. Acesso em: 13 mar. 2017.
[6] Cf. OLSON, E. T. *The Human Animal: Personal Identity Without Psychology*. Nova Iorque: Oxford University Press, 1997, p. 24.
[7] Cf. *Ibid.*, p. 25.

criança não é uma propriedade que temos em todo o percurso da nossa existência, quando a idade adulta chega, a criança deixa de existir sem que o ser possuidor dessa propriedade deixe de existir. Da mesma forma, pode-se tornar um filósofo, um artista, um professor, e deixar de exercer essas atividades sem deixar de existir. Ser pessoa, para Olson, constitui a mesma coisa: houve um tempo que o *eu* não era pessoa (quando era um feto, por exemplo), depois adquiriu a capacidade de ser pessoa em determinado tempo e pode deixar de ser pessoa em outro momento de sua vida (por exemplo, em um estado vegetativo). Se for assim entendido, então a condição de persistência do *eu* não pode ser idêntica aos seus estados psicológicos, pois tais condições não são coextensivas ao seu existir, como deveriam ser suas propriedades essenciais.

Dessa forma, a intuição de que Carliel tem as mesmas experiências mentais de Carlos não exprimiria bem o problema filosófico da identidade, pois ter os mesmos estados psicológicos de Carlos não faz do animal Daniel ser outro ente, senão apenas ser o *mesmo* animal com estados mentais diferentes. Para Olson, é importante fazer uma distinção entre as diversas condições de persistência de pessoas *enquanto* pessoas, pois tais condições são diferentes para humanos, Deus, anjos, demônios, ETs ou robôs. Para animais humanos, a questão deve ser colocada dessa forma: "Sob quais possíveis circunstâncias alguma coisa que é um animal humano em um tempo é o mesmo animal humano que existe em outro tempo?".[8] Olson nega que pessoalidade seja um "conceito substancial" de relevância para determinar as condições de persistência de um indivíduo humano, pois se assim fosse, a pessoalidade deveria se confundir com toda a linha temporal da existência do mesmo indivíduo, o que, para ele, não é o caso.

A pergunta então é: quais são as condições de persistência do animal humano que definem a nossa identidade, segundo a VB? Olson afirma: "Nosso conceito substancial – o que nós fundamentalmente somos – não é *pessoa*, mas *homo sapiens* ou *animal* ou *organismo vivo*".[9] Ser pessoa diria respeito ao que somos capazes de fazer e não ao que somos substancialmente. Ora, o que somos capazes de fazer, podemos realizar em um determinado momento e em outros não, mas não o que somos substancialmente. Ou seja, há mundos possíveis em que podemos existir sem estar autoconscientes ou exercitar nossa

---

8 Cf. *Ibid.*, p. 26.
9 Cf. *Ibid.*, p. 30.

racionalidade, mas não pode haver um mundo possível em que existamos e não sejamos um animal vivente. Ser autoconsciente ou exercer a liberdade seriam, para Olson, apenas "propriedades funcionais", instanciáveis em outros tipos de seres e que não respondem à pergunta "o que é isto (fundamentalmente)?". Mesmo se um dia máquinas puderem pensar e agir livremente, elas não serão pessoas humanas, mas apenas máquinas pessoais, uma vez que não são organismos vivos. Entretanto, a animalidade não definiria também outros indivíduos? Como poderíamos distinguir um cão de um humano? Para a VB, não existe uma animalidade abstrata, mas apenas espécies de animais. O homem é um animal da espécie *homo sapiens* que não tem as mesmas condições de persistência de um cão ou um gato. Ao contrário, se dissermos que as condições de persistência do indivíduo humano constituem a pessoalidade (autoconsciência, liberdade, etc.), então, não poderíamos jamais distinguir um ser humano de um Deus ou um robô pensante, uma vez que também eles podem exercer essas mesmas propriedades funcionais.

Também Peter van Inwagen defende o animalismo em seu livro *Material Beings*, no qual elabora a tese metafísica de que existem apenas dois tipos de objetos materiais: ou eles são partículas elementares ou são organismos vivos.[10] Tudo o mais, como cadeiras, mesas, carros, não existem em si, mas são apenas uma junção de certa forma organizada de partículas elementares. Os organismos vivos, ao contrário, são os únicos objetos materiais compostos ou complexos. Pessoas humanas são objetos materiais ou organismos vivos e não substâncias imateriais como Deus e anjos.[11] Dessa forma, pessoas humanas são aqueles objetos materiais que possuem estados mentais idênticos a estados físicos (na versão *token-token identity theory*). Em *Material Beings*, Inwagen defende o animalismo combatendo dois experimentos mentais que sustentam a visão psicológica de pessoa: o caso do transplante de cérebros e o caso da comissurotomia cerebral.

No caso de transplante de cérebro, van Inwagen recusa a ideia de que "eu vou aonde meu cérebro vai", pois cérebros são apenas partes de organismos vivos, mas isolados não são organismos vivos, da mesma forma que dedos,

---

10   Cf. INWAGEN, P. *Material Beings*. Ithaca, NI: Cornell University Press, 1990.
11   Inwagen se define como um "materialista local" e rejeita um tipo de "materialismo global", isto é, ele aceita que haja seres imateriais como anjos, demônios e Deus, mas objetos submetidos ao espaço e tempo são sempre materiais, inclusive a pessoa humana. Cf. INWAGEN, P. "A Materialist Ontology of Human Persons". *In*: INWAGEN, P.; ZIMMERMAN D. (eds.). *Persons, Human and Divine*. Oxford: Clarendon Press, 2007, p. 206.

rins, ou corações também não o são. Um homem que perde um cérebro é comparado a outro que perde um braço ou uma perna, isto é, ele perde um órgão e se torna um homem sem cérebro, como também há homens sem braço ou perna. Isto significa que a vida não depende de uma parte do organismo apenas, mas do conjunto dos órgãos e isto tem consequências para quem somos essencialmente, pois da mesma forma que nossa vida não é idêntica a uma parte do nosso corpo, também nosso "eu" (para Inwagen, eu = vida) não é idêntico a uma parte de nosso corpo, a saber: o cérebro. Assim, transplantar o cérebro de Carlos para o corpo de Daniel não o leva para outro lugar, da mesma forma que transplantar o coração não o faria. Porém, o que dizer se todas as lembranças de Carlos estiverem em Carliel? Inwagen pensa apenas que Carliel seria um caso difícil de explicar e exigiria o levantamento de uma série de hipóteses que pudessem salvar os fenômenos observados: "Muitas destas hipóteses que salvam a aparência são possíveis. Contudo, a 'hipótese' que Harry e Charlie [em nosso caso, Carlos e Daniel] 'trocaram de corpos' não é uma delas, pois não existe tal hipótese: estas palavras simplesmente não fazem o menor sentido".[12]

O outro caso analisado por Inwagen é o da comissurotomia cerebral, que constitui uma técnica cirúrgica utilizada em pacientes epiléticos com difícil tratamento medicamentoso, na qual se desconectam os dois hemisférios cerebrais por meio do corte das comissuras (*corpus callosum*) do cérebro. O resultado é o surgimento de duas consciências com estados mentais diferentes que estariam em apenas um organismo multicelular. Se este for o caso, pergunta-se: não teríamos duas pessoas pensantes em um mesmo animal, demonstrando que a visão psicológica está correta, uma vez que as duas pessoas não poderiam ser idênticas a um mesmo animal? Ora, afirma Inwagen, mas se as duas consciências tiverem pensamentos e estes forem idênticos a estados neuronais, então o que se pode dizer é que duas regiões de um mesmo cérebro (parte de um mesmo animal) tiveram estados mentais diferentes (possivelmente até contraditórios). Nada disso implicaria a existência de duas pessoas pensantes. Se pessoas são idênticas a organismos, então existiria apenas uma pessoa pensante, um organismo. Tais casos não seriam mais complicados de explicar do que aqueles de pacientes com problemas neuronais que apresentam múltiplas personalidades. Se assim for, conclui Inwagen, estados psicológicos não são relevantes para definir quem

---

12 INWAGEN, P. *Material Beings*. Ithaca, NI: Cornell University Press, 1990, p. 188.

somos essencialmente. O que somos essencialmente consiste em um organismo vivo que persiste se houver continuidade em suas funções biológicas.

7.2 Em defesa do animalismo

Dos muitos argumentos para defender a visão biológica ou animalismo, elencamos aqui alguns dos mais importantes. Talvez o mais simples e eficaz deles seja o "argumento do animal pensante" (*thinking animal argument*), que atesta:[13]

P1: Há um animal humano sentado em sua cadeira.
P2: O animal humano sentado em sua cadeira está pensando.
P3: Você está pensando sentado em sua cadeira.
C: Logo, o animal humano sentado em sua cadeira é você.

O argumento é simples: se P1, P2 e P3 forem aceitas, a conclusão é válida. No entanto, as premissas têm uma série de implicações metafísicas contestáveis. Olson reconhece isto e levanta três possíveis contestações: ou podemos negar P1, afirmando que não existe um animal humano sentado em minha cadeira, o que levaria à negação de um fato, a saber: que a coisa sentada em minha cadeira é um organismo pertencente à espécie *homo sapiens*. O organismo vivo sentado em minha cadeira troca energia com o ambiente através do metabolismo, pode respirar, consegue comer e beber, possui sangue nas veias e impulsos elétricos nos neurônios. Negar P1 seria o mesmo que rejeitar as percepções visuais, auditivas, olfativas e tácteis que o animal tem, o que não parece sensato. Podemos negar P2 ao afirmar que tal animal humano não está pensando. A maior crítica ao argumento do animal pensante se encontra aqui. Olson defende a ideia que o animal humano pode pensar porque tem um cérebro com bilhões de articulações sinápticas que geram a consciência e o pensamento. Negar isto seria admitir que o ser que está pensando em minha cadeira é outra coisa diferente do animal, talvez uma coisa imaterial, como afirmava Descartes. Contudo, poucos filósofos aceitam a ideia de uma substância imaterial dentro do corpo, o que, por si, não derruba a crítica a

---

13 Cf. OLSON, E. T. "An Argument for Animalism". In: MARTIN, R.; BARRESI, J. (eds.). *Personal Identity*. Oxford: Blackwell's, 2003, p. 318-334; OLSON, E. T. *The Human Animal: Personal Identity Without Psychology*. Nova Iorque: Oxford University Press, 1997, p. 106-109.

P2. Olson rebate tal crítica desafiando o oponente a responder o porquê de um cérebro adulto e normal não poder pensar se estão ali todas as condições materiais para isso, afinal de contas, a função do cérebro é produzir estados mentais, pensamentos, reflexões, *qualia*, etc.

O animalismo procura mostrar que, se temos razões para crer que o animal não está pensando, temos ainda mais razões para crer que não existe um "homúnculo" no cérebro exercendo esse papel. Aceitar a tese do homúnculo seria adotar um dualismo que pressupõe dois seres no mesmo local: uma coisa pensante e outra coisa não pensante, o que traz consigo problemas difíceis de resolver.[14] Afinal, podemos negar P3 e afirmar que existe mais alguém pensando, além de mim, isto é: se não posso negar que estou pensando, mas também não posso dizer que este que pensa sou eu, então existem duas coisas pensando: eu e outra coisa, talvez um animal. Porém, como posso dizer qual deles sou eu? Também essa opção parece não ser a mais sensata, segundo Olson. Dessa forma, o animalista declara que nenhuma das negações das premissas são opções sensatas, uma vez que geram hipóteses muito improváveis e, por isso, atesta sua conclusão como válida:

C: O animal humano sentado em sua cadeira é você.

Isto significa: você é idêntico a um organismo vivo, um animal da espécie *homo sapiens* e nada mais que isso. Olson convida ainda a fazermos uma comparação entre a intuição do transplante de cérebro da visão psicológica com a intuição de que somos animais pensantes. Qual das duas é mais forte: a intuição de que eu seria transportado para onde meu cérebro for (o que não é mais que uma ficção científica) ou que o animal sentado em minha cadeira neste momento sou eu? Apesar de simples, o argumento de Olson parece forte. No entanto, o argumento do animal pensante traz sérios problemas consigo, talvez o maior deles seja argumentar a favor de P2, que encontrou forte resistência dos filósofos da visão psicológica. Shoemaker e Baker criticam P2 assumindo uma distinção básica entre

---

14 O maior destes problemas é o da interação causal entre duas substâncias distintas, em que não se sabe explicar *como* uma substância imaterial teria condições de influenciar o mundo físico sem deixar de quebrar o princípio metodológico do fechamento causal do mundo físico. Sobre esse problema, veja VIANA, W. C. *Hans Jonas e a Filosofia da Mente*. São Paulo: Paulus, 2016, p. 141-176.

propriedade derivada e não derivada.[15] De fato, contra-argumenta Baker, não existem duas substâncias sentadas na cadeira, apenas uma pessoa humana constituída de um corpo. Pessoas humanas seriam uma mistura de propriedades mentais *constituídas* de propriedades físicas.[16]

Outro argumento a favor da visão biológica é o chamado "argumento do animal ancestral" (*animal ancestors argument*),[17] desenvolvido por Blatti e criticado por Gillet.[18] O argumento se desenvolve assim:

> Suponha por *reductio* que o animalismo é falso. Se você não é um animal, então nem seus pais são animais. Mas então, nem são os pais de seus pais, nem os avós de seus pais e assim por diante, tão longe quanto sua descendência se estende. Neste caso, a falsidade do animalismo implica a rejeição da teoria evolucionista (ou pelo menos a aplicabilidade dessa teoria a nós), pois significa negar que sua descendência distante inclua seres que eram animais. Contudo, uma vez que a rejeição da teoria evolucionista é um preço muito alto a pagar, devemos rejeitar a suposição de que o animalismo é falso.[19]

Alguns elementos desse argumento precisam ser ressaltados. Primeiro, o argumento procura refutar, sobretudo, a ideia de que "pessoa" seja um conceito substancial diferente da matéria animal, ou melhor, rejeita a ideia dualista de que haja um homúnculo no cérebro que não tenha passado pelo processo evolutivo. Se pessoas são idênticas a almas imateriais, significa dizer que elas não foram atingidas pela evolução e, assim, negaríamos que pessoas têm uma descendência animal ou que a teoria evolucionista se aplicaria a pessoas. O argumento de Blatti parece funcionar contra esse tipo de dualismo. Outra questão é que o argumento não está afirmando a evolução do "mero animal biológico" sem levar em consideração suas propriedades psicológicas. No argumento, "animal humano" é considerado também como portador de estados mentais, surgidos a partir de interações sinápticas de

---

15 Cf. SHOEMAKER, S. "Embodiment and Behavior". *Identity, Cause and Mind*. Cambridge: Cambridge University Press, 1984, p. 113-138; BAKER, L. R. "Response to Eric Olson". *Abstracta*, edição especial I: 43-45, 2008.
16 Veja a resposta de Baker a Olson em BAKER, L. R. "Response to Eric Olson". *Abstracta*, edição especial I: 43-45, 2008.
17 Cf. BLATTI, S. "Animalism". *The Stanford Encyclopedia of Philosophy*. 21 dez. 2016. Disponível em: https://plato.stanford.edu/archives/win2016/entries/animalism/. Acesso em: 13 mar. 2017.
18 Cf. BLATTI, S. "A New Argument for Animalism". *Analysis*, 72: 685–690, 2012 e GILLETT, C. "What You Are and the Evolution of Organs, Souls, and Superorganisms: A Reply to Blatti". *Analysis*, 73: 271–279, 2013.
19 Cf. BLATTI, S. "A New Argument for Animalism". *Analysis*, 72: 686, 2012.

um cérebro adulto. O que o argumento afirma é que também esses estados psicológicos podem encontrar sua total explicação na cadeia evolutiva. Retirar o surgimento de estados mentais da cadeia evolutiva criaria um problema sério para os antianimalistas, que deveriam explicar *como* então estados mentais surgiram em determinado momento da história.

Blatti afirma que, se o antianimalista quiser defender a não identidade entre pessoas e animais, então terá que explicar de onde vieram as pessoas no processo evolutivo. Duas opções estariam à disposição do antianimalista: ou pessoas foram criadas *do nada* (diga-se, do nada de animalidade) ou emergiriam de um processo de complexificação da matéria. Como o primeiro caso é excluído também pela maioria dos antianimalistas, restaria a segunda opção, que não derrubaria o argumento do animal ancestral, uma vez que também o animalista pode defender uma teoria da emergência de estados mentais.[20] Nesse caso, pessoas seriam sempre idênticas ao animal humano e estados psicológicos seriam apenas mais uma das capacidades do cérebro.

Gillett levanta uma série de problemas contra o argumento do animal ancestral, mostrando que a teoria evolucionista e a atual situação da biologia pode se adequar a qualquer uma das hipóteses acerca do que sejam pessoas. Hipóteses como aquelas que identificam a pessoa com seu cérebro, com estados psicológicos e até com uma alma imaterial poderiam ser acordadas com a teoria da evolução. Isto quer dizer que a afirmação de que a teoria evolucionista somente será válida se formos idênticos a organismos, não procede do argumento. O primeiro fato que Gillett levanta é que a biologia atual mostra que a evolução não se dá do organismo como um todo, mas de pequenas partes como moléculas e células. Se é desta forma, então, a pressuposição de que a evolução do indivíduo só pode acontecer se ele for idêntico a um organismo é falha, pois pode acontecer a evolução também de partes do organismo. Isto significa que não é necessário identificar a pessoa com o organismo para salvar a teoria evolucionista.

Podemos, portanto, identificar a pessoa com partes do organismo, por exemplo, com o cérebro, sem precisar negar a teoria evolucionista. De fato,

---

20   Nesse sentido, Noonan defende que não há uma diferença substancial entre animalistas e neolockeanos, pois ambos afirmam uma posição fisicalista. Veja o debate entre Noonan e Mackie: NOONAN, H. W. "Animalism *versus* Lockeanism: a Current Controversy". *The Philosophical Quarterly*, 48 (192): 302-318, jul. 1998; MACKIE, D. "Animalism *versus* Lockeanism: No Contest". *The Philosophical Quarterly*, 49 (196): 369-376, jul. 1999; NOONAN, H. W. "Animalism *versus* Lockeanism: Reply to Mackie". *The Philosophical Quarterly*, 51 (202): 83-90, jan. 2001.

a hipótese daqueles que afirmam ser a pessoa idêntica a seu cérebro[21] defendem que ela é fruto de um processo evolutivo. Cérebros humanos são produtos da evolução como qualquer outro órgão. Sua evolução depende de uma série de fatores, entre eles o tamanho da caixa craniana, o que se verifica nas diversas fases do desenvolvimento do *homo*, desde o *habilis* até o *sapiens sapiens*. Se pessoas são idênticas a seus cérebros e estes evoluem, então o argumento de Blatti de que pessoas são idênticas a organismos é falho.

O argumento também falha na tentativa de refutar teorias dualistas atuais, como as que afirmam a existência de almas. Gillett lembra a teoria de Hasker,[22] que procura adequar a teoria das almas a um quadro teórico naturalista, em que almas teriam propriedades espaçotemporais e estariam localizadas dentro do cérebro, o que permitiria a elas influenciar e serem influenciadas pelo mundo físico.[23] Se pessoas são idênticas a almas e estas dependem necessariamente (embora de forma não suficiente) da evolução de cérebros, então, o argumento de Blatti também não derrubaria este tipo de teoria das almas. Ao contrário, se o dualismo fosse do tipo cartesiano, em que almas são totalmente desligadas do mundo físico e não partilham com ele nenhuma propriedade, então, aceitar que pessoas são idênticas a tais almas seria retirar pessoas da cadeia evolutiva.

Finalmente, Gillett argumenta que muito menos o argumento de Blatti derruba a visão psicológica de pessoa que, em algumas versões, afirma que pessoas são estados psicológicos constituídos de um corpo animal. Constituição não significa identidade. Assim, nenhum proponente da visão psicológica, alinhada com a visão constitucional, nega que pessoas são fruto da evolução em sua dimensão corporal. Para a visão constitucional, pessoas são organismos em um sentido derivado, isto é, contingentemente e, por isso, não é necessário negar que *de certa forma* pessoas evoluem. Vamos voltar à visão constitucional no próximo capítulo. Por enquanto, a conclusão é que o argumento do animal ancestral não produz o efeito que pretendia em seus oponentes.

---

21   Defendem esta posição, por exemplo, Thomas Nagel e J. L. Mackie. Cf. NAGEL. "Are You Your Brain?". Conferência realizada no Princeton Philosophy Colloquium e APA Pacific Division, em 1984; MACKIE, J. L. "The Transcendental 'I'". *In*: STRAATEN, Z. (ed.). *Philosophical Subjects: Essays Presented to P. F. Strawson*. Nova Iorque: Oxford, 1980.
22   Cf. HASKER, W. *The Emergent Self*. Ithaca, NI: Cornell University Press, 1999.
23   Também Hans Jonas afirma que espírito e matéria estão dentro do processo evolutivo, sem precisar, com isso, reduzir a pessoa ao organismo. Para o modelo de interação psicofísica de Jonas ver VIANA, W. C. *Hans Jonas e a Filosofia da Mente*. São Paulo: Paulus, 2016, p. 201-217.

7.3 O problema do feto e do estado vegetativo

A visão biológica também procura defender sua posição atacando sua principal oponente, a visão psicológica. Um dos problemas mais difíceis da visão psicológica é o chamado "problema do feto", que a visão biológica liga diretamente com o problema do estado vegetativo. Segundo a visão psicológica, a condição de persistência de pessoas no tempo se identifica com a continuidade de estados mentais. Duas pessoas P_1 e P_2 em tempos diferentes serão numericamente idênticas se tiverem as mesmas crenças, memórias e estados psicológicos. O problema é que estados psicológicos não são coextensivos à vida do animal humano, que só adquire tais estados em torno de 25 a 30 semanas depois da fertilização, quando os neurônios interagem criando sinapses. Até mesmo a sensação de dor, segundo alguns embriologistas, não surge antes das 20 semanas após a fertilização.[24] Isto leva à conclusão que nenhuma pessoa foi algum dia um feto, o que parece altamente contraintuitivo.

Olson liga a questão do feto ao problema do estado vegetativo. Ora, pessoas em estado vegetativo também não possuem estados psicológicos. Eles estão vivos, pois têm o tronco cerebral intacto: respiram, têm reflexos, seu metabolismo continua funcionando, coração bombeando sangue e chegam até a tossir se algo entrar por sua garganta. Animais humanos em estado vegetativo não demonstram atividade em seu cérebro, o que os fazem se assemelhar a fetos, que também possuem atividades básicas do animal, mas não apresentam um cérebro desenvolvido com estados psicológicos. Para os dois casos temos uma intuição muito forte: que já fomos um feto e que podemos entrar em um estado vegetativo. Ora, seria difícil negar, ao ver um ultrassom nosso no útero de nossa mãe, que naquela foto não somos nós mesmos, mas um corpo estranho. Ou ainda: ao ver nosso pai em estado vegetativo, torna-se difícil aceitar que ali, deitado naquela cama, não é mais nosso pai, senão um corpo de outrem.

Se já fomos um feto e podemos entrar em um estado vegetativo, então a visão psicológica está errada, pois nem fetos nem animais humanos em estado vegetativo apresentam estados psicológicos.

---

24   Cf. GROBSTEIN, C. *Science and the Unborn: Choosing Human Futures*. Nova Iorque: Basic Books, 1988, p. 130.

O problema é que um feto humano com menos de seis meses de idade não tem nenhum traço psicológico interessante. Um embrião humano não começa a adquirir até mesmo os rudimentos de um cérebro até pelo menos seis semanas após a fertilização e o cérebro não é capaz de funcionar como um órgão de pensamento e sensação por mais quatro meses ou mais depois disso. Pelo menos é o que a maioria dos embriologistas nos dizem, e eu suponho que eles deveriam saber. Se eles estão certos, você não poderia agora ter alguma relação psicológica com um feto humano de cinco meses. Seus conteúdos e capacidades mentais não poderiam ser contínuos com aqueles de um ser que não tem conteúdo mental ou capacidade alguma para isso.[25]

O animalista critica a visão psicológica que não sabe explicar *de onde* veio a pessoa, caso ela não seja identificada com o feto. Ainda mais, o que aconteceu com o feto quando a pessoa surgiu? Se a pessoa não surgiu do feto, isto é, se não há uma linha de continuidade ontológica entre o feto e a pessoa, então, de onde ela veio e o que aconteceu com o feto quando a pessoa chegou? A visão biológica entende pessoalidade apenas como uma propriedade adquirida em algum momento na vida do animal humano, da mesma forma que a adolescência ou vida adulta são estágios de um mesmo ente. Todavia, se não for assim: o que aconteceu com a criança depois que o adolescente chegou? Ou com o adolescente quando o adulto chegou? Obviamente, existe uma continuidade biológica entre feto, criança, adolescente e adulto, mas não uma continuidade psicológica. Se a visão psicológica insistir que pessoalidade essencialmente se identifica com estados mentais e não com a continuidade biológica, então, deve responder ao problema: o que aconteceu com o feto depois que a pessoa surgiu? De duas possibilidades, é preciso escolher uma: ou o feto desapareceu para dar lugar à pessoa (o que parece absurdo) ou o feto e a pessoa ocupam o mesmo espaço e a mesma matéria. Contudo, segundo esta última opção, como poderíamos saber quem somos nós? Se dois seres estão ocupando o mesmo espaço, estão pensando, tomando café ou banho, indo passear e dançar, como dizer que somos nós (a pessoa) que estamos realizando tudo isso e não o animal que possui um cérebro com interações neuronais e percepções sensíveis? O que impediria que tais ações fossem feitas por um animal humano com as capacidades cerebrais normais?

A visão psicológica faz uma distinção entre capacidade primária e secundária de pensamento e autoconsciência, afirmando que um feto humano

---

25   Cf. OLSON, E. T. *The Human Animal: Personal Identity Without Psychology*. Nova Iorque: Oxford University Press, 1997, p. 73.

não tem capacidade primária de pensamento, ou melhor, não pensa em ato, mas tem uma capacidade secundária, isto é: pode chegar a pensar se todas as circunstâncias forem asseguradas, capacidade que o feto de um gato ou de um cão não possui. Pessoas estariam ligadas ao feto por uma continuidade entre capacidades primária e secundária. Olson pensa que essa distinção não é suficiente para defender a visão psicológica.[26] O que significa ter uma capacidade psicológica secundária e como estaria ela relacionada causalmente com a primária? Quem seria o portador dessa capacidade no feto? O animal ou o quê? Se for o animal, então, a visão psicológica tem que concordar com a VB que pessoalidade não tem uma originalidade ontológica diferente do animal. No entanto, se o portador for algo diferente do animal, será difícil sustentar essa posição. E o que dizer dos casos de estado vegetativo, em que a pessoa perde definitivamente (devido à destruição de seu cérebro) até mesmo a capacidade secundária de pensamento e consciência? São elas ainda pessoas? Se não são pessoas, pode-se negar a possibilidade de uma cirurgia de cérebro devolver a elas a capacidade secundária de pensamento e consciência? Se assim acontecesse, seriam elas outras pessoas? No entanto, as capacidades secundárias do cérebro só foram ativadas por causa do organismo como um todo. Em um transplante deste tipo, a VB afirma que seria o *mesmo* animal humano com estados psicológicos diferentes, enquanto a visão psicológica defende que seria uma outra pessoa com o mesmo corpo animal.

A VB defende que pessoas não começam apenas quando estados mentais surgem, mas quando o organismo humano se individualiza. O animalismo não defende que pessoas começam a existir na fertilização, mas apenas duas semanas depois dela. A razão é que apenas neste período o zigoto não tem mais condições de se dividir em outros organismos humanos, pois até os quatorze ou dezessete dias depois da fertilização, o zigoto ainda pode gerar gêmeos (bi, tri, quadri, etc.). Ora, se pessoas fossem idênticas ao zigoto, então teríamos um problema na gemulação: se o zigoto x deu origem a dois organismos y e z, como posso afirmar que $x = y$, $x = z$, mas que $y \neq z$? Não seria uma relação transitiva como deve ser a relação de identidade. Nesse caso, para o animalista, o óvulo seria um organismo humano, mas não um ser humano.[27]

---

26 Cf. *Ibid.*, p. 85ss.
27 Cf. *Ibid.*, p. 92.

7.4 O cadáver e a VB

O "problema do cadáver" (*corpse problem*) foi levantado por Carter contra a visão biológica, usando as mesmas armas que Olson utilizou para defender o "problema do feto" contra a visão psicológica.[28] O problema pode ser colocado de forma simples: se a visão biológica estiver correta, então não nos tornaremos um cadáver. Ora, vamos nos tornar um cadáver, logo, a visão biológica está errada. Em outras palavras, se somos essencialmente uma coisa viva, então, não podemos existir sem que estejamos vivos. Ora, um cadáver não tem essa propriedade, logo, nunca seremos um cadáver. Para ilustrar, Carter imagina a seguinte situação:

> Digamos que Flam seja uma pessoa comum (de meia-idade), Flem é o feto que emerge da concepção de Flam, e Flan é o cadáver que está enterrado quando (como muitos diriam) Flam é enterrado. Questões sobre identidade se apresentam. Flem é Flam? E Flan é Flam? A SV [*standart view*] compromete-nos a responder negativamente à primeira questão, ao passo que a VB [visão biológica] implica uma resposta negativa à segunda questão. [...] Flem não é um ser psicológico, Flan não está vivo; Então, SV tem que F(Flam = Flem) e VB que F(Flam = Flan). A rejeição da primeira reivindicação de identidade levanta o problema fetal, enquanto que a rejeição da segunda reivindicação de identidade nos deixa com o problema do cadáver.[29]

Ora, se a visão psicológica tiver que explicar o que aconteceu com o feto quando a pessoa chegou, caso se diga que nós e o feto não somos idênticos, também a VB terá que explicar de onde apareceu o cadáver quando a pessoa desapareceu, caso ela afirme que o animal e seu corpo não são idênticos. Se Flam tomou o lugar de Flem, para onde Flem foi (problema do feto)? Não obstante, da mesma forma pode-se perguntar: se Flam deu lugar a Flan, de onde veio Flan (problema do cadáver)? Se Olson tem o direito de fazer a primeira pergunta contra a visão psicológica, afirma Carter, também o oponente da VB tem o direito de levantar a segunda questão contra a VB. Da mesma forma que Olson acharia um absurdo dizer que Flem sumiu quando Flam chegou (isto é, adquiriu capacidade de pensar), também seria contraintuitivo dizer que Flan (simplesmente) apareceu quando Flam sumiu (isto é, deixou de viver).

---

28   Para acompanhar este debate veja inicialmente: CARTER, W. R. "Will I Be a Dead Person?". *Philosophy and Phenomenological Research*, 59 (1): 167-171, mar. 1999 e OLSON, E. T. "Animalism and the Corpse Problem". *Australasian Journal of Philosophy*, 82 (2): 265-274, 2004.
29   CARTER, W. R. "Will I Be a Dead Person?". *Philosophy and Phenomenological Research*, 59 (1): 167s, mar. 1999.

Em suma, a VB deve concluir: se Flem = Flam, então, devemos dizer que também Flam = Flan. Contudo, "uma vez que Flan não é essencialmente vivo, Flam não é, portanto, essencialmente vivo. [Dessa forma] concluo que devemos rejeitar BE [que toda pessoa é essencialmente viva] e, assim, VB".[30] Contudo, se a VB insistir que Flam ≠ Flan, então estão coexistindo duas coisas ao mesmo tempo: o animal e um corpo que já deveria estar lá com o animal. Como saber qual deles somos nós? Ainda, não seria estranho dizer que Flan apareceu apenas porque Flam perdeu uma propriedade (a vida), assim como parecia estranho a Olson que Flem sumiu apenas porque tinha adquirido uma propriedade (de pensar)? O surgimento de Flan seria tão inexplicável para a VB (problema do cadáver) quanto seria o surgimento de Flam para a visão psicológica (problema do feto).

De fato, parece que o animalista tem um sério problema, a saber: como não identificar o animal que somos com nosso corpo? Se eu sou idêntico (numericamente) ao animal sentado nesta cadeira e tal animal é idêntico a um corpo, como não dizer que eu sou idêntico ao meu corpo? Ora, mas meu corpo continua mesmo depois do animal se extinguir. Logo, eu devo continuar até o momento em que meu corpo continuar existindo. Se não há uma identidade entre animal e corpo, qual seria a diferença entre eles? O animalista, de fato, tem duas opções: ou aceita que o animal e seu corpo são idênticos ou afirma que são diferentes. A primeira opção é implausível, pois o animal se extingue, mas o corpo continua. A segunda opção também parece não ter sucesso, pois se animal e corpo são diferentes, levanta-se o mesmo problema que o animalista levantara contra a visão psicológica, a saber: que há duas coisas diferentes em um mesmo espaço, sendo elas o animal e seu corpo. Assim, pode-se levantar o mesmo problema em saber quem somos nós, caso nosso corpo e o animal ocupem o mesmo espaço e ambos estejam pensando. Olson poderia escolher a primeira opção: sim, o animal pensante é idêntico ao seu corpo! Porém, esta não é sua conclusão, pois, para Olson, um animal é idêntico ao seu corpo somente enquanto este estiver vivo. Porém, se Olson pode negar a identidade entre o animal e seu cadáver, porque o antianimalista não poderia negar a identidade entre o animal e o eu psicológico? Se o corpo não pode pensar, por que o animal poderia?

---

30 *Ibid.*, p. 169.

Olson teria duas formas de combater o "problema do cadáver" sem dar chance ao antianimalista de usar a mesma estratégia contra sua posição.[31] De fato, a primeira forma consiste em identificar o animal com seu corpo.[32] Nesse caso, o animal não cessaria de existir no momento de sua morte, mas continuaria existindo *como* cadáver até o momento de virar pó. Ou seja, seria apenas uma "forma de falar" quando se afirma que o animal ou a pessoa não existem mais. Na realidade, o animal ou a pessoa continuariam lá onde nosso corpo estivesse até se degenerar totalmente. Nesse sentido, não existiriam duas coisas pensantes, o animal e o corpo, mas apenas uma. Se o antianimalista tivesse que usar esta mesma tática para escapar do problema de dois pensantes na mesma cadeira (o eu psicológico e o animal), simplesmente cairia na tese animalista.

Olson não está de acordo com a primeira forma de resolver o problema, pois, para ele, o animal vivo tem uma diferença fundamental do cadáver, a saber: a vida. De fato, as condições de persistência do animal são diferentes das do cadáver, pois o animal tem um processo dinâmico de estabilidade de suas partes, enquanto o cadáver não tem. O organismo está engajado em uma "constante atividade" enquanto troca energia com o ambiente, expele seus dejetos, combate infecções, transforma sua comida em nutrientes, etc. A cessação definitiva desse processo coincide com a morte do organismo. Assim, a condição de persistência do organismo no tempo é a vida e isto o diferencia essencialmente do cadáver. Ambos não podem coexistir, uma vez que suas condições de persistência são contraditórias e, dessa forma, o problema do cadáver estaria dissolvido. Portanto, seria falsa a premissa do "problema do cadáver" que afirma ser o corpo humano *o mesmo* antes e depois de sua morte. O animal e o corpo são o mesmo enquanto houver vida e são diferentes quando a morte chega. Conclui Olson:

> Assim, não encontramos motivo para supor que o corpo de um animal coincida com o animal enquanto ele está vivo e continue a existir após o animal morrer. A preocupação de que os animais humanos possam coincidir com os corpos pensantes numericamente diferente deles é infundada. Os animalistas não precisam perder o sono pensando no "problema do cadáver". Mas os antianimalistas devem ter medo do argumento do "animal pensante".[33]

---

31   Cf. OLSON, E. T. "Animalism and the Corpse Problem". *Australasian Journal of Philosophy*, 82 (2): 265-274, 2004.
32   Entre outros, defendem esta posição AYERS, M. *Locke*. Londres: Routledge, v. 2, 1991, p. 224s; FELDMAN, F. *Confrontations with the Reaper*. Nova Iorque: Oxford University Press, 1992, p. 89-105.
33   Cf. OLSON, E. T. "Animalism and the Corpse Problem". *Australasian Journal of Philosophy*, 82 (2): 274, 2004.

No entanto, permanece ainda um problema para Olson. Lembremos que ele afirmava que o critério para se determinar a identidade pessoal tinha que acompanhar toda a existência da pessoa. Assim, contra a visão psicológica, Olson argumentava que não poderia ser algum estado mental o critério fundamental, pois somente depois de algum tempo um feto adquire estados psicológicos. Seu argumento era que o critério definitivo deveria ser algo que estivesse já presente desde o momento da nossa existência e isto só poderia ser nossa vida animal. No entanto, com o problema do cadáver, podemos dizer que há outra coisa que acompanha toda a existência do nosso ser e isto não é a vida, senão o nosso corpo. Ele continuará quando não possuirmos mais estados psicológicos ou mesmo a vida. Por isso, alguns, contra Olson, atestam que somente o corpo, vivo ou não, poderia garantir nossa identidade pessoal, pois se é verdade que um dia fomos um feto, será verdade também que um dia seremos um cadáver. Esta é a chamada *visão corporal* que se opõe do lado extremo da visão psicológica contra a visão biológica.[34]

A visão biológica e a visão corporal usam a mesma estratégia: procuram expandir os critérios de persistência do eu. Todavia, até onde se pode expandir esse limite? Um animalista como Olson o expande até o critério da animalidade (isto é, do organismo vivo). Um defensor da visão corporal o fará até os elementos materiais do corpo, esteja ele vivo ou não. Não poderia chegar outro e expandir esse limite até a energia que compõe o universo, uma vez que na natureza nada se cria, nada se destrói, tudo se transforma? Até onde posso expandir esta intuição sem torná-la altamente contraintuitiva? Sou "eu" idêntico à energia do universo? O grande problema dessa estranha ideia é que nenhuma energia do universo, nem mesmo nosso cadáver, possui nossa história, nossas crenças, nossos estados mentais.

7.5 A crítica dos gêmeos siameses

Um forte argumento contra a visão biológica tem sido o dos gêmeos siameses (*conjoined twins*). Gêmeos siameses (ou xifópagos) são um fenômeno muito raro na natureza. Para se ter uma ideia, gêmeos normais ocorrem em 1,6% das gestações, das quais 1,2% são de óvulos dizigotos e 0,4% de óvulos monozigotos. Todos os gêmeos siameses são de óvulos monozigotos e aparece

---

34   Entre outros, defende esta posição LARKIN, W. S. "Persons, Animals, and Bodies". *Southwest Philosophy Review*, 20 (2): 95-116, jul. 2004.

apenas 1 caso entre 50 e 100 mil, ocorrendo três vezes mais com fetos femininos que masculinos. Por pertencerem ao mesmo zigoto, gêmeos siameses ficam colados um ao outro em alguma parte do corpo. Os mais comuns são os ligados na parte frontal, seja pela cabeça (*cephalopagus*, 11%), pelo tórax (*thoracopagus*, 19%), pela barriga (*omphalopagus*, 18%), pela bacia (*ischiopagus*, 11%) ou pelo tronco (*parapagus*, 28%). A expectativa de vida destes gêmeos não é grande: em 14 casos de gêmeos siameses, 28% morreram no útero, 54% morreram logo depois do nascimento e apenas 18% conseguiram sobreviver. Embora existam relatos muito antigos acerca de gêmeos siameses, somente em 1811 houve o primeiro caso documentado de dois garotos tailandeses, Chang e Eng, que nasceram ligados pelo tórax, cresceram e tiveram 22 filhos normais, terminando seus dias ainda ligados um ao outro.[35]

O caso mais famoso de gêmeos siameses nos últimos anos é o das irmãs Hensel, Abigail e Brittany, nascidas em 1990 em Minnesota. Elas são um caso raro de um só corpo com duas cabeças (*dicéfalo*). As irmãs codividem os mesmos órgãos abaixo do nível do umbigo: uma caixa torácica, um diafragma, um fígado, um intestino delgado, um intestino grosso, uma bexiga, um conjunto de órgãos reprodutivos, uma pélvis, dois seios, duas pernas e dois braços. No entanto, têm órgãos individuais: duas cabeças, cada uma controlando uma parte do corpo, duas espinhas e medulas espinhais distintas, dois corações e um sistema circulatório, quatro pulmões, dois estômagos e três rins. Apesar de ter apenas um corpo, as irmãs são duas pessoas distintas com crenças, gostos e personalidades diferentes.

O caso das irmãs Hensel tem se tornado para muitos um contraexemplo para refutar o animalismo.[36] Para a visão biológica, a pessoa é idêntica ao seu organismo, mas aqui temos um caso em que há duas pessoas e apenas um organismo. Como a identidade é uma relação transitiva, se a for idêntico a c, e b for idêntico a c, então a será idêntico a b. Chamemos Abigail de a, Brittany de b e o corpo das duas de c. Claramente se deduz que, se o animalismo fosse correto, teríamos que $a = c$, $b = c$ e $a = b$. No entanto, o exemplo das irmãs mostra que $a \neq b$, isto é, Abigail e Brittany são duas pessoas diferentes, tendo como

---

35 Para os dados aqui relatados veja KOKCU, A.; CETINKAYA, M.; AYDIN, O.; TOSUN, M. "Conjoined Twins: Historical Perspective and Report of a Case". *The Journal of Maternal-Fetal & Neonatal Medicine*, 20 (4): 349-356, 2007.
36 Cf. CAMPBELL, T.; MCMAHAN, J. "Animalism and the Varieties of Conjoined Twinning". *Theoretical Medicine and Bioethics*, 31: 285-301, 2010.

conclusão que a visão biológica é falsa. Se a visão biológica dissesse que uma das irmãs seria idêntica ao organismo e a outra não, teria que admitir que uma das pessoas não seria idêntica a um organismo, levando à conclusão de que há alguma pessoa humana que não é essencialmente um organismo, o que seria ainda um contraexemplo contra a sua posição.

A resposta do animalista ao problema do dicéfalo parece ser clara: não há nenhum problema para o animalismo, pois cada pessoa corresponde a um organismo diferente.[37] Uma vez que as irmãs possuem dois troncos cerebrais, duas espinhas e vários órgãos individuais, o animalista conclui que, de fato, são duas pessoas idênticas a dois organismos diferentes. O que acontece, explica o animalista, é que gêmeos siameses são resultado de um óvulo fecundado que se dividiu em dois embriões (fato que pode ocorrer até dezesseis dias depois da fecundação),[38] no qual o processo de divisão não foi completado, levando a uma sobreposição de dois organismos. Nesse sentido, o animalista insere outro organismo d na relação acima, tendo como resultado: $a = c$, $b = d$ e, assim, $a \neq b$, como mostra o caso das irmãs Hensel.

David Hershenov e Jeff McMahan configuram outro caso de gêmeos siameses que pretendem conduzir o animalista a um xeque-mate.[39] É o caso do *cefalópago*, em que dois organismos estão unidos a uma só cabeça, com apenas um cérebro com dois hemisférios. Este caso é o oposto do dicéfalo. Os organismos têm dois troncos cerebrais e praticamente todos os órgãos individuais, uma vez que em uma só cabeça estão conectados dois pescoços com dois corpos diferentes. O animalista deveria admitir, como no caso do dicéfalo, que realmente há dois organismos, pois há dois troncos cerebrais e órgãos com processos independentes de assimilação, regeneração e metabolismo. Embora a maioria dos casos de cefalópagos não consiga sobreviver muitos dias, não é contraditório imaginar que um deles pudesse chegar à vida adulta. Neste caso,

---

37 Cf. LIAO, S. M. "The Organism View Defended". *The Monist*, 89: 334-350, 2006.
38 Muitos discordam que um organismo humano esteja totalmente individualizado e autossuficiente até o 16º dia depois da fertilização. Koch e Hershenov pensam que um organismo humano só será autossuficiente quando o coração começar a bater e o sistema circulatório estiver estabelecido, o que ocorre não antes do 21º dia depois da fecundação. Cf. HERSHENOV, D. "Olson's Embryo Problem". *Australasian Journal of Philosophy*, 80 (4): 502-511, 2002; KOCH-HERSHENOV, R "Conjoined Twins and the Biological Account of Personal Identity". *The Monist*, 89 (3): 351-370, 2006.
39 HERSHENOV, D. "Persons as Proper Parts of Organisms". *Theoria* 71: 29-37, 2005; CAMPBELL, T.; MCMAHAN, J. "Animalism and the Varieties of Conjoined Twinning". *Theoretical Medicine and Bioethics*, 31: 285-301, 2010.

teríamos *uma* só pessoa com uma determinada personalidade, crenças, gostos individuais em *dois* organismos diferentes.

Entretanto, aqui surge o problema para o animalista: como pode uma só pessoa ter dois organismos? Que o cefalópago tenha dois organismos é um fato já admitido pelo animalista no caso do dicéfalo, visto que há dois troncos cerebrais. Porém, se há apenas um cérebro não há porque pensar que o cefalópago vá gerar duas consciências ou autoconsciências. De fato, um cérebro com dois hemisférios gera apenas uma pessoa consciente. Assim, pode-se questionar: esta pessoa é idêntica a qual organismo? Ora, se denominássemos a pessoa como a, um dos organismos como b e o outro como c, o animalista teria que afirmar: $a = b$, $a = c$ e $b = c$. Contudo, como $b \neq c$, a visão biológica tem que ser tida como falsa, pois uma pessoa não pode ser idêntica a dois organismos diferentes.

Como conclusão, podemos afirmar que a visão biológica é uma forma de fisicalismo e traz consigo os mesmos problemas que essa posição metafísica tem. A maior dificuldade é explicar o que são, como surgem e qual a real importância de estados mentais para determinar o que somos essencialmente. Animalistas e antianimalistas têm visões diferentes quanto a isso. Todavia, para ambos, esses problemas permanecem e são fundamentais para se dar uma resposta cabal à questão da identidade pessoal. O animalismo é a teoria que se opõs ao lockeanismo, mas um neolockeanismo pode representar uma meia posição entre os dois, a qual propõe um tipo de materialismo não reducionista capaz de dar conta da importância de estados psicológicos sem deixar de ser fisicalista, como pretendem os animalistas. A discussão sobre a identidade pessoal, portanto, continua entre animalistas e neolockeanistas, como vimos no caso de Shoemaker e veremos a seguir com a visão constitucional de Baker.

8

A visão constitucional de Lynne R. Baker

A visão psicológica e a visão biológica são dois extremos que procuram reduzir a pessoa, seja aos seus estados psicológicos seja ao seu organismo, mas deixam de abarcar a originalidade ontológica de um dos elementos constituintes da pessoa. De fato, parece que nenhum organismo é idêntico à pessoa, assim como nenhum estado psicológico é necessário ou suficiente para determinar a persistência de pessoas no tempo. A visão constitucional (VC) pode ser vista como uma tentativa de síntese que dá aos estados psicológicos e ao organismo uma real importância ontológica na constituição de pessoas. Para a VC, pessoas são *constituídas* por um corpo humano, mas não são idênticas a ele, da mesma forma, estados psicológicos são apenas conteúdos contingentes de uma autoconsciência. Pessoas seriam idênticas à sua autoconsciência (perspectiva em primeira pessoa) e constituídas por um organismo da espécie *homo sapiens*.

A VC se coloca em uma tradição que vai desde Aristóteles a Tomás de Aquino, mas tem ressurgido no debate contemporâneo através da professora Lynne Rudder Baker, da Universidade de Massachusetts. No presente capítulo, vamos nos concentrar na posição de Baker, sobretudo aquela sintetizada em *Persons and Bodies: a Constitution View*. Nessa obra, Baker defende duas ideias básicas que sustentam sua VC, a saber: a ideia de que constituição não é identidade, e que pessoas são idênticas à sua autoconsciência, embora constituídas por um organismo. Assim, seguimos a exposição iniciando com a distinção entre constituição e identidade (8.1) para, em seguida, entendermos que *pessoas* para a VC consistem fundamentalmente em sua perspectiva em primeira pessoa (8.2). A partir dessas ideias, procura-se apresentar a VC por meio de seus melhores argumentos (8.3), sem deixar de levantar as principais críticas a essa posição (8.4).

8.1 Constituição não é identidade

Todo o debate acerca da visão constitucional gira em torno de saber se *constituição* significa identidade ou não.[1] Esse problema pode ser explicitado através do seguinte paradoxo:[2] imagine que em um sábado você vai à beira do rio Poty e encontra ali um filósofo artesão pegando uma porção de argila para fazer a estátua do legendário piauiense Cabeça de Cuia. Sem tempo para vê-lo realizar a obra até o final, você volta na segunda e se depara com uma bela estátua do Cabeça de Cuia e pergunta ao artesão: "Essa estátua é a mesma porção de argila de sábado?". O artesão, defensor da visão constitucional, responde da seguinte maneira: "Se você quiser saber se esta estátua é idêntica àquela porção de argila de sábado, minha resposta é não! Contudo, se você quiser saber se esta estátua e aquela porção de argila coincidem, minha resposta é sim!". Certamente, ficaremos com a seguinte pergunta: como algo pode coincidir com outra e ser diferente? Como a argila e a estátua podem coincidir no espaço e no tempo e partilhar a mesma matéria sem serem idênticas uma a outra? Existem ali duas coisas ao mesmo tempo, a argila e a estátua, ou apenas uma?

De fato, parece que a argila e a estátua não compartilham as mesmas propriedades: a porção de argila existe no sábado, mas a estátua não; a argila pode continuar existindo, mesmo quando destruo a estátua, pois as condições de persistência dela não são as mesmas da estátua e, além disso, a argila não tem as propriedades estéticas que a estátua possui. Entretanto, se a argila e a estátua não possuem as mesmas propriedades, então não se pode

---

1   Sobre o tema da constituição material, veja, entre outros: WIGGINS, D. "On Being in the Same Place at the Same Time". *Philosophical Review*, 77 (1): 90-95, 1968; THOMSON, J. J. T. "The Statue and the Clay". *Noûs*, 32: 148–173, 1998; BURKE, M. "Copper Statues and Pieces of Copper: a Challenge to the Standard Account". *Analysis*, 52: 12-17, 1992; JOHNSTON, M. "Constitution is Not Identity". *Mind*, 101: 89-105, 1992; KOSLICKI, K. "Constitution and Similarity". *Philosophical Studies*, 117: 327–364, 2004; GIBBARD, A. "Contingent Identity". *Journal of Philosophical Logic*, 4: 187-221, 1975. Uma visão geral do problema se encontra em WASSERMAN, R. "Material Constitution". *The Stanford Encyclopedia of Philosophy*, 21 set. 2018. Disponível em: https://plato.stanford.edu/archives/spr2015/entries/material-constitution/. Acesso em: 13 mar. 2019.
2   Veja outros tipos de paradoxos em REA, M. C. "The Problem of Material Constitution". *Philosophical Review*, 104 (4): 525-552, out. 1995.

falar de "identidade", pois, segundo a Lei de Leibniz, se $x = y$, então x possui todas as propriedades que y. Nesse caso, teríamos duas coisas, a argila e a estátua, existindo em um mesmo espaço e tempo? Eis o paradoxo.

Para resolver o paradoxo, os defensores da VC introduzem o conceito de *constituição*, para diferenciá-lo da identidade estrita ou necessária.[3] A estátua é constituída pela argila e, por isso, ambas partilham uma série de propriedades, embora possam diferir em muitas outras. A ideia de constituição rejeita, de um lado, a univocidade entre dois termos (no caso, a argila e a estátua) enquanto nega uma identidade estrita; por outro lado, rejeita também a equivocidade, pois a relação entre a argila e a estátua é uma relação de coincidência. Assim, a ideia de constituição nega, ao mesmo tempo, a identidade estrita e a separação total, afirmando um tipo de *união constitucional* entre as duas coisas, bem semelhante à relação de identidade. A união constitucional faz com que a argila e a estátua compartilhem muitas características: se digo que a estátua pesa 3 kg, também a argila pesará 3 kg (mas ambas não somam 6 kg); e se afirmo que a estátua mede 50 cm de altura, também a argila terá o mesmo cumprimento (mas ambas não somam 1 m). Apesar dessas características iguais, ambas possuem notas próprias: enquanto a argila é essencialmente terra, a estátua é essencialmente uma obra de arte.

Baker afirma existir uma hierarquia entre algo x (por exemplo, a argila) que constitui outra coisa y (por exemplo, a estátua), sendo que y tem "maior significância ontológica" que x, uma vez que y acrescenta poderes causais a x. Quando há uma situação favorável capaz de fazer y aparecer, então x recebe novas capacidades. A estátua do Cabeça de Cuia, por exemplo, pode evocar a lenda que mostra a ingratidão de um filho para com a mãe que uma porção de argila não seria capaz de evocar. Embora haja uma dependência da estátua em relação à argila, a maior significância ontológica da estátua se dá pelo fato da identidade daquilo que constitui algo (no caso, a argila) ser submergida pela identidade daquilo que é constituído por algo (no caso, a estátua). De fato, não dizemos que é uma porção de argila que está exposta para a venda, mas uma estátua do Cabeça de Cuia.

---

3 Para Baker, *constituição* não significa apenas uma identidade contingente do tipo defendido por Gibbard (cf. GIBBARD, A. "Contingent Identity". *Journal of Philosophical Logic*, 4: 187-221, 1975), que pode ser assim explicitada: x é contingentemente idêntico com y = df ($x = y$) & P (x existe & y existe & $x \neq y$). O problema desta posição, segundo Baker, é que retira da relação de identidade algo essencial, a saber: a modalidade da necessidade. Para Baker, toda identidade é necessária e é por isso que constituição não é identidade, embora se assemelhe a ela. Cf. BAKER, L. R. "Why Constitution is Not Identity". *Journal of Philosophy*, 94: 611ss, 1997.

O modo da constituição não é a necessidade, mas a contingência. Baker esclarece essa ideia assumindo certo tipo de essencialismo de propriedades. Há propriedades essenciais que determinam a existência de um ente em todos os mundos possíveis e propriedades acidentais que podem mudar em um mesmo ente. Propriedades essenciais são necessárias, enquanto propriedades acidentais são contingentes. No caso da estátua de argila, pode-se dizer que a estátua é essencialmente uma obra de arte (enquanto é determinada por *propriedades relacionais* tais como intencionalidade, *status* de candidato à apreciação, capacidade de comunicar sentimentos, ser um tipo de imitação, etc.),[4] mas a argila não é essencialmente uma obra de arte, mas uma obra de arte apenas contingentemente. Sua propriedade essencial é outra, a saber: ser terra. De um lado, nem a argila nem a estátua poderiam continuar existindo sem suas propriedades essenciais. Mas nada impediria que a argila pudesse continuar existindo sem a propriedade contingente de ser uma obra de arte, da mesma forma que poderia existir uma estátua do Cabeça de Cuia feita de madeira e não de argila. Em resumo: "x tem F essencialmente se, e somente se, em qualquer mundo possível e em qualquer tempo no qual x existe, x tem F naquele mundo e naquele tempo".[5]

Dois conceitos importantes na ideia de constituição são os de propriedades "tipo primário" (*primary kind*) e as "circunstâncias favoráveis". Propriedade "tipo primário" quer dizer nada mais que uma propriedade essencial. Dizer que um indivíduo tem uma "propriedade tipo primário" é responder à pergunta "o que é isto fundamentalmente?". A resposta traz consigo a *quidditas*, a natureza ou essência sem a qual a coisa não pode ser ela mesma. Baker, no entanto, não professa um tipo de essencialismo atemporal e separado do mundo físico. Sua ideia de constituição está ligada ao conceito de "circunstância favorável" que explica o porquê de um determinado y ser constituído por x em um tempo t: uma carteira de motorista é constituída pelo plástico devido a uma série de leis civis, um organismo é constituído por um aglomerado de células devido à sua história evolutiva, certa mesa é constituída de madeira por causa de circunstâncias ambientais, estéticas,

---

[4] Baker é do parecer que não apenas propriedades intrínsecas e não relacionais podem ser propriedades essenciais capazes de originar uma diferença ontológica no mundo, como também propriedades relacionais teriam essa capacidade, uma vez que causam um efeito no mundo. Sobre esse problema, veja BAKER, L. R. "Unity without Identity: a New Look at Material Constitution". *Midwest Studies in Philosophy*, 23: 144-165, 1999.

[5] BAKER, L. R. *Persons and Bodies: a Constitution View*. Cambridge: Cambridge University Press, 2000, p. 36.

culturais, etc. Pode haver uma ligação necessária entre uma propriedade essencial ou "de tipo primário" e as circunstâncias favoráveis que a envolvem e criam. A propriedade de ser uma bandeira nacional só pode ser instanciada se houver circunstâncias políticas, sociais, nacionais e internacionais favoráveis, a fim de que um pedaço de pano (verde, branco, amarelo e azul) apresente a propriedade de ser uma bandeira brasileira: "Para alguma propriedade ser um G, onde G é um 'tipo primário', podemos chamar de 'circunstância favorável G' o meio requerido por algo para ser um G".[6]

A partir desses dois conceitos, Baker pode formular sua ideia de constituição material. Uma vez que F e G são propriedades essenciais ou "de tipos primários" diferentes, eles são necessariamente distintos, mas podem coincidir contingentemente pela relação de constituição, caso F esteja em uma "circunstância favorável G". Baker elabora sua ideia de constituição da seguinte forma:

> Imaginemos que *ser um F* é a propriedade tipo primário de *x* e que ser *um G* é a propriedade tipo primário de *y*, onde *ser um F* ≠ *ser um G*, e deixe que D seja uma circunstância favorável G. Imaginemos que F* seja a propriedade de *ter a propriedade F como uma propriedade tipo primário* e que G* seja a propriedade de *ter a propriedade de ser G como propriedade tipo primário*. Então:
>
> **Definição de "constituição":**
> (C) x constitui y em $t =_{df}$
> (a) x e y são espacialmente coincidentes em t; e
> (b) x está em D em t; e
> (c) É necessário que: $\forall z[(F^*zt \ \& \ z$ está em D em $t) \rightarrow \exists u(G^*ut \ \& \ u$ é espacialmente coincidente com z em $t)]$; e
> (d) É possível que: (x exista em $t \ \& \ \neg\exists w[G^*wt \ \& \ w$ seja espacialmente coincidente com x em $t])$; e
> (e) Se y é imaterial, então x é também imaterial.[7]

A ideia de constituição apresentada nessa definição traz alguns aspectos que devem ser ressaltados: primeiro, há uma distinção entre F e F* ou G e G*, pois pode haver um determinado x que tenha F ou G não essencialmente, mas contingentemente. F* e G* significam que o indivíduo tem as propriedades F e G de forma essencial. A letra (a) assevera que há uma coincidência espaçotemporal entre x e y que os faz compartilhar muitas propriedades; (b) afirma que x está em uma circunstância favorável para

---
6 *Ibid.*, p. 42.
7 *Ibid.*, p. 43.

o surgimento da propriedade G, sendo capaz de gerar a relação de constituição entre x e y; as modalidades (c) e (d) representam a dependência do contexto e são alternativas relevantes para a relação constitucional a serem consideradas; (c) mostra que, necessariamente, se todo z que tem a propriedade F* e está em D em t, então existe um u que tem a propriedade G* e u é espacialmente coincidente com z em t; (d) levanta a possibilidade de que x exista sem uma coincidência com w que tem a propriedade G*. Enfim, (e) não exclui que haja seres imateriais e que possam ser constituídos por algo, mas em se tratando de pessoas humanas, segundo Baker, (e) assegura que y (a pessoa) não é imaterial, uma vez que x (o corpo) garantiria a materialidade de ambos, excluindo um tipo de dualismo cartesiano de alma e corpo.

A relação de constituição é diferente de uma relação de identidade estrita, pois não é nem reflexiva, nem simétrica, nem transitiva. A relação constitucional entre a argila e a estátua não é reflexiva porque a argila não pode constituir ela mesma, da mesma forma que a estátua não pode constituir a si própria; não é simétrica porque a argila constitui a estátua, mas a estátua não constitui a argila e, por fim, a relação constitucional não é transitiva porque posso imaginar que "x constitua y em t'" e que "y constitua z em t'" sem que seja necessário que "x constitua z em t'". Podemos esclarecer esse ponto com um exemplo: imagine que o papel constitua a carteira de motorista e que a carteira de motorista constitua a licença para dirigir; daí não se segue que o papel constitua a licença para dirigir.

A partir deste ponto, Baker insere a distinção entre propriedade *derivada* (*derivative property*) e *não derivada* (*nonderivative property*). Podemos substituir "derivada" aqui por "contingente" e "não derivada" por "necessária". Ter uma propriedade derivada em uma relação de constituição entre x e y significa dizer que tanto x quanto y compartilham algumas propriedades de forma contingente. Se x constitui y em t, então x terá de forma derivada as propriedades que y tem de forma não derivada, isto é, x terá *derivadamente* propriedades essenciais de y que não teria se não estivesse em uma relação de constituição com y. Por exemplo, se x é a argila e y a estátua, então x possuirá a propriedade de ser uma obra de arte de forma derivada, isto é, contingente. Da mesma forma, y terá a propriedade derivada de pesar 2 kg, a qual pertence essencialmente a x. De fato, o que acontece é que x toma "emprestado" as propriedades não derivadas de y e vice-versa, por meio da relação de constituição.⁸ Desta forma, Baker pretende estabelecer, na relação de constituição, um tipo de coincidência sem identidade, pois ao afirmar que $x = y$ está apenas mostrando que x possui propriedades essenciais de y de forma derivada. A argila é terra de forma não derivada e a estátua é uma obra de arte também de forma não derivada (entenda-se o "é" aqui como uma identidade necessária ou estrita), mas a argila é a estátua de forma derivada (entenda-se o "é" aqui como uma relação de constituição).

8.2 Perspectiva em primeira pessoa

Outro elemento fundamental na construção da VC é o conceito de perspectiva em primeira pessoa (PPP). A PPP não é um tipo de entidade do mundo, mas uma propriedade que alguns seres têm que lhes torna capazes de ter uma vida interior. Em alguns seres essa capacidade é caracterizada apenas como uma disposição para perceber o mundo e agir conforme essa percepção, em outros, a PPP capacita para compreender-*se*, além de perceber o mundo. O "se" do *compreender-se* reflete um debruçar-se sobre si mesmo como objeto do raio intencional da própria consciência. De fato, a PPP não é nada mais do que a *consciência* e a *autoconsciência* que alguns seres orgânicos têm do mundo e de seus atos, as quais os distinguem dos outros entes. Os animais não humanos podem ter consciência do ambiente e do que fazem, mas não têm consciência de que têm consciência dos objetos do mundo e de seus atos, característica apenas dos seres racionais. A autoconsciência que seres racionais apresentam é uma consciência de segunda ordem em que o sujeito se vê como portador de seus próprios estados mentais. Apesar dos diferentes tipos de PPP, ela é sempre uma propriedade que inaugura na natureza o mundo da interioridade e constitui uma novidade ontológica que, em alguns estágios, não pode ser nem eliminada nem reduzida a uma perspectiva impessoal, como é a perspectiva própria da ciência.

Baker faz uma diferenciação entre PPP rudimentar (PPP_r) e PPP robusta (PPP_R). Essa diferença é importante para a compreensão do que são pessoas e como elas se distinguem dos animais não humanos e de crianças.

---

8 "A ideia básica de propriedades emprestadas pode ser declarada simplesmente desta forma: diz-se que x e y têm uma relação constitucional se, e somente se, x constitui y ou y constitui x. H é uma propriedade emprestada de x em t se x que tem H em t deriva exclusivamente do fato de x estar relacionado constitutivamente em t a algo que tem H independentemente em t" (BAKER, L. R. "Unity withou Identity: a New Look at Material Constitution". *Midwest Studies in Philosophy*, 23: 152, 1999).

A PPP$_r$ se encontra nos seres sencientes que são capazes de agir segundo suas percepções, apetites, crenças, mas sem se darem conta que estão conscientes de tais fenômenos. Eles agem a partir apenas de sua perspectiva sem notar que há outras perspectivas ao seu redor. Animais e crianças têm a PPP$_r$, no entanto, eles não formulam um conceito de si próprio e não se elevam para uma consciência de segunda ordem do tipo da PPP$_R$.[9] A PPP$_R$ é a capacidade de reconhecer-se através de uma imagem ou conceito de si mesmo, o que se adquire apenas com a aquisição da linguagem e interação social. Um sinal da PPP$_R$ é a capacidade de fazer discursos indiretos sobre si mesmo: "Eu pensei que eu fosse mais livre"; "Eu gostaria de (eu*) não chegar tarde"; "Eu sei que (eu*) estou sendo chato".

Baker segue Hector-Neri Castañeda e G. B. Matthews[10] ao colocar um asterisco ao lado do pronome pessoal para indicar que ali se atribui uma PPP$_R$ ao indivíduo: Eu*, Tu*, Ele*, Ela*, que significam "eu, eu mesmo", "tu, tu mesmo", "ele, ele mesmo", "ela, ela mesma". Assim, em uma sentença indireta como "Eu pensei que eu* estivesse certo" o segundo "eu*" é o conteúdo do primeiro "eu" e demonstra que o sujeito tem um conceito de si mesmo, isto é, é autoconsciente de seus estados mentais. Baker chama as sentenças que têm um pronome desta qualidade de "Eu* sentença" ou "Eu* pensamento" (quando é articulado apenas interiormente), e podem ser articuladas da seguinte forma: "Eu φ que eu* sou F".[11] O "φ" consiste em um verbo que expressa um estado psicológico do eu que tem um conceito de si mesmo expresso pela propriedade F que ele se reconhece ter. De fato, "eu* sentenças" pressupõem que o sujeito de tais sentenças tenha a PPP$_R$ como propriedade básica, ou seja: "eu* sentenças" têm sempre uma "eu* propriedade".

---

9 Baker discute os experimentos de Gordon Gallup com chimpanzés que reconhecem sua imagem diante de espelhos. Animais não humanos, normalmente, consideram que suas imagens são outros animais. Por causa dos chimpanzés, alguns levantam a hipótese de que certos tipos de macaco apresentam uma autoconsciência rudimentar. Baker é do parecer que um autorreconhecimento não é condição suficiente para uma autoconsciência. Cf. BAKER, L. R. *Persons and Bodies: a Constitution View*. Cambridge: Cambridge University Press, 2000, p. 62ss.

10 Hector-Neri Castañeda introduziu o "*" na frente do pronome *ele* para indicar uma sentença em terceira perspectiva (Cf. CASTAÑEDA, H.-N. "Indicators and Quasi-Indicators". *American Philosophical Quarterly*, 4: 85-100, 1967). Baker segue a modificação de Gareth B. Matthews que estende a análise da "ele* sentença" de Castañeda e a transforma em uma "eu* sentença" para indicar uma perspectiva em primeira pessoa (Cf. MATTHEWS, G. B. *Thought's Ego in Augustine and Descartes*. Ithaca, NI: Cornell University Press, 1992). Cf. BAKER, L. R. "Naturalism and the First-Person Perspective". *In*: GASSER, G. (ed.). *How Successful Was Naturalism?*. Heusenstamm: Ontos Verlag, 2007, p. 203-26.

11 Cf. BAKER, L. R. "Can Subjectivity be Naturalized?". *Metodo – International Studies in Phenomenology and Philosophy*, 1 (2): 21, 2013.

No entanto, voltemos por um momento para a PPP$_r$. Ela é a disposição que nos insere no reino animal, mas, para Baker, a PPP$_r$ dos animais não humanos e a dos humanos seriam essencialmente diferentes. Embora os animais não humanos tenham a capacidade de consciência e intencionalidade, eles não podem desenvolver uma PPP$_R$ pois têm a PPP$_r$ apenas de forma acidental e não essencial. Apenas crianças teriam a PPP$_r$ de forma essencial que se desenvolveria plenamente em uma PPP$_R$. Para explicar essa diferença, Baker insere um "quase" terceiro tipo de PPP que ela chama "remota", mas que não constitui uma PPP porque é apenas uma capacidade de segunda ordem para desenvolver outra capacidade. Uma criança de dois meses, por exemplo, tem uma capacidade remota de caminhar, mas não possui a capacidade atual de caminhar porque seus pés ainda não estão firmes. No entanto, sua capacidade remota desenvolverá uma capacidade atual que desembocará no exercício do caminhar. Da mesma forma, animais não humanos não teriam uma capacidade remota para desenvolver uma PPP$_r$ essencial e, por isso, também não desembocam numa PPP$_R$. Baker afirma que também embriões humanos não teriam uma capacidade remota para produzir uma PPP$_r$ essencial.[12] Em síntese, crianças têm uma PPP$_r$ de forma essencial que desembocará em uma PPP$_R$, o que faz delas *pessoas*, diferentemente dos animais não humanos que têm a PPP$_r$ apenas de forma acidental, pois não possuem uma capacidade remota para desenvolver uma PPP$_R$.

Apesar da importância da PPP$_r$ na ontologia, é apenas a PPP$_R$ que define o critério de persistência de *pessoas* no tempo. Baker esclarece duas características da PPP$_R$:[13] 1) ela está imune a certo tipo de erro referencial e 2) ela é uma propriedade relacional apenas ao aparecer quando há uma experiência de alteridade. A primeira característica foi bem explicitada por Descartes em suas *Meditações Metafísicas*, sobretudo na segunda meditação. Não podemos errar quando dizemos que "eu tenho fome", "eu estou pensando", "eu penso que eu tenho fome". Quando nos referimos ao "eu" como sujeito

---

12 Baker é do parecer que "talvez pelo nascimento" uma criança adquira uma PPP$_r$, mas ela não tem dúvidas de que um embrião seja desprovido de uma capacidade remota para produzir uma PPP$_R$. Uma pergunta crítica à Baker é como ela pode explicar o surgimento de uma PPP$_r$ essencial sem pressupor "de alguma forma" uma capacidade remota no embrião. De todo modo, para Baker, apenas uma criança que começa a adquirir a linguagem, aproximadamente aos 2 anos, possui uma PPP$_R$. Cf. BAKER, L. R. *Naturalism and the First-Person Perspective*. Oxford: Oxford University Press, 2013, p. 40.
13 Cf. BAKER, L. R. *Naturalism and the First-Person Perspective*. Oxford: Oxford University Press, 2013, p. 69ss.

de tais sentenças é porque temos uma experiência imediata e não podemos errar quanto a isso, mesmo que a experiência que estejamos tendo seja uma ilusão. Quando usamos o pronome "eu" não podemos nos referir a nada ou a ninguém mais senão a nós mesmos, que experimentamos os acontecimentos em primeira pessoa. Com a segunda característica, Baker combate o internalismo e solipsismo na filosofia da mente. Ela concorda com Wittgenstein e com os filósofos da virada pragmática do *linguistic turn* que somente através da linguagem e da relação com o mundo alguém pode desenvolver uma autoconsciência. Seu argumento é elaborado da seguinte forma:[14]

(1) x tem uma perspectiva em primeira pessoa se, e somente se, x pode pensar a si mesmo como si mesmo*.
(2) x pode pensar a si mesmo como si mesmo* se, e somente se, x tem conceitos que possam ser aplicados a coisas diferentes de x.
(3) x tem conceitos que possam ser aplicados a coisas diferentes de x se, e somente se, x teve interações com coisas diferentes de x.
Portanto,
(4) Se x tem uma perspectiva em primeira pessoa, então x tem interações com coisas diferentes de x.

Dizer que a PPP_R é uma propriedade relacional é andar em direção contrária a toda uma tradição que vai desde Platão até Descartes e que desembocou no solipsismo do idealismo alemão. Nessa tradição, é como se a consciência fosse fechada nela mesma e absorvesse o mundo em si, tendo-o não como algo de fora, mas como um objeto interno. Passo importante para desbancar o solipsismo da consciência foi a virada linguística que ajudou a compreender que a subjetividade é sempre precedida pela intersubjetividade. Para Baker, o surgimento da PPP_R é mediado pela linguagem porque somente quando um sujeito tem experiência e formula conceitos de outras coisas lhe é possível se distinguir dos outros e teorizar a realidade a partir de sua perspectiva.

Baker combate três interpretações da PPP_R: a) autoconsciência como um processo de autoescaneamento que acontece no cérebro, tese de D. M. Armstrong; b) a tentativa de reduzir a PPP a uma perspectiva em terceira pessoa, sobretudo a heterofenomenologia de Daniel Dennett; e c) a autoconsciência como uma construção narrativa do *eu* defendida por Dennett e Owen Flanagan.[15] Todas estas interpretações têm algo em comum: são formas de mitigar

---
14 Cf. *Ibid.*, p. 72.
15 Para seguir a argumentação de Baker contra estas interpretações cf. *Ibid.*, p. 85ss e também os capítulos 3, 4 e 7.

a importância ontológica da PPP$_R$ e reduzi-la a uma perspectiva impessoal, também chamada de *naturalismo*. Baker combate o naturalismo que se caracteriza por ser uma posição metafísica de ciência que tende a eliminar a perspectiva em primeira pessoa do quadro ontológico da realidade. De fato, o naturalismo proclama que não existem perspectivas e o que chamamos de subjetividade pode ser simplesmente reduzido à objetividade da ciência.[16]

Em seu livro *Naturalism and First-Person Perspective*, de 2013, Baker traz dois argumentos que combatem uma naturalização da subjetividade ou das chamadas "eu* sentenças" (ou seja, sentenças que trazem uma "eu* propriedade" ou PPP$_R$). Os dois argumentos defendem que "eu* sentenças" são irredutíveis e inelimináveis. Sentenças deste gênero seriam 1) redutíveis, se pudessem ser trocadas, *salva veritate*, por sentenças impessoais (isto é, em perspectiva de terceira-pessoa); ou 2) seriam elimináveis, se pudessem ser descartadas ou substituídas por outro tipo de sentença sem a PPP$_R$ com o propósito de atingir sua finalidade.[17] Os dois argumentos são o argumento linguístico e o argumento metafísico. O primeiro procede da seguinte forma:

> Eu* sentenças não são redutíveis;
> Se eu* sentenças não são redutíveis, então eu* propriedades não são redutíveis;
> Eu* sentenças não são elimináveis;
> Se eu* sentenças não são elimináveis, então eu* propriedades não são elimináveis;
> Se eu* propriedades não são nem redutíveis nem elimináveis, então uma completa ontologia inclui eu* propriedades;
> Logo, uma completa ontologia inclui eu* propriedades.

---

16   Nesta abrangente discussão, pode-se referir à distinção de J. Searle entre domínio epistêmico e domínio ontológico. No domínio epistêmico, podemos ter duas perspectivas: uma subjetiva e outra objetiva. A ciência, por exemplo, lida apenas com a perspectiva objetiva. No domínio ontológico, temos fenômenos que denunciam um "modo subjetivo" de existência (ontologia da subjetividade), como também um "modo objetivo" (ontologia da objetividade). Searle procura combinar uma ontologia da subjetividade com um naturalismo epistêmico, em que a ciência (no caso, a biologia) tem como objeto fenômenos subjetivos, mas sempre a partir de uma perspectiva objetiva. Baker não está de acordo com Searle neste ponto, pois afirma que se a ciência pudesse explicar os fenômenos subjetivos, então ela não seria totalmente impessoal ou objetiva; ora, para Baker, a ciência é totalmente impessoal e objetiva, logo, ela não pode reduzir tais fenômenos à sua perspectiva impessoal. Em resumo: a subjetividade não pode ser naturalizada. Cf. BAKER, L. R. "Can Subjectivity Be Naturalized?". *Metodo – International Studies in Phenomenology and Philosophy*, 1 (2): 15ss, 2013. Ainda sob este aspecto, Baker faz uma longa discussão com Thomas Metzinger, que aceitou o seu desafio de propor um modelo científico capaz de naturalizar a subjetividade. Para acompanhar esse debate veja BAKER, L. R. "Naturalism and the First-Person Perspective". *In*: GASSER, G. (ed.). *How Successful Was Naturalism?*. Heusenstamm: Ontos Verlag, 2007, p. 203-26, apresentado também em BAKER, L. R. *Naturalism and the First-Person Perspective*. Oxford: Oxford University Press, 2013, capítulo 4.

17   Cf. BAKER, L. R. *Naturalism and the First-Person Perspective*. Oxford: Oxford University Press, 2013, p. 104.

Para que esse argumento tenha validade, Baker precisa justificar as premissas (1) e (3). Para defender a premissa (1), Baker sugere o seguinte exemplo com duas sentenças, sendo que a (ii) seria uma versão naturalizada (ou, uma "não eu* sentença") de uma "eu* sentença" (i). Se pudermos substituir (i) por (ii) *salva veritate*, então poderíamos naturalizar as "eu* sentenças" por meio de redução. Segue o exemplo:[18]

(i) eu acredito que eu* estou saudável (asserção feita por Jones)
(ii) eu acredito que Jones está saudável (asserção feita por Jones)

Baker acredita que é fácil encontrar um contraexemplo em que (i) seja verdadeiro e (ii) seja falso ou que (i) seja falso e (ii) verdadeiro. Imaginemos apenas que Jones perca a memória em um acidente e pense que Jones não seja ele. As duas asserções feitas por Jones não teriam o mesmo sentido. Se isto for assim, então não se pode reduzir simplesmente uma "eu* sentença" a uma "não eu* sentença". Por outro lado, para defender a premissa (3), segundo Baker, basta constatar que a finalidade primeira de uma "eu* sentença" é motivar racionalmente uma ação. Ora, se descartarmos a "eu* sentença" de (i) ou a substituirmos por uma "não eu* sentença" do tipo (ii), claramente não alcançaríamos o mesmo propósito da sentença (i). Imagine apenas que uma das intenções de (i) fosse fundamentar a ação de comer uma feijoada. Esse propósito não seria alcançado se substituíssemos (i) por (ii), pois o fato de "eu acreditar que Jones está saudável" não me daria a certeza de que eu* posso comer uma feijoada, mas apenas que Jones poderia comê-la. Dessa forma, Baker crê que as premissas (1) e (3) estão justificadas e que o resto do argumento deve proceder, levando à validade da conclusão. Em poucas palavras: o argumento conclui que, se não podemos nem reduzir, nem eliminar "eu* sentenças", mais precisamente, "eu* propriedades", então "eu* propriedades" (a saber: PPP_R) fazem parte de uma ontologia completa.

O argumento metafísico combate o *naturalismo ontológico* que afirma existirem apenas entidades "naturais", isto é, objetos e propriedades reconhecidos pelas ciências naturais.[19] Se um defensor do naturalismo ontológico assumir que "eu* propriedades" ou macropropriedades (ou propriedades de nível superior) devem

---
18 Cf. o exemplo na íntegra em *Ibid.*, p. 110s.
19 Baker se confronta aqui, sobretudo, com o naturalismo ontológico de Frederick Schmitt exposto em SCHMITT, F. "Naturalism". *In*: KIM, J.; SOSA, E. (eds.). *A Companion to Metaphysics*. Oxford: Blackwell's, 1995, p. 342-345.

ser simplesmente eliminadas ou são (fortemente) supervenientes sobre microestruturas físicas, então ele deverá justificar sua posição ou explicitar o *como* isso acontece, se quiser dar razoabilidade à sua tese. Baker é do parecer que "eu* propriedades" não são *funcionalmente* reproduzíveis em sistemas físicos, tipo computadores, o que demonstraria a eliminação ou forte superveniência sobre estruturas microfísicas. Embora possam existir programas de computador que exerçam o papel de propriedades do tipo "eu", elas nunca representariam propriedades do tipo "eu*", isto é, elas podem usar pronomes e exercer funções em primeira pessoa, mas não podem ter autoconsciência. Se propriedades do tipo "eu*" não podem ser eliminadas ou reproduzidas por propriedades do tipo "não eu*", então o naturalismo ontológico não constitui uma ontologia completa e, por isso, é falso. Uma ontologia completa deve incluir "eu* propriedades", ou seja: a PPP_R faz parte do mundo e não pode ser *sic et simpliciter* reduzida ou eliminada.

8.3 A visão constitucional de pessoas

Com os conceitos de constituição e perspectiva em primeira pessoa (PPP), Baker elabora sua visão constitucional (VC) de pessoas. Pessoas não são entidades imateriais como almas cartesianas, nem mesmo são idênticas ao seu organismo animal. Dessa forma, a VC se distancia, seja do imaterialismo, seja do animalismo. Pessoas são constituídas por um corpo da mesma forma que uma estátua é constituída pelo mármore. Para entender a VC é importante aplicar os conceitos de constituição aprendidos anteriormente: pessoas são idênticas à sua autoconsciência ou PPP (rudimentar ou remota) e possuem essa propriedade essencialmente, isto é, a PPP é uma propriedade não derivada. Porém, isto não faz de pessoas uma substância imaterial, pois a autoconsciência é constituída por um organismo animal que tem como propriedade não derivada ou essencial processos vitais como metabolismo, circulação sanguínea, respiração, etc. Assim resume Baker sua VC em relação a pessoas:

> Para qualquer objeto x e tempo t, x é (não derivadamente) uma pessoa humana em t se, e somente se: (1) x é (não derivadamente) uma pessoa e (2) existe algum y tal que y é (não derivadamente) um organismo humano (isto é, um membro da espécie *Homo sapiens*) e y constitui x em t.[20]

---

20 Cf. BAKER, L. R. *Persons and Bodies: a Constitution View*. Cambridge: Cambridge University Press, 2000, p. 105.

A partir dessa definição, podemos dizer que, pela relação de constituição, pessoas são sua autoconsciência ou PPP de forma não derivada e seu organismo humano de forma derivada. Explicitemos melhor esse complexo de ideias, aplicando o conceito de constituição acima não mais à estátua e à argila, mas a Carlos e Soma que representa seu corpo. Adaptemos o exemplo de Baker da seguinte forma,[21] se considerarmos que:

- O metabolismo é uma propriedade tipo primário de Soma;
- A PPP é uma propriedade tipo primário de Carlos;
- O metabolismo ≠ PPP;
- Há uma condição D que é uma circunstância favorável para o surgimento da PPP.

Nessas condições, dizer que Carlos é constituído por Soma é, segundo a VC, afirmar que:

(VC) Soma constitui Carlos em $t =_{df}$
a. Soma e Carlos são espacialmente coincidentes em t; e
b. Soma está em D em t (isto significa que Soma está em condições favoráveis para desenvolver a PPP, o que, para Baker, implica que Soma deve ser um organismo humano com, pelo menos, duas semanas desde a ovulação para ter a PPP_r e, além de estar em uma comunidade linguística, ter pelo menos dois anos de idade para desenvolver a PPP_R);[22]
c. É necessário que: se houver algo com a propriedade tipo primário do metabolismo em t e em uma circunstância favorável para desenvolver uma PPP em t, então existe algo espacialmente coincidente com ele que seja uma pessoa essencialmente em t; e
d. É possível que: Soma exista em t e não haja nada espacialmente coincidente que tenha a propriedade tipo primário de ser pessoa em t (este é o caso em que Soma pode estar morto e, assim, não poder mais sustentar uma PPP); e
e. Nem Carlos nem Soma são imateriais.

---

21 Cf. *Ibid.*, p. 95s.
22 Cf. BAKER, L. R. "When Does a Person Begin?". *Social Philosophy and Policy*, 22: 27, 2005; *Id. Naturalism and the First-Person Perspective*. Oxford: Oxford University Press, 2013, p. 40.

Lembremos que a ideia de propriedades emprestadas é cara à VC, pois Soma e Carlos compartilham uma série de características devido à relação constitucional. Se Soma pesa 80 kg, então Carlos pesa 80 kg sem que ambos pesem 160 kg. Da mesma forma, Soma apresenta um comportamento intencional por estar unido a Carlos que possui estados intencionais. A diferença é que Soma pesa 80 kg de forma não derivada e Carlos pesa 80 kg de forma derivada; de igual maneira, Carlos possui atos intencionais não derivadamente, enquanto Soma apresenta comportamento intencional de forma derivada. Isto exclui que Soma e Carlos troquem suas propriedades do tipo primário: o organismo jamais poderá ter atos intencionais sem Carlos, assim como Carlos jamais trocaria energia com o meio ambiente se não fosse constituído por Soma.

Com a distinção de propriedades derivadas e não derivadas, Baker enfrenta a objeção das "muitas mentes" em um mesmo espaço ("*too many minds problem*").[23] De fato, não existem duas pessoas ou dois corpos quando Carlos e Soma estão presentes. A VC afirma existir apenas Carlos constituído por Soma, uma vez que na relação constitucional, ser pessoa tem maior significância ontológica do que ter um corpo. A identidade de Carlos absorve a identidade de Soma de tal forma que, quando Soma age, é Carlos agindo através de Soma e, quando Soma adoece, é Carlos quem adoece de forma derivada a partir da relação constitucional e não apenas o seu corpo. Quando Carlos tem um pensamento de forma não derivada, Soma terá o mesmo pensamento de forma derivada. Não são dois pensamentos, mas apenas um, devido à união constitucional. No fisicalismo não reducionista de Baker, Soma terá o cérebro em uma determinada configuração neuronal, mas o pensamento de Carlos não se reduz a tal configuração, uma vez que estados cerebrais são condição necessária, mas não suficiente, para Carlos ter um determinado pensamento. Um exemplo pode ser o pensamento de votar em um determinado candidato à presidência da República. Nesse caso, apenas ter uma configuração neuronal não seria suficiente, pois seria necessário ter uma série de condições sociais e políticas que não são intrínsecas às configurações neuronais. Em resumo, a relação constitucional garante, segundo Baker, que não existam duas pessoas, dois

---

23 Cf. SHOEMAKER, S. "Self, Body, and Coincidence". *Proceedings of the Aristotelian Society*, 73: 287-306, 1999 (volume suplementar).

animais, dois pensamentos, dois metabolismos, etc., senão apenas um. As propriedades compartilhadas são ou derivadas ou não derivadas.

Todavia, podemos levantar a pergunta: como o corpo obteve a PPP de forma derivada? De fato, para Baker, o portador da PPP é sempre a pessoa e não o corpo, da mesma forma que o portador do metabolismo é sempre o corpo e não a pessoa. Porém, se for assim, como explicar que Soma tenha a PPP de forma derivada em t? Baker dá a seguinte justificativa: embora Carlos seja o portador primário da PPP, Soma é um portador secundário devido à relação constitucional. Isto significa que Soma não teria a PPP se não fosse por causa da relação constitucional. De fato, embora uma pessoa seja essencialmente pessoa e um organismo seja essencialmente um organismo, uma pessoa humana não é essencialmente uma pessoa humana, pois não está excluída a possibilidade de a pessoa ir substituindo gradualmente seu corpo biológico com peças mecânicas a ponto de uma total substituição por um corpo biônico e, mesmo assim, a pessoa continuar com a mesma PPP, o que não significa que a pessoa (humana) poderia dispensar todo tipo de corpo para existir no tempo. Baker resume essa tese da seguinte forma:

> Para qualquer objeto x e tempo t, se x é (não derivadamente) uma pessoa humana em t, então é possível que: existe um tempo t' tal que $t' \neq t$ e x existe em t' e x não é uma pessoa humana em t'.[24]

O fato da pessoa (humana) precisar de um corpo (seja ele biológico ou não) é uma exigência ontológica que individualiza a pessoa no tempo e no espaço e a distingue de outros entes. É por isso que, para Baker, duas pessoas não podem assumir *um* mesmo corpo, nem mesmo *uma* pessoa assumir dois corpos. Lembremos o problema dos gêmeos siameses (dicéfalo e cefalópago). Tanto para o animalismo quanto para a VC, o caso dos gêmeos siameses pode causar problema. Baker é do parecer que duas pessoas (pense no caso de Abigail e Brittany Hensel) não podem ser constituídas apenas por *um* organismo, pois como poderia o mesmo organismo atender ao mesmo tempo, por exemplo, a duas intenções contrárias? Cada pessoa deve apresentar um organismo diferente (determinado por um único tronco cerebral), embora compartilhe diversos órgãos.

---

24   Cf. BAKER, L. R. *Persons and Bodies: a Constitution View*. Cambridge: Cambridge University Press, 2000, p. 106.

Este seria o caso das irmãs Hensel. Da mesma forma, uma pessoa não poderia ter dois corpos. Imaginemos, por exemplo, que Carlos tenha dois corpos, A e B. Se o corpo A morresse e B continuasse vivo, deveríamos perguntar: Carlos morreu ou não? Ora, seria impossível para Carlos estar morto e vivo ao mesmo tempo. Assim, Baker exclui a possibilidade de uma pessoa ser constituída por dois corpos. Na realidade, Baker analisa esses casos de forma muito rápida em *Persons and Bodies*, o que não consegue abranger toda a problemática e dificuldade que apresentam. De toda forma, sua ideia é que tanto dicéfalos quanto cefalópagos não seriam um problema para a VC, uma vez que cada pessoa seria constituída por apenas um corpo e uma pessoa não poderia ser constituída por dois corpos ao mesmo tempo.

Dessa forma, Baker apresenta seu critério de identidade pessoal no tempo: uma pessoa P_1 em t_1 é a mesma pessoa P_2 em t_2 se, e somente se, P_2 em t_2 tiver a mesma perspectiva em primeira pessoa que P_1 em t_1. Este é um critério de identidade sincrônica (isto é: o que identifica algo como pessoa, que Baker atesta ser a PPP) aplicado à identidade diacrônica (ou seja: o que faz uma pessoa ser a mesma em tempos diferentes). A vantagem desse critério, de um lado, sobre "critérios materiais" (corpo, organismo, cérebro) é que se adequa bem à nossa intuição de que posso mudar todas as minhas partes materiais e continuar sendo o mesmo. De outro lado, há vantagens também sobre a visão psicológica, pois ela não teria o problema da duplicação de pessoas, caso houvesse uma multiplicação de memórias. Para a VC, duas pessoas não podem ter a mesma PPP, ainda que possam partilhar as mesmas memórias.

No entanto, ter a mesma PPP parece ser um critério circular e pouco informativo, que exigiria um complemento. Baker pensa que não há um critério mais básico que a PPP e que nem mesmo as teorias rivais podem oferecer um critério melhor que a VC. Por isso, ela apresenta um critério mais informativo de persistência no tempo para pessoas *humanas*: "A pessoa humana x em t é idêntica a y em t' se, e somente se, necessariamente, qualquer corpo que constitua x em t constitua y em t e, inversamente, qualquer corpo que constitua y em t' constitua x em t'".[25] Isto porque, necessariamente, pessoas humanas são constituídas por um corpo humano, enquanto pessoas são determinadas apenas pela PPP.

---

25   Cf. *Ibid.*, p. 139.

Um último aspecto a ressaltar na VC é a importância que ser pessoa tem no contexto geral da vida humana. Segundo o animalismo, como vimos, ser pessoa constitui algo irrelevante para seres como nós, pois somos essencialmente e, em primeiro lugar, organismos. Ser pessoa é o mesmo que ser um adolescente ou um adulto, isto é, constitui apenas mais uma das propriedades que um organismo animal pode ter. Também D. Parfit não crê que a identidade pessoal seja algo relevante e que poderíamos ter, inclusive, um mesmo cérebro com duas consciências diferentes.[26] Baker pensa que a perspectiva em primeira pessoa constitui algo fundamental para seres humanos, pois somente através dela se pode falar em responsabilidade moral, agir racional, execução de habilidades cognitivas e práticas, vida interior, ideias, valores, crenças, etc., ou seja: tudo aquilo que melhor nos diferencia dos outros organismos vivos. Em suma, o que sou fundamentalmente não constitui apenas um organismo vivo, mas, sobretudo, uma *pessoa*.

8.4 Críticas à visão constitucional

O principal oponente da VC é certamente a visão biológica ou animalismo. E. Olson levanta contra Baker duas críticas principais: 1) a ideia de constituição é incoerente e 2) a intuição de que toda pessoa foi um feto algum dia torna a VC insustentável. Contra a primeira, Baker afirma que Olson simplesmente não aceita a ideia de constituição e sua distinção entre propriedades derivadas e não derivadas. Contra a segunda, Baker procura mostrar que não há um "problema do feto" para a VC, pois cada pessoa é constituída por um corpo que um dia foi um feto, mas a pessoa em si nunca foi um feto. Vejamos essas críticas e respostas um pouco mais de perto.

No argumento do animal pensante, Olson procurava mostrar que não há dois animais, um pensante e outro não pensante, conectados ou partilhando um mesmo espaço.[27] Se existe algum animal pensando ao ler este texto, este animal é idêntico ao leitor e não há mais ninguém. Olson pensa que a VC duplica os animais pensantes (o problema do "*how many*") e, por isso, é uma tese mais complexa que deve ser descartada pelo princípio de parcimônia em confronto com o animalismo. Além disso, ao entender

---

26 Cf. PARFIT, D. *Reasons and Persons*. Oxford: Clarendon Press, 1984, p. 246.
27 Cf. OLSON, E. T. *The Human Animal: Personal Identity without Psychology*. Nova Iorque: Oxford University Press, 1997, p. 106-109.

constituição como não identidade, Olson pensa que a VC simplesmente afirma que "não somos animais" ou somos animais em um sentido "muito frouxo".[28] Baker se defende afirmando que não são duas coisas separáveis que existem em uma relação de constituição, mas *uma* constituída por outra: se *x* constitui *y*, então *x* e *y* não são duas entidades independentes que coincidem misteriosamente, mas apenas um indivíduo. O grande problema de Olson, segundo Baker, é não aceitar sua distinção fundamental entre propriedades derivadas e não derivadas:[29] a pessoa é sim um animal, mas apenas de forma derivada e é idêntica à sua perspectiva em primeira pessoa de forma não derivada. Todavia, não há dois pensantes, dois falantes, duas coisas, senão apenas uma: a pessoa constituída de um corpo. Pessoas não podem ser reduzidas ao corpo, da mesma forma que uma estátua não pode ser reduzida à argila. Neste ponto, parece não haver consenso entre os dois filósofos e as duas visões permanecem claramente distintas.

O outro problema da VC, segundo Olson, é o chamado "problema do feto". Para ele, aquilo que sou fundamentalmente deve ser coextensivo com minha existência; ora, segundo a VC, eu somente existo quando adquiro uma PPP ("em torno do nascimento" segundo Baker). Logo, ser pessoa não é algo coextensivo com minha existência, o que fere nossa intuição básica de que fomos algum dia um feto. Olson pergunta: se não fui um feto, o que aconteceu com ele quando eu apareci? Baker rebate essa crítica asseverando que não existe um "problema do feto" para a VC, pois a relação constitucional responde claramente a essa questão: eu fui um feto de forma derivada, isto é, meu corpo, que me constitui, foi em tempos passados um feto. Assim, não aconteceu nada ao feto depois que eu cheguei. Ele não sumiu, mas continuou seu desenvolvimento normalmente: de feto passou a ser criança, depois adolescente, jovem, adulto, ancião, até morrer. Assim, também a pessoa passa por todas essas fases, mas apenas de forma derivada. Mais uma vez, a crítica de Olson, segundo Baker, descaracteriza a VC por causa da não aceitação da distinção básica entre propriedades derivadas e não derivadas.

Outro ponto crítico versa sobre as bases metafísicas de Baker. A VC está classificada entre as chamadas teorias fisicalistas não reducionistas, pois afirma que há certo monismo material ao lado de propriedades situadas em níveis

---

28 Cf. *Id. What Are We? A Study in Personal Ontology*. Nova Iorque: Oxford University Press, 2007, p. 24.
29 Cf. BAKER, L. R. "Review on '*What Are We? A Study in Personal Ontology* by Eric T. Olson'". *Mind* 117: 1120-1122, 2008.

ontológicos diferentes, mas sempre dependentes do mundo físico.[30] No caso da VC, a pessoalidade seria uma propriedade com certa originalidade ontológica, capaz de interagir com o mundo físico, mas não reduzível a estruturas físicas. A ideia de *constituição* declara que a mente (o "eu") é constituída pelo corpo (cérebro), porém não se identifica necessariamente com ele. Ao mesmo tempo em que Baker declara sua dualidade de propriedades, não deixa de confessar sua posição contra o imaterialismo, isto é, a ideia de que o "eu" constitua uma substância independente do mundo físico, o que representa uma dualidade de substâncias de tipo cartesiano.

De fato, o fisicalismo não reducionista parece padecer de uma incoerência interna, pois afirma uma originalidade de estados mentais (no presente caso: a originalidade ontológica da *pessoa*) em relação aos estados neuronais (no presente caso: ao organismo animal) através de uma *irredutibilidade* difícil de explicar com precisão. Baker afirma que "eu* propriedades" não podem ser nem reduzidas nem eliminadas, mas tem dificuldades de sustentar um tipo de propriedade com originalidade ontológica diversa do material. Ora, se são propriedades, elas só podem ser propriedades de entidades físicas (isto é, "pessoas" não são *entidades*), mas se tais propriedades não são nem reduzidas nem fortemente supervenientes em micropropriedades físicas, o que são elas? O que é a PPP *qua* PPP diferentemente dos estados neuronais subjacentes? Em resumo: enquanto Baker afirma um monismo físico, defende uma "diferença" dos níveis superiores (estados mentais ou pessoalidade) em relação aos estados físicos subjacentes. Pode-se aplicar a Baker *mutatis mutandis*, a mesma crítica que Puntel lança contra o fisicalismo não reducionista de John Searle:

> Searle afirma duas teses que se contradizem: (1) físico$_0$ ≠ físico$_1$ (p. ex.: o subâmbito mental) ≠ físico$_2$ (p. ex.: o subâmbito social) ≠ ... ≠ físico$_n$; (2) físico$_0$ = físico$_1$ (p. ex.: o subâmbito mental) = físico$_2$ (p. ex.: o subâmbito social) = ... = físico$_n$. Searle conseguiria escapar da autocontradição somente se aclarasse e formulasse com precisão o conceito do *físico* (*physical*). Se for introduzida e assumida uma diferença entre o "físico" e o "não-físico", então só pode tratar-se de dois diferentes subâmbitos de um "âmbito abrangente ou fundamental" a ser pressuposto. Se para esse âmbito abrangente ou fundamental for empregada ou se quiser empregar mais uma vez a palavra

---

30 Baker discute seu fisicalismo não reducionista em "Nonreductive Materialism". *In:* MCLAUGHLIN, B.; BECKERMANN, A. (eds.). *The Oxford Handbook for the Philosophy of Mind*. Oxford: Oxford University Press, 2008.

"físico", então é preciso especificá-la com toda clareza, para distingui-la dos subâmbitos que se diferenciam em "físico" e "não-físico".[31]

Essa compreensão mais abrangente de "ser" (ou melhor, uma *ontologia geral*) que abranja tanto o físico como o mental não vem elaborada nem por Baker nem pela maioria das teorias contemporâneas que estudam a metafísica da pessoa. Poderíamos dizer que a metafísica especial (da pessoa) não vem articulada em um quadro teórico mais abrangente (uma metafísica geral), capaz de solucionar os paradoxos até agora indicados. O fisicalismo não reducionista cai neste problema e, consequentemente, também a VC de Baker.

Além disso, um problema básico do fisicalismo não reducionista consiste em querer conciliar duas características de estados mentais: 1) seu poder de interagir com o mundo físico e 2) sua originalidade ontológica. Ora, as duas posições parecem não ser conciliadas com o chamado "princípio do fechamento causal" do mundo físico (isto é, a posição afirmativa que todo fenômeno físico tem uma causalidade também física). Este constitui o velho problema da "interação psicofísica" em que todo dualismo, como também todo fisicalismo não reducionista, acaba resvalando. Parece que se deve abdicar de 1) ou 2) se tal princípio for verdadeiro, pois se, de um lado, alguém insistir na novidade ontológica de estados mentais ou da pessoa (2), como conciliar essa novidade com uma efetiva interação com um mundo físico causalmente fechado?[32] Se, por outro lado, a insistência for no poder causal de estados mentais ou da pessoalidade, como não resvalar em um reducionismo de estados mentais a estados físicos (em nosso caso, na redução da pessoa ao seu organismo, caindo no animalismo)? Em síntese, parece necessário escolhermos: ou afirmamos a novidade ontológica de estados mentais e, daí, deveríamos negar seu poder causal; ou pontuamos o poder causal, negando, porém, sua novidade ontológica.[33] Para enfrentar esses paradoxos, as alternativas seriam: ou decidimos por uma posição monista materialista (fisicalismo reducionista) ou por uma dualista de substâncias. Isto significa, em nosso caso, ou afirmar a VB ou defender uma VC que não caia no imaterialismo. Podemos defender uma VC sem tropeçar em um dualismo de substâncias? A visão hilemórfica que veremos no próximo

---

31   Cf. PUNTEL, L. B. *Estrutura e Ser: um Quadro Referencial Teórico para uma Filosofia Sistemática*. Trad. Nélio Schneider. São Leopoldo, RS: Unisinos, 2008, p. 380.
32   As opções seriam ou cair em um epifenomenalismo ou em um fisicalismo reducionista.
33   Baker analisa estes problemas em seu artigo "Metaphysics and Mental Causation". *In*: HEIL, J.; MELE, A. R. (eds.). *Mental Causation*. Oxford: Oxford University Press, 1993, p. 75-96.

capítulo pode ser um tipo de resposta a essa pergunta. Nela, corpo e mente seriam duas dimensões do mesmo ente, o que poderia assegurar tanto a novidade ontológica quanto o poder causal de estados mentais. Deixemos este ponto para mais adiante.

Por último, outro aspecto crítico em relação à VC de Baker reside no fato de ela aceitar somente dois tipos de PPP, uma rudimentar e outra robusta. Como os fetos não podem sentir dor ou prazer, imitar gestos e explicar seus comportamentos através de crenças, desejos, etc., não seriam, então, portadores de uma PPP rudimentar. Baker postula uma "quase" PPP chamada de "remota", caracterizada por ser uma capacidade de "segunda ordem". Podemos perguntar: qual o *status* ontológico desta "capacidade de segunda ordem"? Se ela se encontra apenas em seres da espécie *homo sapiens*, o que determina a sua existência: algum elemento físico do organismo animal? Baker parece pressupor que sim. Porém, quando essa capacidade começa? Por que poderíamos, por exemplo, abortar um feto (que, segundo Baker, não tem essa capacidade remota) e não uma criança perto do nascimento (que tem uma PPP_r)? Ora, a criança nunca existiria sem o feto. Esse fator não daria um "valor ontológico" a essa capacidade remota? Penso que se poderia chamar essa "capacidade remota" de PPP_p (potencial) que não se confundiria com a rudimentar porque não apresenta elementos como os elencados nos critérios para se determinar uma PPP rudimentar, mas que teria um valor ontológico fundamental, pois é uma *conditio sine qua non* da rudimentar e da robusta.

O critério para se constatar uma PPP_p consistiria na identificação, em um determinado corpo, das condições físicas necessárias e favoráveis para se desenvolver uma PPP robusta. O zigoto apresenta tais condições e viabiliza esse processo, caso não haja algum impedimento externo, pois embora a PPP_p seja totalmente interna, ela precisa das condições externas que favoreçam seu desenvolvimento. É a PPP_p que diferencia o zigoto humano do zigoto de um cão ou do simples esperma humano. Não teria, assim, a PPP_p um valor ontológico inegável, que não pode ser negligenciado? Essas questões podem ser melhor levantadas na posição hilemórfica de pessoa do próximo capítulo.

9

A visão hilemórfica

Nem todos os dualismos são de cunho cartesiano. O hilemorfismo constitui uma posição que defende a dualidade sem uma separação total das substâncias em jogo, nem mesmo uma identificação da pessoa com a *res cogitans* de Descartes. A visão hilemórfica tem ganhado grande atenção nos últimos anos na controvérsia sobre identidade pessoal.[1] O termo é composto de duas palavras gregas, ὕλη (matéria) e μορφή (forma), para significar a tese de que todo objeto, inclusive as pessoas, é composto de duas dimensões: matéria e forma. Aristóteles defendia que todo objeto era formado de matéria e forma, representando duas substâncias incompletas, interdependentes e inseparáveis e que, no ser humano, consistiam no composto corpo e alma. Tomás de Aquino retoma o hilemorfismo aristotélico e inaugura uma posição metafísica diferente da tradicional agostiniana a fim de responder melhor às exigências da fé cristã, sobretudo àquela que diz respeito à ressurreição. Sua tese básica é que "eu não sou minha alma",[2] mas um composto essencial de corpo e alma.

---
1   Cf., entre outros, HALDANE, J. "A Return to Form in the Philosophy of Mind". *In*: ODERBERG, D. S. (ed.). *Form and Matter: Themes in Contemporary Metaphysics*. Oxford: Blackwell's, 1999, p. 40-64; JOHNSTON, M. "Hylomorphism". *Journal of Philosophy*, 103: 652-698, 2006; KOSLICKI, K. *The Structure of Objects*. Oxford: Oxford University Press, 2008; HERSHENOV, D. "A Hylomorphic Account of Personal Identity Thought Experiments". *American Catholic Philosophical Quarterly*, 82 (3): 481-502, 2008; ODERBERG, D. S. (ed.). *Form and Matter: Themes in Contemporary Metaphysics*. Oxford: Blackwell's, 1999; HERSHENOV, D.; KOCH-HERSHENOV, R. "Personal Identity and Purgatory". *Religious Studies*, 42: 439-451, 2006; TONER, P. "On Hylomorphism and Personal Identity". *European Journal of Philosophy*, 19 (3): 454-473, 2011; LUCAS LUCAS, R. *L'uomo, Spirito Incarnato: Compendio di Filosofia dell'Uomo*. Milão: San Paolo, 1997; BASTI, G. *Filosofia dell'Uomo*. Bolonha: Studio Domenicano, 1995.
2   Cf. TOMÁS DE AQUINO. "Commentary on St. Paul's First Letter to the Corinthians". *Thomas Aquinas: Selected Philosophical Writings*. Trad. Timothy McDermott. Oxford: Oxford University Press, 1993, p. 17-19.

A visão hilemórfica se distingue e pressupõe elementos das visões biológica e psicológica. Com a primeira, o hilemorfismo também afirma que pessoas são essencialmente animais e com a segunda afirma que a consciência pressupõe e revela a pessoalidade, mas se distingue de ambas quando professa uma dualidade irredutível, em que a pessoa é necessariamente uma união de corpo e alma. Para o hilemorfismo, a pessoa é essencialmente animal, mas também forma substancial ou alma (contra o animalismo), além de defender que a consciência com sua atividade psicológica não esgota a pessoa, mas a revela com uma dimensão também orgânica (contra a visão psicológica). Assim, o hilemorfismo parece reunir o que de melhor as duas posições defendem, sem reduzir a pessoa, seja ao seu organismo, seja ao seu psicológico. Em relação à visão constitucional, o hilemorfismo representa quase um "irmão gêmeo", mas tem como diferença fundamental a ideia de que a dimensão corporal não é apenas contingente (uma propriedade derivada), mas essencial à pessoa (propriedade não derivada). Embora a forma substancial seja a *portadora* da identidade pessoal, será sempre uma forma instanciada essencialmente *nesta matéria*, o que não significa uma mesma parcela de átomos, mas a matéria na qual a forma está instanciada.³

O presente capítulo trata do hilemorfismo desde sua origem na Antiguidade com Aristóteles, passando pela elaboração medieval de Tomás de Aquino (9.1 e 9.2) até desembocar em algumas expressões contemporâneas, como as de David S. Oderberg, Patrick Toner, Rose Koch-Hershenov e David B. Hershenov (9.3). Ao final, expomos o problema da identidade relacionado com a crença da ressurreição, uma vez que o dogma cristão favoreceu um intenso debate sobre a identidade pessoal (9.4).

9.1 O hilemorfismo de Aristóteles e Tomás de Aquino

O hilemorfismo é originalmente uma posição contra a teoria das formas separadas de Platão.⁴ Aristóteles procura resolver o velho problema entre Heráclito (que afirmava tudo estar em movimento: πάντα ῥεῖ) e Parmênides (que defendia que tudo está parado, isto é, a mudança seria apenas uma ilusão). Platão foi o primeiro a dar uma resposta ao paradoxo com sua teoria

---

3 Cf. ODERBERG, D. S. "Hylemorphic Dualism". *In*: PAUL, E. F.; MILLER JR., F. D.; JEFFREY, P. (eds.). *Personal Identity*. Cambridge: Cambridge University Press, v. 22, t. 2, 2005, p. 80s.
4 Cf., por exemplo, ARISTÓTELES. *Metafísica* VII. Capítulos 10-11.

das ideias. Para ele, todo objeto do mundo físico é composto de duas realidades separáveis: matéria e forma (εἶδος). A primeira pertenceria ao mundo fenomênico e estaria submetida ao movimento (dando razão a Heráclito), a segunda pertenceria ao mundo suprassensível e seria imóvel (dando razão a Parmênides); enquanto a "primeira navegação" da ciência tematizava o mundo fenomênico, a "segunda navegação" da metafísica deveria cuidar do mundo das ideias.[5] Aristóteles critica Platão por meio de sua teoria hilemórfica, que aceita a solução platônica, mas apenas em parte. De fato, matéria e forma, para Aristóteles, não podem estar separadas, mas constituem uma unidade substancial nos objetos do mundo físico, incluindo minerais, vegetais, animais e pessoas humanas. A forma (εἶδος) para ele não era um universal abstrato, mas se encontrava nos indivíduos sensíveis, unida à matéria.

Em sua *Física*, Aristóteles tematiza as substâncias móveis, sensíveis e materiais que se distinguem daquelas substâncias imóveis e separadas da matéria, as quais são tratadas em sua *Metafísica*. As primeiras se encontram na Natureza e têm o movimento e a mudança como características próprias porque são cheias de potencialidade e submetidas ao tempo e espaço.[6] As segundas são totalmente imóveis porque não têm nada de potencialidade, ou melhor, são separadas da matéria. De fato, para Aristóteles, todos os objetos sensíveis são um composto de matéria e forma e apresentam algum tipo de movimento ou mudança. No entanto, a mudança não é do "não ser absoluto" para o ser, pois há algo subsistente em ato que permanece no movimento, isto é, a forma do composto. Contudo, se o que subsiste na mudança é apenas a forma, a matéria não seria apenas algo passageiro ou acidental? Para Aristóteles, a mais importante das categorias que expressam o *ente* (ὄν) é a categoria da *substância* (οὐσία), que consiste em algo determinado (τόδε τι), que subsiste *por si* e não em outro, como é o caso do *acidente*.[7]

No livro VII da *Metafísica*, o estagirita se propõe a responder o que significa substância em geral. Ela pode ser interpretada pelo menos de três modos:

---

5 PLATÃO. *Fédon*. 99 b-d.
6 Aristóteles explica a mudança como uma passagem da potência ao ato. Ora, como a forma está sempre em ato, será a matéria aquela portadora de potencialidade. Isto explica porque só existe mudança nos seres materiais. Cf. ARISTÓTELES. *Metafísica*, livros VIII e IX. Tomás de Aquino afirma a existência de seres imateriais ou espíritos puros (anjos) que também têm "algum tipo" de potencialidade porque não são ato puro. Cf. TOMÁS DE AQUINO. *De Spiritualibus Creaturis*, q. I, a. 5, ad Resp.
7 Aristóteles estabelece cinco critérios para definir a primeira de todas as categorias, a *substância*: ela é algo que a) não é predicado de nada, mas sujeito de predicação; b) subsiste por si ou separado do resto; c) algo de determinado; d) tem uma unidade intrínseca; e e) está em ato e não em potência. Cf. REALE, G. *Introduzione a Aristotele*. Roma/Bari: Laterza, 2002, p. 57s.

como a) forma; b) matéria; e c) composto de matéria e forma (σύνολον). A forma é a natureza íntima das coisas, aquilo que elas fundamentalmente são, sua essência, que vem expressa na definição de uma coisa. De um lado, a substância é forma, como afirmava Platão, mas apenas no sentido de que ela é o princípio que define o que uma coisa é essencialmente. Todavia, podemos entender a substância também como matéria como afirmavam os pré-socráticos, mas apenas enquanto é o princípio que confere concretude e individualidade às coisas. Por último, substância pode ser entendida como o composto de matéria e forma (σύνολον), o que, para Aristóteles, constitui a natureza de todos os objetos sensíveis. Para ele, as substâncias sensíveis são sempre indivíduos compostos de matéria e forma, enquanto as substâncias suprassensíveis são idênticas apenas à forma sem matéria. A forma representa o princípio e a causa (αἰτια)[8] dos entes concretos e permanece imutável porque está sempre em *ato*, enquanto a matéria é fonte de toda mudança porque somente ela está imbuída de *potência*.[9] Assim, o ser enquanto tal é a substância material, em um sentido pobre, o sínolo em um sentido mais perfeito, e a forma, em um sentido pleno porque é a "causa primeira do ser".[10] No entanto, no mundo sensível toda substância é sempre um composto de matéria e forma, que estão unidas de modo *necessário* e não acidentalmente.

Em seu *De Anima*, Aristóteles aborda mais especificamente alguns indivíduos compostos de matéria e forma que não fizeram parte de sua análise na *Física*, porque estes são caracterizados pela animação, sensibilidade e racionalidade. A diferença entre esses indivíduos e os inanimados é que a forma que eles possuem consiste em um princípio vital chamado *alma* (ψυχή), que se divide em três tipos: vegetal, animal e racional. A alma é a forma em ato (ἐνέργεια ou ἐντελέχεια) de um corpo orgânico e constitui seu

---

[8] No livro I de sua *Metafísica*, Aristóteles procura demonstrar que a sapiência (σοφία) é aquela caracterizada pelo conhecimento dos princípios primeiros e das causas dos entes, e que estas são quatro: material, formal, eficiente e final. "Causa" (αἰτια) para Aristóteles não se reduz àquela compreensão da ciência moderna, que mais se adequaria à sua causa eficiente. Por isso, o termo αἰτια pode também ser traduzido por *explanação*, uma vez que um ente é explanado por esses quatro tipos de causa, sobretudo, pela causa formal que explica a natureza ou essência da coisa.

[9] Embora haja controvérsia, Aristóteles parece pressupor dois tipos de matéria, uma matéria primeira e uma matéria segunda. A matéria primeira é "pura potencialidade" porque não expressa uma forma específica e está aberta a receber uma determinação pela forma (cf. *Metafísica*, V 4, 1014b32 e 1015a7–10). A matéria segunda seria aquela matéria já determinada pela forma. Cf. AINSWORTH, T. "Form vs. Matter". *The Stanford Encyclopedia of Philosophy*, 21 mar. 2016. Disponível em: https://plato.stanford.edu/archives/spr2016/entries/form-matter/. Acesso em: 17 maio 2017.

[10] ARISTÓTELES. *Metafísica*. VII 17, 1041b 26.

princípio inteligível por meio do qual o indivíduo se torna aquilo que é. A alma tem várias funções de acordo com seu tipo: a vegetativa é aquela que regula o nascimento, nutrição, crescimento e reprodução; a sensitiva regula a sensação e o movimento; e a intelectiva regula o conhecimento, a deliberação e a escolha. Enquanto a vegetativa possui apenas as suas próprias funções, a sensitiva realiza também as funções da vegetativa e a intelectiva compreende as funções das anteriores. Isto significa que a alma intelectiva ou racional é o ápice e contém em si todas as funções, motivo pelo qual Aristóteles cunhou a famosa frase: "A alma (racional) é de qualquer forma todas as coisas" (*anima quodammodo omnia*).[11]

O que nos interessa aqui é, sobretudo, sua teoria sobre a alma racional, que possui uma capacidade de conhecer os objetos concretos de um modo diverso da alma sensitiva porque seu objeto não vem assimilado de uma forma material como nos sentidos, mas imaterial. As várias formas de alma não podem ser reduzidas umas às outras naquilo que têm de específico, sobretudo a alma racional não pode ser reduzida à matéria porque a forma de conhecer pressupõe uma faculdade que a matéria não tem, isto é, uma capacidade espiritual de apreender no singular aquilo que é abstrato, universal, inteligível (mais sobre isso no tópico 9.2). A alma racional (forma) está unida substancialmente ao corpo (matéria), o que significa que ambas são substâncias incompletas e apenas juntas constituem o ser humano. De fato, para Aristóteles, um cadáver é apenas semelhante a uma pessoa humana da mesma forma que um quadro de Ana se parece com ela, mas não é.[12] Um cadáver não pode exercer as mesmas funções de um corpo vivo da mesma forma que um quadro de Ana não pode respirar nem suar.[13] Em poucas palavras, o ser humano é um composto substancial de corpo (matéria) e alma (forma) e sua identidade no tempo será garantida pela união desses dois elementos.

---

11   ARISTÓTELES. *De Anima*. III 8, 431b 21.
12   Cf. ARISTÓTELES. *De Anima*. II 1, 412b10–25; *Metafísica*. VII 10, 1035b9–25.
13   De fato, um problema bastante discutido no hilemorfismo de Aristóteles diz respeito à diferença na concepção de forma nos seres inanimados e animados. Enquanto a forma dos inanimados é apenas contingente, pois uma estátua de bronze de Apolo pode ser derretida e transformada em uma estátua de Zeus, nos seres animados, a alma, que é a forma do corpo, não parece ser contingente, mas essencial ao composto corpo-alma. Embora o bronze continue bronze mesmo após perder uma forma específica, o corpo não continua corpo após perder a alma, mas apenas "parece" um corpo, isto é, um cadáver. Sobre este problema, veja SHIELDS, C. "Aristotle's Psychology". *The Stanford Encyclopedia of Philosophy*, 21 dez. 2016. Disponível em: https://plato.stanford.edu/archives/win2016/entries/aristotle-psychology/. Acesso em: 17 maio 2017.

Tomás de Aquino explicita e aprofunda a teoria hilemórfica de Aristóteles, sobretudo colocando o ente em uma teoria do ser mais abrangente.[14] O *ser* (*esse*) enquanto tal é o horizonte no qual o *ente* (*ens*) pode ser compreendido.[15] A originalidade de Tomás de Aquino em relação a Aristóteles e seus intérpretes medievais consiste na distinção entre essência e existência, afirmando que somente em Deus (*ipsum esse subsistens*) as duas constituem uma mesma realidade. Em tudo o mais, isto é, nos seres criados, a existência é um "ato de ser" (*actus essendi*) partilhado pelo Absoluto.[16] Seres espirituais, sejam eles anjos ou almas humanas, são formas substanciais que dependem de uma atualização do Criador, embora haja uma diferença fundamental entre os dois, a saber: enquanto os anjos são espíritos puros e sua forma substancial não está misturada com a matéria, as almas humanas são *essencialmente* unidas a um corpo.

Toda a reflexão acerca do composto substancial humano na teoria tomista traz consigo a herança do conceito de *pessoa*, introduzido na filosofia graças às disputas dogmáticas acerca da Trindade e da encarnação do Verbo divino.[17] A definição medieval mais famosa era aquela de Severino Boécio (480-526) que no capítulo terceiro de seu opúsculo *De Persona et Duabus Naturis* definia pessoa como uma "substância individual de natureza racional" (*persona est naturae rationalis individua substancia*).[18] Tomás define a pessoa humana em contraste com as Pessoas Divinas e os anjos da seguinte forma:

---

14   A recepção de Aristóteles na Idade Média teve como principais defensores: Averróis, que o introduziu no mundo árabe e mulçumano, Maimônides que o levou para o mundo judaico e Tomás de Aquino que procurou conciliar a doutrina aristotélica com o Cristianismo, o que não foi uma tarefa fácil. De fato, Boaventura e a escola franciscana fizeram o possível para combater a filosofia de Aristóteles, sobretudo aquela advinda dos comentários de Averróis, que contradizia muitos elementos da fé cristã e da tradição agostiniana. Os principais problemas do aristotelismo eram a exclusão de uma providência divina, a eternidade do mundo, a ideia de abstração contrária à iluminação agostiniana, uma possível concepção de intelecto único para a humanidade, uma união substancial de corpo (matéria) e alma (forma) que comprometia a imortalidade da alma. O enorme trabalho de Tomás foi procurar preencher essas lacunas, sobretudo elaborando uma teoria da criação e defendendo a imortalidade da alma, apesar da união substancial de matéria e forma. Para uma compreensão do tomismo em geral, veja GILSON, É. *Le Thomisme: Introduction au Système de Saint Thomas d'Aquin*. Paris: Librairie Philosophique J. Vrin, 1922.
15   Sobre a confusão da tradução dos termos *esse* (ser) e *ens* (ente) para outras línguas, veja GILSON, É. *O Ser e a Essência*. São Paulo: Paulus, 2016, sobretudo os apêndices da obra.
16   Para Tomás, todos os entes à parte do *ipsum esse subsistens* são contingentes, enquanto sua existência (*actus essendi*) foi uma doação do ser por parte do Absoluto no ato da criação.
17   Cf. TOMÁS DE AQUINO. *Summa Theologiae*, I, q. 29.
18   O problema da *substancialidade* da pessoa humana é algo fundamental na teoria hilemórfica, diferentemente de outras teorias como a psicológica, pois ela concebe a pessoa com algo estável, constante, autônomo no ser, centro permanente de certos fenômenos, inclusive psicológicos. Nesta concepção, a pessoa não é apenas "algo a ser feito", mas constitui um sujeito (*sub-iectum*) que continua uno, idêntico e indiviso, mesmo atravessando mudanças corporais ou psicológicas. Diferente da visão platônica que concebia apenas a substancialidade da alma (ela é como um "cavaleiro em cima de um cavalo") e da visão cartesiana que afirmava a "união acidental" de duas

> A pessoa em geral, como se disse, significa uma substância individual de natureza racional. O indivíduo, pois, é aquilo que é indistinto em si mesmo e distinto em relação a outro diferente de si. Portanto, a pessoa, em uma natureza qualquer significa aquilo que é distinto naquela natureza. Assim, na natureza humana significa esta carne, estes ossos, esta alma, que são princípio de individualização para o homem; as quais, mesmo não fazendo parte do significado de pessoa em geral, todavia fazem parte da noção de natureza humana.[19]

Esse texto de Tomás ressalta a diferença básica entre o conceito de pessoa em geral e de pessoa humana em particular. Enquanto o conceito geral de pessoa consiste naquele de Boécio e pode ser aplicado tanto a Deus, aos anjos e aos homens, o conceito de pessoa aplicado ao ser humano esclarece que sua substancialidade não se encontra apenas na forma (como acontece na Pessoa divina e nos anjos que são formas puras), mas no composto de matéria e forma, isto é: a pessoa humana não é idêntica à sua alma,[20] mas é essencialmente uma união de corpo e alma. O principal problema dessa concepção será afirmar a imortalidade da alma, uma vez que a pessoa humana é essencialmente ligada a um corpo. Como poderia a alma sobreviver depois da morte do corpo, se somente pode existir uma alma ligada a um corpo? Tomás resolve esse problema, demonstrando que a alma tem uma natureza diferente daquela do corpo, pois é espiritual e autônoma em sua operação em relação ao corpo. Ele afirma: "A alma é dotada de um modo de agir todo seu; por este motivo, goza também de um ato próprio de ser".[21] Ela pode subsistir por si própria (uma vez garantida a ela o objeto próprio de sua operação), uma vez que possui todas as características da substância: estabilidade, permanência, autonomia relativa e constituição de sujeito de

---

substâncias completas, a visão hilemórfica assevera uma substância composta de dois elementos distintos, mas essencialmente unidos e que constitui o fundamento ontológico do agir racional e livre. Um dos preconceitos acerca da substancialidade da pessoa consiste em considerar a substância como algo fixo e estático, o que não valeria para o homem que tem a liberdade de "se fazer" (como afirma Ortega y Gasset: "O homem não tem natureza, mas tem... história". Cf. ORTEGA Y GASSET, J. "Historia como Sistema". *Obras Completas*, t. 6, p. 41). Entretanto, essa compreensão de substância é errônea, pois a alma não constitui para os adeptos da visão hilemórfica algo estático, senão uma estrutura aberta e autotranscendente. Sobre o problema da substancialidade da pessoa, veja MONDIN, B. *O Homem, quem é ele? Elementos de Antropologia Filosófica*. São Paulo: Paulinas, 1980, p. 268-283.

19 "*Persona enim in communi significat substantiam individuam rationalis naturae, ut dictum est. Individuum autem est quod est in se indistinctum, ab aliis vero distinctum. Persona igitur, in quacumque natura, significat id quod est distinctum in natura illa: sicut in humana natura significat has carnes et haec ossa et hanc animam, quae quidem, licet non sint de significatione personae, sunt tamen de significatione personae humanae*". Cf. TOMÁS DE AQUINO. *Summa Theologiae*, I, q. 29, a. 4c.

20 Cf. TOMÁS DE AQUINO. *Summa Theologiae*, I, q. 75, a. 4c.

21 Cf. TOMÁS DE AQUINO. *De Anima*, I, let. 2. n. 20.

certas atribuições. No entanto, a alma não representa uma espécie própria, pois somente unida ao corpo ela constitui a espécie *homo sapiens*. O ato de ser, isto é, o ato de colocar a essência na existência não são dois, um para a alma e outro para o corpo, mas é apenas *um* ato de ser que coloca a alma na existência e faz o corpo participar desse ato desde o primeiro instante.[22]

9.2 A espiritualidade da alma humana

Tomás de Aquino chama a alma de "substância espiritual" ou "substância intelectiva", enquanto supera a condição corporal. Isto significa que a alma intelectiva realiza funções totalmente independentes da matéria, embora seja a forma de um corpo orgânico. Obviamente, isto não quer dizer que a pessoa humana, enquanto submetida ao tempo e espaço, poderia dispensar seu corpo e sentidos para pensar e amar.[23] O que Tomás quer afirmar é que o pensar e o amar são operações intrinsecamente distintas da matéria, mesmo que os objetos pensados venham a partir dos sentidos. A alma intelectiva subsiste *por si mesma* e isto parece contradizer um fato patente, a saber: que mutilações no cérebro alteram o funcionamento da inteligência. Em outros termos, como a alma pode existir por si mesma e ao mesmo tempo ser a forma de um corpo material, que somente existe unida a ele? A posição hilemórfica procura explicar o ser espiritual ou imaterial da alma intelectiva através da explicação de seu agir, o que nos remete ao problema epistemológico.

Já Aristóteles afirmava que a alma intelectiva não pode ser reduzida à alma sensitiva, pois sua operação é qualitativamente diversa. Na alma sensitiva a percepção e o conhecimento se dão por um processo de assimilação do objeto, isto é, quando os sentidos apreendem um som, uma cor, um gosto, uma sensação, o objeto vem acolhido pelo sentido de forma empírica. O sentido se adequa, de certo modo, ao objeto que imprime na sensibilidade sua marca "visível". Aristóteles explica esse fato através de seu binômio ato-potência: a sensibilidade está em potência para receber os objetos externos e, quando isto acontece, realiza-se o ato da sensação

---

22 Cf. MONDIN, B. *O Homem, quem é ele? Elementos de Antropologia Filosófica*. São Paulo: Paulinas, 1980, p. 281.
23 Como afirma Stump: "Enquanto o corpo é vivo e a alma o configura, a alma é localizada onde o corpo está". STUMP, E. *Aquinas*. Nova Iorque: Routledge, 2003, p. 202.

que mais parece um "fazer-se semelhante" ao sensível, afinal, "a faculdade sensitiva é, em potência, aquilo que o sensível é já em ato perfeito, como de fato já se disse. Esta padece, portanto, porque não é semelhante, mas, uma vez que tenha sentido, torna-se semelhante e é como aquele".[24] Não é o caso que o objeto passe para o sentido materialmente como no caso do metabolismo, em que o alimento se torna parte do organismo; o processo é mais parecido com a cera que toma a forma do anel quente sobre ela. Os sentidos recebem a sensação e formam, pela faculdade da fantasia, uma "imagem" (*phantasma*) que vem guardada na memória. Bem, a alma intelectiva assimila todas essas funções da alma sensitiva, mas sua atividade própria é qualitativamente superior e espiritual.

Para explicar a atividade da alma intelectiva, Aristóteles também usava o binômio ato-potência: em primeiro lugar, a sensibilidade oferece ao intelecto uma "imagem" da coisa. Tanto a "imagem" está em potência para ser conhecida, como o intelecto está em potência para receber a forma inteligível trazida pela imagem. A união dessas duas potências provoca o intelecto a produzir o *conceito* em ato, que é elaborado pela capacidade de abstração que o intelecto tem.[25] Existe uma diferença entre a "imagem" e o "conceito". A primeira apresenta qualidades sensíveis e concretas, enquanto o conceito é abstrato, espiritual e universal. Isto significa que o conceito de "mesa" é uma produção do intelecto a partir da imagem particular de uma mesa com cor e tamanho concretos e prescinde de todas essas determinações. Enquanto a imagem apresenta o objeto de modo parcial, o conceito representa o objeto em sua totalidade e indivisibilidade, pois ele é formado pelo poder do intelecto de preencher as lacunas deixadas pela imagem. Enfim, a imagem é sempre variável de acordo com a pessoa, o tempo, o lugar e as circunstâncias em que é apreendida, enquanto o conceito permanece o mesmo. O conceito de "mesa" independe das imagens de mesa que cada um tenha na cabeça. O que é certo neste processo é que o objeto do intelecto constitui a *forma*

---

24 ARISTÓTELES. *De Anima* II 5, 418 a 3-6.
25 Daqui vem a distinção medieval, sobretudo em Tomás, entre *intelecto passivo* e *intelecto agente*, inspirada já em Aristóteles (cf. *De Anima*, IV 5, 430 a 10-23; TOMÁS DE AQUINO. *Summa Theologiae* I, 79, a. 3, ad Resp.). Como nenhuma potência pode passar ao ato sem a intervenção de algo já em ato, o intelecto não pode ser apenas passivo, do contrário, não se produziria o conhecimento, pois também a imagem é passiva. De duas potências (do intelecto e da imagem) não se produziria o ato. Óbvio é que o intelecto não é agente e paciente sob o mesmo aspecto. Ele é passivo enquanto pode receber a imagem e é agente enquanto pode abstrair a forma inteligível da imagem sensível.

inteligível, a essência das coisas e não a imagem ou a própria coisa material, embora a primeira coisa que apareça seja o conjunto de matéria e forma.[26] A natureza do conceito seria, então, irredutível a elementos materiais do mesmo modo que a forma não poderia ser reduzida à matéria.[27] No entanto, o conceito advindo do poder de abstração do intelecto é apenas a primeira etapa na produção do conhecimento.[28] Depois dela vem a etapa do juízo e do raciocínio, que da mesma forma não pode ser reduzida à materialidade, ou melhor, sua natureza é espiritual e não material.

Portanto, a espiritualidade da alma racional advém do tipo de operação do intelecto que depende da matéria apenas de modo extrínseco e não intrínseco, uma vez que seu objeto próprio é o inteligível, o universal, a essência, o ser enquanto tal, a "*quidditas rei materialis*".[29] O princípio que rege a conclusão da espiritualidade da alma é, por conseguinte, aquele metafísico de que o "agir segue o ser" (*agere sequitur esse*),[30] pois uma vez que a operação da alma intelectiva (seu agir) não depende *intrinsecamente* da matéria e seu objeto é imaterial, conclui-se que também a alma (seu ser) que exerce tal atividade não é material. Além disso, a alma racional percebe o próprio ato de conhecer de modo reflexivo, isto é, ela é autoconsciente, o que não aconteceria se fosse material, pois nenhum órgão material tem essa capacidade: um olho não vê a

---

26 Como diziam os metafísicos medievais: o objeto próprio do intelecto é o ente (*ens*) enquanto tal (TOMÁS DE AQUINO. *De pot.* q. 9, a. 7, *ad decimum quintum*). Ele é o *primum notum et per se notum*, isto é, o primeiro a ser notado e conhecido imediatamente e não através de outro; mas, o ser do ente é a luz sob a qual cada ente é compreendido. Assim, para os metafísicos medievais, o ser não pode ser reduzido ao ente, do mesmo modo que a forma não pode ser reduzida à matéria, nem a essência à existência. Cf. MOLINARO, A. *Metafísica: Curso Sistemático*. São Paulo: Paulus, 2002, p. 56s.

27 Lembremos que "forma" neste contexto não tem nada a ver com "figura". Forma representa a *quidditas* de algo, isto é, aquilo que uma coisa é fundamentalmente: sua essência. Em muitos objetos, a figura pode ser reduzida à matéria, como no caso de uma estátua de barro. Quando ela é destruída, a figura da estátua se reduz ao próprio barro. No entanto, a forma (essência) da estátua (que traz consigo elementos estéticos, sociais e culturais) não se reduz ao barro, isto é, não posso dizer que o monte de barro que era uma estátua é bonito, que vale mil reais, que representa esta ou aquela escola estética.

28 Anterior a qualquer "abstração" por parte do intelecto, Tomás sustentava a teoria da iluminação de Agostinho no que diz respeito aos primeiros princípios (*prima intelligibilium principia*), que são intuídos naturalmente pelo intelecto e estão no intelecto como germes do conhecimento (*praeexistunt in nobis quaedam scientiarum semina*) Cf. TOMÁS DE AQUINO. *De Veritate* XI, 1, ad Resp. Para os outros conteúdos do intelecto, Tomás defendia a teoria da abstração de Aristóteles. Contrárias a essa teoria são as teorias empirista, racionalista e idealista, que produziram grandes debates na história da epistemologia, mas que não podemos nem devemos analisar aqui. Para tal, veja uma síntese em LUCAS LUCAS, R. *L'Uomo, Spirito Incarnato: Compendio di Filosofia dell'Uomo*. Milão: San Paolo, 1997, p. 127ss. Para uma conciliação entre metafísica tomasiana e epistemologia moderna vale lembrar o tomismo transcendental, iniciado por J. Maréchal (1878-1944) com sua obra *Le Point de Départ de la Métaphysique*. Bruges: [s. ed.], 1922.

29 Cf. TOMÁS DE AQUINO. *Summa Theologiae* I, q. 84, a. 7.

30 Cf. Id. *Summa contra Gentiles* III, 69.

si mesmo, o ouvido não percebe a si mesmo, o tato não se eleva de sua própria sensação para observar seu ato.

Esse fato leva ao difícil problema da relação entre pensamento e cérebro. A pergunta que se faz é se o cérebro é o órgão do pensamento da mesma forma que o olho é o órgão da visão. A posição hilemórfica é do parecer que, apesar do pensamento se servir do cérebro e estar intimamente unido a ele, não constitui o cérebro o órgão do pensamento, isto é, ninguém pensa com o cérebro, mas com a inteligência.[31] De fato, para o hilemorfismo não seria o cérebro a produzir o conceito universal, o juízo e o raciocínio da mesma forma que é o olho que produz a sensação visual ou o ouvido que produz a sensação auditiva. O cérebro não seria o órgão da inteligência porque não pode causar o objeto próprio da inteligência que é a forma universal. Ora, um órgão material, como é o cérebro, não poderia causar um efeito imaterial (forma inteligível, o universal) porque isto seria um efeito desproporcional à causa. Portanto, a relação entre cérebro e inteligência para a visão hilemórfica não é causal, mas instrumental. Como resume Lucas Lucas:

> A inteligência se serve do cérebro para pensar, mas não pensa com o cérebro. De fato, para poder pensar, a inteligência tem necessidade dos sentidos e do cérebro, os quais lhe fornecem os materiais do pensar. Recebendo os impulsos transmitidos pelos sentidos, o cérebro os elabora em sensações e imagens. Deste material, a inteligência, com a sua capacidade de abstração, serve-se para formar os conceitos. Evidentemente, se não há este material fornecido ao cérebro, a inteligência não pode operar. Por isso, a inteligência no pensar se serve do cérebro, mas este não é o seu órgão.[32]

É da imaterialidade do agir da alma intelectiva (que implica sua substancialidade espiritual) que o hilemorfismo deduz sua transcendência e valor absoluto em relação aos outros entes. A pessoa, constituída de alma e corpo, está aberta a conhecer tudo e desejar tudo, como se as suas faculdades (pensar e querer) fossem coextensivas ao próprio ser (*anima quodammodo omnia*). A pergunta fundamental para o hilemorfismo responder é esta: de onde vem a alma intelectiva e o que acontece com ela depois da desintegração do corpo? Se a substância espiritual não depende

---
31 Cf. TOMÁS DE AQUINO. *In de An.*, I, ii, 46-81.
32 LUCAS LUCAS, R. *L'Uomo, Spirito Incarnato: Compendio di Filosofia dell'Uomo*. Milão: San Paolo, 1997, p.141. A relação entre cérebro e inteligência é assunto muito discutido na filosofia da mente. Para ver as várias teorias sobre o assunto, remeto ao nosso *Hans Jonas e a Filosofia da Mente*. São Paulo: Paulus, 2016.

(intrinsecamente) da materialidade para o seu agir, também o seu ser não deveria experimentar tal dependência, o que implicaria uma forma diversa de entrar no ser (geração) e de sair do tempo e espaço, depois da corrupção do corpo. Sobre esses problemas há uma série de soluções possíveis: para a grande maioria dos teóricos do hilemorfismo, a geração de um espírito não pode advir da evolução da matéria, mas apenas de um espírito em ato. Daí que a criação da alma é um ato individual por parte do Espírito absoluto na hora da fecundação.[33] Da mesma forma, o problema da corrupção do corpo e imortalidade da alma na teoria hilemórfica encontrou uma série de dificuldades, já abordadas por Aristóteles e Tomás de Aquino, sobre as quais nos debruçamos agora.

De fato, Aristóteles estava em desacordo com Platão a respeito da imortalidade da alma, pois na visão platônica a alma devia ser recompensada, punida ou voltar em processos contínuos de reencarnação para se purificar. Ao contrário de Platão, o hilemorfismo aristotélico tira a consequência óbvia da união essencial entre matéria e forma nos indivíduos: quando a matéria se extingue, também a forma perece. Entretanto, em um ponto Aristóteles e Platão concordavam: de fato, Platão pensava que apenas a parte racional da alma (*nous*) sobrevivia à morte do corpo.[34] Também Aristóteles pensava que alguma parte da alma poderia sobreviver à morte, o que a Idade Média chamou de *intelecto agente*, porque é a parte, segundo Aristóteles, que é "separada e impassível e sem mistura, pois em sua essência está em ato".[35] O "intelecto agente" do qual fala Aristóteles é objeto de muita discussão.[36] Ele está "na alma", vem "de fora" e "só ele é divino",[37] diferentemente das outras partes da alma (vegetativa e sensitiva) que já estariam em potência no esperma masculino e passariam ao novo organismo. Muitos intérpretes, antigos e medievais, pensaram que esta "parte racional" da alma era Deus ou mesmo um intelecto divino separado e impessoal, que sobrevive depois da morte do

---

33   Tomás pensava que, como a pessoa possui os três tipos de alma (vegetativa, sensitiva e intelectiva), a geração delas vinha sempre uma depois da outra: primeiro a vegetativa, depois a sensitiva e, enfim, a criação direta por Deus da alma intelectiva, o que acontecia entre o 30º e 40º dia depois da fecundação. Cf. TOMÁS DE AQUINO. *Summa contra Gentiles* II, 89; *Summa Theologiae* I, 118, a. 2 ad 2. Uma versão atualizada da posição hilemórfica a partir da embriologia contemporânea é feita por BASTI, G. *Filosofia dell'Uomo*. Bolonha: Edizioni Studio Domenicano, 1995, p. 355-362.
34   Cf. *Fédon* e *Fedro*, ambos de PLATÃO; também ARISTÓTELES. *Metafísica*, V 3, 1070 a 24-26.
35   Cf. ARISTÓTELES. *De Anima*, III 5, 430a 18-19.
36   Cf. HAMELIN, O. *La Théorie de l'Intellect d'après Aristote et ses Commentateurs*. Paris: Vrin, 1953.
37   Cf. ARISTÓTELES. *De Gener. Anim.* III 3, 736 b 27s.

corpo. O fato é que muitas questões ficam abertas a esse respeito na filosofia do estagirita e não se pode ter uma resposta definitiva: esse intelecto agente é comum a todos os humanos ou é individual? Como pode ele "vir de fora" e permanecer "na alma" durante sua existência?[38]

Tomás de Aquino dá uma interpretação brilhante à luz da fé cristã. A alma intelectiva é apenas uma parte do composto substancial que, embora seja unida ao corpo de forma essencial, tem uma subsistência própria. Na verdade, a alma intelectiva é a parte que diferencia o composto humano dos outros entes como os animais e plantas, que possuem uma forma dependente da matéria em seu ser e em seu agir, o que não garantiria a eles uma existência depois da corrupção de sua parte material. Para poder existir depois da morte corporal, a alma intelectiva precisaria continuar exercitando seu agir sem os objetos fornecidos a partir da sensibilidade. Não obstante, como visto, embora o intelecto precise da imagem sensível para abstrair o universal, seu objeto próprio não depende intrinsecamente da imagem sensível porque é imaterial, abstrato. A alma precisaria, portanto, de objetos apropriados à sua natureza para continuar existindo, depois que o corpo não pudesse mais lhe oferecer as "imagens" sensíveis de onde tirar seu objeto próprio. Porém, depois da morte, esse "objeto apropriado" consiste no próprio Deus, segundo o Aquinate. Isto já acontece analogamente com os espíritos puros (anjos) que exercitam as operações do conhecer e amar sem nenhuma contribuição de imagens sensíveis, seu objeto de conhecimento e amor é o próprio Absoluto, que constitui a pura inteligibilidade e bondade. Em Deus, os espíritos puros podem ver todas as coisas em sua forma inteligível. Da mesma forma, a alma intelectiva separada do corpo (provisoriamente para a fé cristã) poderia continuar a exercitar suas operações próprias por meio da iluminação divina (não mais por abstração) até chegar a ocasião da ressurreição, em que a alma se unirá a um corpo incorruptível.[39] Basti resume essa resposta de Tomás, fazendo uma comparação interessante:

> Como é possível manter em vida um órgão do corpo "*in vitro*", fornecendo a ele o quanto é necessário para realizar suas essenciais operações metabólicas da vida vegetativa e que "naturalmente" vinham providas pelo resto do corpo do qual pertencia, assim é possível pensar em uma vida separada para a alma humana contanto que a ela seja fornecida o quanto for necessário para realizar as suas operações vitais essenciais. Operações vitais que na alma não são, por

---

38   Cf. REALE, G. *Introduzione a Aristotele*. Roma/Bari: Laterza, 2002, p. 100.
39   Cf. TOMÁS DE AQUINO. *Q. de An.*, 15.

certo, de tipo orgânico e nem mesmo metabólicas, mas são as operações espirituais imanentes do *entender* e do *amar*.[40]

Essa interpretação resolveria o problema de saber como uma forma poderia sobreviver à destruição da matéria, uma vez que forma (alma) e matéria (corpo) são unidas essencialmente. A solução tomista é que a alma intelectiva continuará sua atividade a partir de Deus, uma vez que terá diante de si um "objeto" sumamente apropriado à sua natureza espiritual. Além disso, Tomás afirma a individualidade, incomunicabilidade e autonomia da pessoa também após a morte, isto é, em sua interpretação de Aristóteles, diversa daquela de Averróis, o intelecto agente não representava uma divindade impessoal, mas uma participação da alma intelectiva na divindade do Absoluto.

9.3 A identidade pessoal na visão hilemórfica

O problema da identidade pessoal é tratado na visão hilemórfica de forma indireta e gira mais em torno da questão da sobrevivência da pessoa depois da morte. Patrick Toner divide em dois grupos os que pensam diversamente a esse respeito: os que afirmam a corrupção da pessoa depois da morte (*corruptionist view* ou *standart view*) e os que defendem sua sobrevivência (*survivalist view* ou *alternative view*).[41] O primeiro grupo defende a visão hilemórfica tradicional de Tomás de Aquino na qual a pessoa, composta de alma e corpo, deixa de existir na hora da morte corporal e volta a existir somente na ressurreição. Nessa visão, mesmo que a alma continue persistindo, isto não é suficiente para a persistência da pessoa humana, isto é, a alma não é a pessoa, mas apenas uma parte dela.[42] O segundo grupo pensa que não se deve seguir Tomás neste sentido ou, pelo menos, que é preciso interpretá-lo de outra forma, a fim de sustentar que a persistência da alma é suficiente para a persistência da pessoa depois da morte, o que justificaria a doutrina do purgatório para católicos.[43] Eleonore Stump, por exemplo, usa o conceito de *constituição* (diferente de identidade, como vimos em Baker)

---

40   BASTI, G. *Filosofia dell'Uomo*. Bolonha: Edizioni Studio Domenicano, 1995, p. 364.
41   Cf. TONER, P. "On Hylemorphism and Personal Identity". *European Journal of Philosophy*, 19 (3): 454, 2011; TONER, P. "Personhood and Death in St. Thomas Aquinas". *History of Philosophy Quarterly*, 26 (2): 121-138, abr. 2009.
42   Cf. TOMÁS DE AQUINO. *De Potentia*, 9, 2; *Summa Theologiae* I, q. 75, a. 4 ad. 2.
43   Defendem o primeiro grupo P. Toner, Anthony Kenny, Robert Pasnau, Patrick Lee, Leo Elders e o segundo grupo E. Stump, C. Brown, D. Hershenov.

para defender que a pessoa é constituída de alma e corpo *no tempo*, mas que depois da morte ela é constituída apenas de alma.[44]

David Hershenov é um dos mais proeminentes defensores do hilemorfismo que defende a sobrevivência da pessoa depois da morte (*survivalist view*). Assim como defendia Tomás, ele procura defender ser a pessoa um animal apenas contingentemente e não essencialmente. Sua estratégia para defender essa posição foi colocar o problema do "*too many minds*" ("mentes demais") diante do hilemorfismo ao levantar a situação da alma no purgatório, doutrina própria dos católicos. Segundo ele, a visão tradicional de Tomás é que a pessoa é idêntica ao composto e que somente a alma no purgatório *não* constitui a pessoa. O problema dessa compreensão, segundo Hershenov, é que parece não haver muito fruto para uma futura pessoa ressuscitada tal tipo de purificação apenas da alma (que não sou eu!). Ora, mas não foi apenas a alma a cometer delitos, senão o composto de corpo e alma.[45] A solução de Hershenov é negar a posição original de Tomás e considerar a alma como uma *parte própria singular* da pessoa que tem um corpo apenas de forma contingente e não necessariamente, como afirma a tradição hilemórfica tomista.[46] Isto significa que a alma e a pessoa humana coexistem no purgatório, pois ser animal, como ser professor, pai, feto,

---

44 Veja que Stump não identifica a pessoa humana depois da morte com a alma, mas afirma que a pessoa humana é *constituída* pela alma depois da morte. Mais uma vez: constituição não é o mesmo que identidade, Cf. STUMP, E. *Aquinas*. Londres: Routledge, 2003. Toner critica Stump nesse sentido afirmando que constituição é sempre uma relação um-um (estátua-bronze, alma-corpo, etc.) e que a ideia de Stump é mais mereológica que constitutiva: a pessoa seria idêntica a *uma* parte própria da pessoa, a alma. O problema nessa visão, segundo Toner, é saber se o *todo* pode ter apenas uma parte própria, uma vez que o conceito de todo inclui pelo menos mais de uma parte. Assim, para Stump, a alma não seria uma parte própria, mas o todo da pessoa, o que levaria a uma identidade da pessoa com a alma e não constituição, contradizendo Tomás que pensa não ser a alma idêntica à pessoa, mas apenas parte dela. Toner aplica originalmente essa crítica a C. Brown e sua ideia de que a pessoa depois da morte é idêntica à sua parte própria, a alma. Cf. TONER, P. "On Hylemorphism and Personal Identity". *European Journal of Philosophy*, 19 (3): 454-473, 2011.
45 Uma solução para esse problema foi proposta pelo próprio Hershenov, aplicando a ele a teoria de Parfit sobre a sobrevivência do eu. Para Parfit, o que interessa quando se fala em sobrevivência não é a identidade do eu, mas que a pessoa tenha as mesmas memórias e crenças. "Eu" sobreviveria a um transplante dos hemisférios de meu cérebro em duas pessoas diferentes, se cada uma delas tivesse a minha mesma psicologia. Aplicado ao problema do purgatório e ressurreição, minha alma (com toda a minha psicologia) sobreviveria sem um corpo no purgatório, seria purificada e depois "transmitida" a um corpo incorruptível na ressurreição. Para Hershenov, este tipo de solução não resolveria o problema da "*too many minds*", pois se a alma pudesse pensar sozinha depois da morte do corpo, por que não poderia pensar antes? E, se pode pensar antes, como evitar que haja dois pensantes vestindo as minhas roupas, a saber: minha alma e o ser humano, composto de corpo e alma? Cf. HERSHENOV, D. B. "Personal Identity and Purgatory". *Religious Studies*, 42: 439-451, 2006.
46 A visão mereológica de Hershenov se distingue daquela de Jeff McMahan e Ingmar Persson que pensam ser a pessoa uma parte própria do organismo. Cf. HERSHENOV, D. B. "Persons as Proper Parts of Organisms". *Theoria*, 71: 29-37, 2005; MCMAHAN, J. *Ethics of Killing: Problems at the Margins of Life*. Oxford: Oxford University Press, 2002, p. 88-94; PERSSON, I. "Our Identity and Separability of Persons and Organisms". *Dialogue*, 38: 521-533, 1999.

adolescente, adulto, etc., é apenas uma *fase* da existência da pessoa. Além disso, o próprio Tomás de Aquino era da opinião de que a pessoa ressuscitada não teria um corpo com as mesmas características do corpo animal, isto é, não precisaria comer, beber, dormir, fazer digestão, reproduzir etc.[47]

Toner tenta combater a interpretação de Hershenov, procurando restabelecer a doutrina originária de Tomás de Aquino ao afirmar que no purgatório a pessoa não é composta apenas por sua alma, mas ela é apenas uma parte da pessoa que precisa ser unida novamente a um corpo para ser pessoa. Para Toner, Tomás é claro na resposta ao problema da "*too many minds*" quando afirma que a alma incorporada precisa do fantasma vindo da sensibilidade para exercer sua função própria que é abstrair o universal dela. Uma vez desincorporada, a alma precisaria apenas ter um objeto de sua função, o que vem provido pelo próprio Deus. Assim, não são dois pensantes vestindo minhas roupas: uma alma pensante e um ser humano composto de corpo e alma, mas apenas o ser humano. Hershenov pergunta: mas, por que essa alma pensante ao estar incorporada permanece não pensante até o momento em que o corpo lhe oferece um fantasma? Poderia essa solução nos livrar de pensar que ali há dois pensantes: um que é independente da matéria e poderá sobreviver à morte do corpo e o ser humano que pensa somente a partir do fantasma? Ou ainda: se a alma não é a pessoa, quem é ela? Ou: seria justo "punir" apenas a alma, uma vez que o pecado foi cometido pelo composto de corpo e alma? Em suma, o problema para Hershenov é que a visão tradicional atesta que a pessoa é um composto *essencial* de alma e corpo ao mesmo tempo em que afirma que a alma poderá existir sozinha em um estado chamado purgatório.

Toner defende que a interpretação mais fiel de Tomás é aquela que alega que a alma não constitui sozinha a pessoa até o momento da ressurreição.

---

47   Cf. TOMÁS DE AQUINO. *Summa Theologiae*, Suppl. q. 81, a. 4, Resp.: "[...] *Et quia comedere, bibere et dormire et generare ad animalem vitam pertinent, cum sint ad primam perfectionem naturae ordinata, in resurrectione tália non erunt*". Toner responde a esse problema mostrando que Tomás pensa que o essencial na animalidade é a sensação e, sobretudo, o movimento e que o ressuscitado "sentirá", mover-se-á e pensará os objetos do animal racional. Características da "alma vegetativa" como metabolismo e reprodução não estariam necessariamente no ressuscitado. Nesse sentido, para Tomás, os poderes da alma sensitiva e intelectiva poderiam existir separados da alma vegetativa, o que faz Toner reconhecer que para o Aquinate a pessoa é animal essencialmente, mas apenas em um *sentido tomasiano* de animalidade, pois para um biólogo contemporâneo ser animal é não poder renunciar a elementos como nutrição e reprodução. No *sentido biológico contemporâneo*, Tomás afirmaria que a pessoa é animal apenas de forma contingente. De fato, a pessoa ressuscitada teria ainda o *poder* da alma vegetativa, mas não teria matéria e objetos apropriados para exercitar tal poder. Cf. TONER, P. "On Hylemorphism and Personal Identity". *European Journal of Philosophy*, 19 (3): 454-473, 2011.

Todavia, é preciso esclarecer essas questões. A primeira delas é o desafio da "*too many minds*". Toner demonstra que Tomás é claro sobre esse aspecto.[48] A solução dada por Tomás é apenas que o "modo de existência e de intelecção" da alma separada é diferente da alma unida ao corpo. Quando está unida, a alma intelectiva pensa utilizando o corpo como instrumento, mas quando está separada, ela pensa as formas inteligíveis dadas por Deus sem precisar dos fantasmas da sensibilidade. O sujeito pensante é apenas *um* antes e depois da separação com o corpo; a diferença está apenas no *modo* como cada um pensa.

Outra questão é saber quem é a alma, se ela não é a pessoa. Toner responde que a alma não é *ninguém*. Embora pareça absurdo, isto quer apenas significar que a alma não é uma pessoa.[49] Ainda sobre o fato de que seria injustiça da parte de Deus se Ele punisse uma alma que não fosse a pessoa que cometeu pecado, Toner afirma que, segundo Tomás, somente os "atos humanos", isto é, aqueles que exigem razão e vontade livre serão punidos ou premiados e, neste sentido, a alma racional é justamente o princípio que origina tais atos. Assim, no purgatório será punida aquela parte da pessoa responsável pelos delitos cometidos em vida.[50]

Outro problema difícil de enfrentar para o hilemorfismo diz respeito ao momento em que uma pessoa começa a existir. Como se sabe, o próprio Tomás pensava que o óvulo fecundado passava por várias etapas em que cada uma das almas (vegetativa, sensitiva e intelectiva) iam sendo sucessivamente geradas/criadas. A alma intelectiva era criada diretamente por Deus próximo ao quadragésimo dia depois da fecundação. Tomás utiliza um tipo de biologia aristotélica, certamente ultrapassada, o que fez o hilemorfismo repensar essa posição e chegar a defender a criação da alma já no momento da fertilização. Essa teoria defendida por católicos tem muitos adeptos e também muitos críticos. Rose Koch-Hershenov procurou analisar o problema e dar respostas à luz do hilemorfismo e de uma embriologia atualizada em seu artigo "Totipotency, Twinning, and Ensoulment at Fertilization",[51] que passamos a apresentar e discutir.

---
48 Cf. TOMÁS DE AQUINO. *Summa Theologiae* I, q. 89, a. 1.
49 Cf. TONER, P. "Personhood and Death in St. Thomas Aquinas". *History of Philosophy Quarterly*, 26 (2): 129, abr. 2009.
50 Cf. *Ibid.*, p. 130.
51 KOCH-HERSHENOV, R. "Totipotency, Twinning, and Ensoulment at Fertilization". *Journal of Medicine and Philosophy*, 31 (2): 139-164, 2006.

O principal problema da infusão da alma no momento da fecundação gira em torno de dois fatos da embriologia: a totipotência e a geminação das células embrionárias. A totipotência ocorre até os quatro dias depois da fecundação e significa que a célula embrionária é indiferenciada e tem capacidade de se tornar qualquer célula diferenciada do organismo, são as chamadas *células-tronco*. O problema para a infusão da alma nesse período é que parece difícil de aceitar que uma alma já esteja presente quando a célula ainda pode se transformar em outros tipos de células orgânicas (talvez até em outros seres humanos) e não somente em um feto. Também a geminação se torna um problema, pois o óvulo fecundado precisa ainda de pelo menos duas semanas para superar a fase de divisão que pode originar gêmeos ou mesmo gêmeos siameses. Assim, como poderia existir apenas uma alma na fecundação se a geminação pode produzir dois (três, quatro...) seres humanos totalmente diferentes?

A primeira questão que Koch-Hershenov tenta responder, fazendo alusão a embriologistas como John Gearhart, é o caso das células embrionárias totipotentes, que põe problemas para a infusão de uma alma já na fecundação, pois pressuporia a geração/criação de outras almas a partir da célula já animada por *uma* alma. Não obstante, o problema vai além, pois estas células normalmente acabam se reagrupando e gerando *um mesmo* embrião, o que faz voltar o problema: se (possivelmente) havia várias almas nas células totipotentes, como pode agora haver apenas uma depois de 72 horas? Em seu artigo, Koch-Hershenov se propõe a desmistificar os dados acerca da totipotência de células embrionárias *humanas*, mostrando que a literatura sobre o assunto[52] não comprova essa capacidade em embriões humanos,[53] a saber: que dessas células poderiam se formar

---

52   Koch-Hershenov cita (p. 145) embriologistas como GROBSTEIN, C. *Science and the Unborn: Choosing Human Futures*. Nova Iorque: Basic Books, 1988, p. 27; SINGER, P.; KUHSE, H.; BUCKEL, S.; DAWSON, K.; KASIMBA, P. (eds.). *Embryo Experimentation*. Cambridge: Cambridge University Press, 1990, p. 67; ASHLEY, B. M.; MORACZEWSKI, A. S. "Is the Biological Subject of Human Rights Present from Conception?". *In*: CATALDO, P. J.; MORACZEWSKI, A. S. (eds.). *The Fetal Tissue Issue: Medical and Ethical Aspects*. Braintree, MA: Pope John Center, 1994; SHANNON, T. "Delayed Hominization: a Response to Mark Johnson". *Theological Studies*, 57: 731-734, 1996; JOHNSON, M. "Delayed Hominization: Reflections on Some Recent Catholic Claims for Delayed Hominization". *Theological Studies*, 56 (4): 743-763, 1995. Mesmo os experimentos que tentam provar "indiretamente" a totipotência das células embrionárias humanas são, segundo Koch-Hershenov, altamente discutíveis. Cf. KOCH-HERSHENOV, R. "Totipotency, Twinning, and Ensoulment at Fertilization". *Journal of Medicine and Philosophy*, 31 (2): 147ss, 2006.

53   Embora seja já comprovado em embriões de animais não humanos, o que para visões como o "animalismo" é condição suficiente para aplicar o mesmo resultado a embriões humanos.

não apenas outros tipos de células diferenciadas, mas também outros seres humanos. Isto faz Rose Hershenov afirmar:

> Uma conclusão evidente para a totipotência de células embrionárias humanas – resultados publicados de um estudo interventivo no qual um embrião humano é artificialmente dividido, produzindo mais de um feto individual – não existe, até onde eu saiba.[54]

A razão para a não divisão do embrião humano em outros embriões, segundo Koch-Hershenov, advém da metafísica da pessoa, composta de um corpo e uma forma substancial indivisível e única. Se o fenômeno da divisão embrionária acontece em outros animais, pode isto ser explicado pela metafísica do hilemorfismo que atesta serem as almas vegetativa e sensitiva totalmente misturadas com a matéria. O mesmo não aconteceria com a alma intelectiva que tem seu agir e seu ser independentes da matéria. Koch-Hershenov afirma não apenas que a falta de provas da divisão do embrião humano acaba por confirmar a visão hilemórfica (pois se fosse o contrário, a norma seria nascer várias crianças de um mesmo óvulo fecundado), mas também que, mesmo se tal divisão ocorresse, não seria um fato contra o hilemorfismo, pois se cada célula embrionária separada do zigoto fosse capaz de virar uma pessoa, ela receberia da mesma forma uma alma racional. O único problema aqui seria ter que admitir tempos diferentes para a infusão da alma em seres humanos do mesmo óvulo fecundado, mas isso não comprometeria o hilemorfismo.

> Na visão hilemórfica oferecida aqui, o óvulo fertilizado é a matéria própria para a forma humana. Se a célula totipotente removida for essencialmente um óvulo fertilizado, então ela seria infundida com a alma racional; o meio pelo qual um óvulo é fertilizado é irrelevante para a criação do ser humano.[55]

Todavia, o problema fica mais difícil de resolver com a geminação, pois ali sim, há uma divisão de um óvulo monozigoto em dois ou mais gêmeos: como poderia um óvulo fecundado ter apenas uma alma se pode acontecer tal divisão nos próximos 14 dias depois da fecundação? Neste caso, a resposta de Koch-Hershenov não é que um ser humano se dividiu em dois, mas que um aparente óvulo com dois seres humanos foi separado em dois

---

54   KOCH-HERSHENOV, R. "Totipotency, Twinning, and Ensoulment at Fertilization". *Journal of Medicine and Philosophy*, 31 (2): 146, 2006.
55   *Ibid.*, p. 155.

diferentes organismos. Assim, duas almas dividiriam uma mesma matéria inicialmente e depois, durante o processo, se separariam ou não (no caso dos gêmeos siameses). Dessa forma, uma separação artificial de células embrionárias "totipotentes" e uma geminação natural dessas células não constituem um mesmo fenômeno. No primeiro caso, é mais provável que haja apenas uma alma no óvulo fecundado (uma vez que normalmente elas desenvolvem apenas uma pessoa humana); no segundo caso, é provável que haja mais de uma (duas, três) alma em um mesmo óvulo, uma vez que naturalmente elas se separaram na geminação.[56]

9.4 Identidade pessoal e ressurreição

A imortalidade de uma alma unida ao corpo apenas *acidentalmente* parece não levantar problema. Platão e Descartes podem muito bem defender a tese da imortalidade da pessoa quando ela vem identificada com a alma, unida ao corpo apenas como um "cavaleiro que está montado em seu cavalo" ou considerando o corpo como uma prisão da pessoa. Certo que demonstrar a imortalidade da alma, por si, tem já seu trabalho, mas não comparado àquele de defender a imortalidade da pessoa entendida como união *essencial* entre corpo e alma. No caso da identificação da alma com a pessoa, parece não haver muita discordância sobre os critérios de identidade, pois uma pessoa P_1 em t_1 será a mesma pessoa P_2 em t_2 ou na eternidade (E) se, e somente se, P_2 em t_2 ou em E tiver a mesma alma (simples e incorruptível) que P_1 em t_1, independentemente de qual corpo ela possua em t_2 ou mesmo sem nenhum corpo, depois da morte.

A mesma facilidade não apresenta a visão hilemórfica: como pode uma forma substancial (a alma) ser a mesma pessoa depois da morte se dois problemas sérios se apresentam: 1) como já vimos, a alma é apenas uma parte do composto e 2) o corpo que pertencia ao composto se desintegrou totalmente? O primeiro problema já foi bastante analisado anteriormente, mas o segundo foi tema de

---

[56] Um problema desta interpretação, reconhecido por Koch-Hershenov, é que, em Tomás, a matéria é um princípio de individuação. Se duas almas têm uma mesma matéria, como poderíamos individualizá-las? Porém, ela mesma reconhece que este ponto em Tomás pode ter várias interpretações. Uma delas é que o maior princípio de individuação é o "ato de ser" da alma que determina a matéria, uma vez que a alma é uma substância *per se*. Desse parecer é também Ètienne Gilson e Joseph Owens. Cf. GILSON, É. *The Christian Philosophy of Saint Thomas Aquinas*. Nova Iorque: Random House, 1956, p. 190 e OWENS, J. "Thomas Aquinas". *In*: GRACIA, J. J. E. (ed.). *Individuation in Scholasticism: the Later Middle Ages and the Counter-Reformation*. Albany, NI: SUNY Press, 1994, p. 178.

muita discussão na história da filosofia e teologia cristã e vale a pena mencionar neste contexto. Que sentido tem o dogma da ressurreição da carne para um defensor do hilemorfismo como Tomás de Aquino? O que significa que a pessoa terá "o mesmo corpo" depois da ressurreição para ser a mesma pessoa? Ou, se terá um corpo diferente, poderemos ainda dizer que o ressuscitado é a mesma pessoa antes de sua morte? Ora, se a pessoa é um composto, o critério de identidade pessoal na visão hilemórfica deveria ficar assim:

VH – Pessoa P_1 em t_1 é idêntica à pessoa P_2 em t_2 ou em E (eternidade) se, e somente se, P_2 em t_2 ou em E tiver a mesma forma substancial (alma) e o "mesmo corpo" que P_1 em t_1.

Logo se percebe que o critério "o mesmo corpo" causa inúmeros problemas, seja para o tempo t_2, pois ninguém tem as mesmas partículas de átomos durante toda a vida, seja para E, uma vez que será difícil interpretar o que significará "o mesmo corpo" para uma pessoa ressuscitada na eternidade.[57] O problema de um "mesmo corpo" na eternidade ofereceu um debate mais difícil que um "mesmo corpo" no tempo, uma vez que este último também é enfrentado pelas outras teorias sobre a identidade pessoal. Na história da teologia e da filosofia, muitas respostas apareceram para mostrar como um ressuscitado teria "o mesmo corpo",[58] mas todas elas se depararam com o chamado "problema do canibal", muito bem expresso em um sermão feito por Samuel Chandler:

> Será dito que a doutrina cristã da ressurreição do mesmo corpo é *absurda* e *impossível*; porque pode acontecer, que *o corpo de um homem*, ou parte dele, pode ser *devorado por outro homem*; e, por isso, comendo e digerindo pode se tornar o corpo ou parte do corpo de outro homem; de modo que na ressurreição, o *mesmo* corpo não pode pertencer a *ambos*, e que as partes que um tem, no outro devem estar faltando.[59]

O problema é visto no contexto das afirmações das Sagradas Escrituras em textos como Mt 27,52s, Jo 5,28 e Ap 20,13, nos quais se afirma que os "mortos saíram/sairão dos sepulcros" e que "o mar devolveu seus

---

57 Esqueçamos por um momento a fase transitória do purgatório, quando a alma subsistirá sem um corpo e focalizemos agora o problema da ressurreição.
58 Cf. o excelente artigo de STRICKLAND, L. "The Doctrine of 'The Resurrection of the Same Body' in Early Modern Thought". *Religious Studies*, 46 (2): 163-183, 2010.
59 CHANDLER, S. *Sermons*. Londres: [s. ed.], v. I, 1759, p. 459.

mortos". A interpretação tradicional era feita de forma literal, isto é, o ressuscitado teria "o mesmo corpo" que tinha, átomo por átomo, logo depois de sua morte. O "problema do canibal" levantava, então, a questão de como poderia ser o mesmo corpo se imaginássemos um canibal que passou a vida comendo carne humana: poderia ter ele e a sua vítima "o mesmo corpo" antes da morte e na ressurreição? Se os átomos da vítima se transformaram no corpo do canibal, como poderia Deus dar os mesmos átomos aos dois corpos? Além disso, podemos dizer que todo ser humano tem átomos que um dia pertenceram a outros seres humanos devido à "sutil cozinha da natureza" (*subtle Cookery of Nature*), como dizia Humphrey Hody.[60] Como fará Deus para tirar da natureza os átomos que passaram por vários corpos e dar apenas a uma pessoa? Que direito ela teria sobre esses átomos que outro também não teria?

O "problema do canibal" foi ignorado por muitos que defendiam ser Deus onipotente e, por milagre Dele, isto não seria problema algum. Outros tentaram se defender da dificuldade afirmando que "o mesmo corpo" seria apenas uma porção de matéria que um dia foi parte do corpo da pessoa em algum momento da vida. Assim, Deus saberia reconstituir "o mesmo corpo" escolhendo certas partículas que fizeram parte do nosso corpo aos 7, 15, 30 ou 70 anos. Todas essas partes foram nossas partes reais e, por isso, constituem o nosso "mesmo corpo".[61] Outros ainda tentaram responder afirmando que Deus poderia incluir uma nova matéria no corpo ressuscitado, caso não pudesse mais utilizar partículas absorvidas por outro corpo[62] ou, ainda, que o corpo ressuscitado constituía aquela parte essencial do corpo que, numericamente, seria a mesma do corpo antes da morte, como seriam os ossos (Ez 37, 7-8), incapazes de serem absorvidos por outros humanos.[63] Uma solução famosa foi dada por Leibniz, que afirmava haver em cada corpo humano uma parte feita de uma matéria diferente, sutil, invisível, que nem cresce nem decresce e que permanece por todo o período da vida pessoal. Esse corpo sutil seria "o mesmo" a ser ressuscitado, pois ele é a "flor da substância".[64]

---

60   Cf. HODY, H. *The Resurrection of the (Same) Body Asserted*. Londres: [s. ed.], 1964, p. 184.
61   Cf. STILLINGFLEET, E. *Fifty Sermons Preached upon Several Occasions*. Londres: [s. ed.], 1707, p. 539.
62   Cf. EDWARDS. *Theologia Reformata*, 9.
63   Cf. BOYLE, R. "Some Physico-Theological Considerations about the Possibility of the Resurrection". *In*: STEWART, M. A. (ed.). *Selected Philosophical Papers of Robert Boyle*. Manchester: Manchester University Press, 1979, p. 197.
64   LEIBNIZ, G. W. *Sämtliche Schriften und Briefe*. Ed. Akademie der Wissenschaften. Berlim: [s. ed.], v. I, 1930, p. 175.

O germe da solução de Leibniz pode ser encontrado já na concepção escolástica e na própria visão hilemórfica, para a qual a matéria é pura potencialidade e, embora individualize o corpo da pessoa, constitui apenas seu princípio material, como a água constitui a matéria de vários copos com formatos diferentes. A forma substancial seria aquela a delimitar a matéria essencialmente, não importando tanto qual "pedaço de matéria" o ressuscitado tem, pois somente a alma seria a única capaz de garantir a uma porção indiferenciada de matéria o sentido de "o mesmo corpo" do ressuscitado.[65] Porém, fica sempre a pergunta se, com essa interpretação, pode-se ainda falar que o ressuscitado tem "o mesmo corpo".

Filósofos contemporâneos também se debruçam sobre o problema.[66] Em uma vasta gama de soluções sugeridas, que inclui desde concepções materialistas, *three* ou *four* dimensionalistas, constitucionalistas, etc., gostaria apenas de citar o exemplo de Peter van Inwagen. Para evitar o "buraco" entre o cadáver do morto e o ressuscitado, que poderia comprometer a continuidade da pessoa, Inwagen sugere um "arrebatamento do corpo" por Deus logo depois da morte. A decomposição de seu cadáver seria apenas *aparente*, pois, no momento da morte, Deus removeria clandestinamente o corpo da pessoa e o substituiria por uma cópia a servir de comida para os germes no sepulcro. O real e "mesmo corpo" da pessoa seria então levado para um destino sobrenatural na eternidade.[67] A principal crítica a essa concepção constitui saber se realmente Inwagen faz jus ao fato real da morte humana.

Apesar dessas sugestões tão variadas, interessa-nos aqui a resposta da visão hilemórfica a partir de Tomás de Aquino. Para resolver a dificuldade, faz-se mister distinguir o *princípio de identidade* e o *princípio de individuação* de um objeto em Tomás.[68] Os dois princípios são, por vezes, confundidos na história interpretativa dos seus textos. O princípio de individuação de um objeto abarca propriedades como, por exemplo, o espaço e o tempo. Isto significa que somente *um* objeto por vez pode ocupar um espaço e tempo determinados, mas

---

65   Cf. DIGBY, K. *Observations upon Religio Medici*. Londres: [s. ed.], 1643, p. 85-87.
66   Para uma visão geral sobre as variadas respostas na filosofia contemporânea, veja GASSER, G. (ed.). *Personal Identity and Resurrection: how Do we Survive our Death?*. Nova Iorque: Routledge, 2016.
67   Cf. INWAGEN, P. "The Possibility of Resurrection". *International Journal for Philosophy of Religion*, 9 (2): 114-121, 1978.
68   Cf. GRACIA, J. J. E. "Numerical Continuity in Material Substances: the Principle of Identity in Thomistic Metaphysics". *The Southwestern Journal of Philosophy*, 10 (2), verão de 1979, p. 76s.

isto não corresponde ao princípio de identidade, pois ninguém diria que um objeto O_1 em e_1 e t_1 é "o mesmo" objeto O_2 em e_2 e t_2 porque O_2 ocupa o mesmo espaço e tempo que O_1, uma vez que são as duas propriedades que mais se alteram em um objeto, que está ora aqui, ora ali, neste e noutro momento ($e_1\, t_1 \neq e_2\, t_2$). O princípio de identidade deve ser diferente do princípio de individuação, mesmo que o segundo contribua "à sua medida" para a elucidação do primeiro. Para Gracia, a melhor interpretação da metafísica de Tomás é compreender o princípio de identidade de objetos materiais, que inclui também a pessoa como o próprio "ato de ser" (*esse* ou *actus essendi*), pois somente no "ato de ser" da forma (alma) instanciada em uma matéria (corpo), a pessoa tem sua existência concreta. Isto demonstra o quanto o "ato de ser" da forma substancial é determinante para a identidade da pessoa no hilemorfismo.

Tendo isto em mente, talvez seja oportuno interpretar Tomás, a respeito da ressurreição, como um dualista e não um materialista, isto é, uma interpretação materialista daria mais ênfase à matéria concreta (*signata*) como princípio de individuação e talvez como princípio de identidade, sugerindo que o corpo do ressuscitado deveria ter pelo menos algumas partes elementares do corpo que compuseram a pessoa durante sua vida terrena. Contudo, em uma interpretação mais dualista, poderíamos entender que a forma substancial seria aquela responsável pela identidade numérica do ressuscitado, pois qualquer matéria à qual a forma substancial estiver unida no ressuscitado será o seu "mesmo corpo".[69] O sentido de "corporeidade" utilizado por Tomás não pode ser simplesmente uma configuração de átomos (porque assim ele cairia no problema do canibalismo).[70] De fato, a decomposição do corpo não tem nenhum efeito no "ato de ser" da forma substancial, que subsiste à decomposição da matéria e será reunida a ela, restaurando o "ser da pessoa" na eternidade. Assim, a questão não seria tanto se a pessoa será feita dos mesmos átomos que tinha na vida terrena, mas se as partículas corporais que a pessoa terá no corpo ressuscitado serão "ela mesma". Em resumo: apesar da decomposição do corpo, o princípio de continuidade e identidade da pessoa, a forma substancial, continua na existência (*esse*) e se reúne com a matéria novamente na ressurreição.

---

[69] Cf. NIEDERBACHER, B. "The Same Body Again? Thomas Aquinas on the Numerical Identity of the Resurrected Body". *In*: GASSER, G. (ed.). *Personal Identity and Resurrection: how Do we Survive our Death?*. Nova Iorque: Routledge, 2016, p. 145-159.

[70] Cf. TOMÁS DE AQUINO. *Summa contra Gentiles* IV, 81, n. 7.

Obviamente, o problema da ressurreição na *teologia* cristã também teve várias interpretações, que não cabe aqui analisar. Talvez seja importante apenas lembrar a visão de Karl Rahner que interpretava a ressurreição como um processo de interiorização ou espiritualização da matéria, demonstrando uma concepção evolutiva do mundo material, o qual seria totalmente elevado em direção ao espírito nos tempos escatológicos e que consumaria a abertura plena do mundo à autocomunicação do Absoluto.[71] Assim se expressa Gisbert Greshake, fundamentado em Rahner:

> Por isso consumação do ser humano na morte não deve ser concebida como emigração de uma alma destituída de corpo, que deixa para trás corporalidade e mundo, e, sim, como o definitivo ter vindo a si mesmo do sujeito-espírito humano no mundo e do mundo, e na e da corporalidade, através do que matéria se tornou, por interiorização, um momento permanente da consumação do espírito.[72]

Esse texto nos ajuda a entender que o problema da ressurreição na teologia de Tomás deve ser colocado em um esquema teórico muito mais abrangente, a saber: dentro da finalidade (*telos*) para a qual todas as coisas foram criadas. A pessoa, criada *naturalmente* como uma união entre alma e corpo, precisa se reunir depois da separação da morte, no propósito de cumprir seu *telos* para a qual foi criada, isto é, a visão beatífica, o que não se realiza apenas com uma das partes, mas apenas com a totalidade da pessoa, com seu corpo (glorioso, redimido e virtuoso) e sua alma. Como tão bem resume Leget: "Se no tempo, a finalidade do mundo estava a serviço do corpo e a finalidade do corpo a serviço da alma, esta tinha como única finalidade a união com Deus. Porém, na eternidade, a união com Deus glorifica a alma que se expressa na glorificação do corpo e da criação, como se a ordem se invertesse".[73]

---

71 Cf. RAHNER, K. *Curso Fundamental da Fé*. São Paulo: Paulus, 1989, p. 498-516.
72 GRESHAKE, G. "Leib-Seele-Problematik und die Vollendung der Welt". *In*: LOHFINK, G.; GRESHAKE, G. *Naherwartung – Auferstehung – Unsterblichkeit: Untersuchungen zur christlichen Eschatologie*. Friburgo: Verlag Herder, 1982, p. 172.
73 Cf. LEGET, C. *Living with God: Thomas Aquinas on the Relation Between Life on Earth and "Life" After Death*. Lovaina: Peeters, 1997, p. 211.

Conclusão

O debate contemporâneo acerca da *pessoa* é uma arena complexa, com gladiadores convictos de suas teses acerca do que *nós* somos. O que faz com que eu hoje seja a mesma pessoa que começou a ler este livro dias atrás? Nada parece nos convencer de que não há um "eu" que permanece ontem e hoje, embora um "eu" diferente e enriquecido, mas sempre o *mesmo* "eu". Por isso, a tese de Hume e outros que pensam ser o "eu" uma mera ilusão não tem tantos adeptos quanto desejavam, pois vão contra uma das intuições mais fortes da experiência humana: que há "alguém" que interage com o mundo, alguém que pensa, sente, ama, crê e espera. Contudo, se o "eu" existe, quem somos nós? Qual nossa natureza mais íntima?

No estudo feito, ficou tácito um duelo, não apenas entre as teorias sobre a pessoa, mas também um embate entre as metafísicas gerais assumidas por essas teorias. Podemos resumir as pressuposições ontológicas pelo menos em duas compreensões: o dualismo e o monismo (materialista). Ou o mundo é composto por dimensões ontologicamente diferentes ou há um só tipo de entidade no mundo. O debate sobre a pessoa faz esse duelo aparecer de forma patente: ou a pessoa humana é constituída apenas de elementos físicos (ou redutíveis ao físico) ou existe um elemento irredutível que caracteriza aquilo que somos essencialmente. De um lado, o dualismo tem uma intuição forte: que pensamento e matéria não são idênticos. De outro lado, o monismo nos assegura que não há ruptura em nós, somos um só com nosso corpo. Se, por um lado, o dualismo precisa explicar como duas coisas se unificam em um mesmo ente, por outro, o monismo reducionista deve dar conta de elucidar, a partir de seu quadro teórico, como uma das dimensões pode ser reduzida à outra.

Se, por um lado é difícil defender uma dualidade da pessoa, não é mais fácil sustentar um reducionismo materialista. Na verdade, essa posição carrega uma série de incoerências e leva a paradoxos insolúveis: como explicar autoconsciência, estados mentais, liberdade, valores, entidades abstratas como entes matemáticos e teorias científicas em um quadro "puramente" fisicalista? Isto nos faz lembrar o "dilema de Hempel" (1970), que deixava ao fisicalismo duas opções: ou se entende por "físico" aquilo que as teorias físicas atuais (física newtoniana, teoria da relatividade, mecânica quântica) explicam ou se entende por "físico" algo totalmente novo, capaz de incluir fenômenos como a consciência e a liberdade, o que geraria uma "nova ciência física". A primeira opção não é satisfatória porque a física atual não consegue explicar em seu quadro teórico fatos como consciência e intencionalidade. A segunda opção é vazia porque não temos a mínima ideia do que seja uma "nova ciência física". Por isso, se o dualismo tem suas aporias, os problemas do monismo materialista não são menores. Talvez a saída para esses problemas seja um tipo de "monismo integral" que ao mesmo tempo dê relevância ontológica às dimensões da pessoa sem deixar de unificar as dimensões em um todo coerente.

Algumas teorias trabalham com as intuições dualistas e monistas, sobretudo a visão hilemórfica, que tem uma longa tradição desde Aristóteles, passando por Tomás de Aquino, até os nossos dias. Embora ela não seja a teoria ideal (de fato, assume a categoria incoerente da substância e não articula uma semântica apropriada), pode representar uma posição de equilíbrio entre dualismo e monismo materialista. De fato, a experiência humana é aquela de atestar duas dimensões bem claras: uma mental e outra material. A pergunta que monistas fazem é se estas *dimensões* não produzem entes diferentes (*too many minds problem*), multiplicando aquilo que somos e nos deixando sem saber se somos essencialmente corpo ou mente. Como pode uma única coisa ter duas dimensões ontologicamente diferentes uma da outra sem cair no dualismo? A diferença ontológica permitiria a unidade? Essa crítica, no entanto, parece injusta.

Em defesa da unidade das dimensões, poderíamos trazer um pequeno exemplo da física. Sabemos que um objeto físico tem três dimensões (não é preciso aqui admitir a existência de quatro dimensões como na teoria da relatividade ou onze dimensões como na teoria das cordas. Basta, para nosso escopo, pressupor um objeto com três dimensões). Imaginemos um simples bloco de pedra. Ele tem três dimensões e cada uma delas é vista de forma dual, sem fazer do objeto uma multiplicidade de objetos. O bloco tem uma dimensão vertical, que por si tem um "em cima" e um "embaixo", duas dimensões horizontais que possuem as seguintes direções "para frente" e "para trás", "para esquerda" e "para direita". Essas dimensões físicas da pedra fazem dela um objeto espesso, com altura, largura e profundidade. Nenhuma dessas dimensões e nenhuma de suas vertentes pode ser reduzida à outra. Por exemplo, a altura da pedra pressupõe dois polos e somente através desses dois polos podemos ter uma altura. Esses dois polos não fazem da pedra dois objetos, mas um objeto com certa altura. Em síntese, "dimensões" não multiplicam o objeto, mas demonstram a multiplicidade de lados ontológicos que possui um objeto. Quando se afirma que a pessoa possui outra dimensão, além das três dimensões físicas, que chamamos de "espiritual" e que não pode ser reduzida à matéria, isto não é razão para se admitir uma multiplicidade de seres em um mesmo ente orgânico.

De qualquer forma, o debate contemporâneo no âmbito da filosofia analítica tem muitas lacunas, talvez a maior delas seja não oferecer uma *teoria do ser* coerente e realmente abrangente, capaz de dar conta de todos os fenômenos da realidade. Esse tipo de teoria é desejado e talvez possa nos arrancar do impasse entre teorias dualistas e materialistas, revelando de forma mais adequada aquilo que somos essencialmente. O esforço por tal teoria vale a pena e a história não custará em recompensar seus autores.

Índice onomástico

Adams, R. M., 99
Agostinho, 11, 67, 114, 115, 200(n)
Allaire, E. B., 47, 48
Almeida, C. L. S. de, 23, 45, 48, 59
Anscombe, G. E. M., 55
Aristóteles, 12, 21, 23, 46, 55, 57, 61, 92, 96(n), 114, 169, 191-196, 198-200, 202, 204, 218
Armstrong, D., 26, 38, 132, 133
Arruda, J. M., 23
Ayers, M., 108, 147, 164
Bacon, J., 35, 97
Baker, L. R., 112, 156, 171, 172, 175-177, 179, 181, 182, 184, 187
Basti, G., 191, 202, 204
Bergmann, G., 47, 48
Black, M., 51
Blatti, S., 150, 156
Broad, C. D., 72, 73
Brüntrup, G., 45, 49
Burke, M., 96, 170
Butler, 116, 121, 124, 125
Campbell, K., 35, 39, 62, 97
Carter, W. R., 108, 147, 162
Castañeda, H.-N., 176
Chisholm, R. M., 83, 97, 99, 117
Chrudzimski, A., 38
Cleve, J., 50, 52, 53
Craig, W. L., 79
Crisp, T. M., 74, 76
Daly, C., 38, 39
Descartes, 57(n), 107, 115, 117-119, 154, 177, 178, 191, 210

Ehring, D., 35
Einstein, 70, 73(n), 76-79
Espinosa, 57(n)
Feldman, F., 164
Forbes, G., 99
Frege, 38, 88-91, 93-95, 99
Gadamer, 84(n)
Garrett, B., 110
Gibbard, A., 170, 171
Gilson, É., 196, 210
Grobstein, C., 159, 208
Haldane, J., 191
Hans Jonas, 158(n)
Hasker, W., 158(n)
Haslanger, S., 24, 84
Hawthorne, J., 88, 133
Hegel, 59
Heidegger, 84(n)
Heil, J., 189
Heller, M., 83
Heráclito, 58, 59, 87, 192-193
Herring, H., 90
Hershenov, D., 167, 191, 205
Hochberg, H., 38, 39
Hoffman, J., 24
Hudson, H., 110
Hume, D., 115
Husserl, 84(n)
Imaguire, G., 23, 45, 48
Ingmar Persson, 205(n)
Inwagen, P., 97, 108, 132, 147, 152, 153, 213
J. Maréchal, 200(n)
Johnston, M., 110, 170, 191
Kant, 12, 15, 101(n), 116
Kim, J., 133, 134, 180

Koch-Hershenov, R., 191, 207, 208, 209
Koslicki, K., 170, 191
Kripke, S., 100, 101
Larkin, W. S., 165
Leibniz, 59, 87, 90, 92, 96, 97, 98, 103, 119, 129, 171, 212, 213
Levinson, J., 38
Lewis, D., 24, 110, 127
Liao, M., 147
Locke, J., 46, 124
Loux, M. J., 22, 24-28, 30, 34, 36, 45-48, 50-54, 68, 72-74, 76, 81-84, 88, 100, 101
Lucas Lucas, R., 191, 200, 201
Mackie, D., 108, 147, 157
Matthews, G. B., 176
Maurin, A.-S., 35, 39
McCall, S., 76
McGinn, C., 96
McMahan, J., 166, 167, 205
McTaggart, J. M. E., 68
Mele, A. R., 189
Mellor, D. H., 76
Merricks, T., 82
Mondin, B., 197, 198
Montgomery, H. A., 112
Moreland, J. P., 38
Morgan, 59
Mulligan, K., 39
Munitz, M. K., 83
Nagel, T., 109
Niederbacher, B., 214
Noonan, H., 88, 110, 116, 128, 157
Nozick, R., 110
Oaklander, N. L., 70
Oderberg, D. S., 191, 192
Oliveira, M. A. de, 23, 35, 39, 45, 48, 49, 52, 57, 59

Olson, E. T., 66, 108, 140, 141, 147, 150, 154, 160, 162, 164, 186
Ortega Y Gasset, J., 197
Owens, J., 210
Parfit, D., 110, 116, 127, 128, 186
Perry, J., 96, 110, 125, 128, 130, 143, 144
Plantinga, A, 76
Platão, 21, 23, 27, 29, 55, 57, 87, 114, 115, 118, 178, 192-194, 202, 210
Plutarco, 87
Poli, R., 59, 60
Price, H. H., 36
Prior, A. N., 73
Puntel, L. B., 40, 63, 142, 189
Quine, W. V., 28, 30
Quinton, A., 128
Rahner, K., 215
Rea, M. C., 170
Reale, G., 193, 203
Reid, T., 65, 125, 126
Rodriguez-Pereyra, G., 27
Romero, G. E., 76
Roscelino, 32
Rosenkrantz, G., 24
Routley, F. R., 112
Russell, B., 25, 46, 76
Santos, J. C., 90
Seibt, J., 59, 60
Sellars, W., 48
Shoemaker, S., 92, 97, 110, 118, 133-135, 137, 141, 148, 156, 183
Sider, T., 80
Simons, P., 38, 65
Smart, J. J. C., 73, 76
Smith, Q., 70
Snowdon, P. F., 147
Sosa, E., 180
Strawson, G., 140, 141

Stump, E., 198, 205
Swinburne, R., 79, 92, 97, 110, 118, 137, 138
Swoyer, C., 133
Thomson, J. J. T., 170
Tomás de Aquino, 55, 96(n), 103, 114, 169, 191, 192, 193(n), 196, 197(n), 198, 199(n), 200(n), 201-204, 206, 207(n), 211, 213, 214(n), 218
Toner, P., 191, 204, 207
Velloso, A., 93
Viana, W. C., 155, 158
Wasserman, R., 170
Whitehead, 59, 142
Wiggins, D., 137, 170
Williams, D. C., 35
Wittgenstein, 16, 89, 91, 178
Zeilicovici, D., 76
Zimmerman, D. W., 24, 74, 76, 81, 84, 88

Bibliografia

ADAMS, Robert Merrihew. "Primitive Thisness and Primitive Identity". *The Journal of Philosophy*, 76 (1): 24-26, 1979.
AGOSTINHO. *Confissões*. Trad. Maria Luiza Jardim Amarante. São Paulo: Paulus, 2013 (Coleção Patrística, 10).
AINSWORTH, Thomas. "Form vs. Matter". *The Stanford Encyclopedia of Philosophy*, 21 mar. 2016. Disponível em: https://plato.stanford.edu/archives/spr2016/entries/form-matter/. Acesso em: 15 mar. 2019.
ALLAIRE, Edwin B. "Bare Particulars". *In*: LOUX, Michael J. (ed.). *Metaphysics: Contemporary Readings*. 2. ed. Londres: Routledge, 2008, p. 114-120.
ARISTÓTELES. *The Works of Aristotle*. Ed. W. D. Ross e J. A. Smith. Oxford: Clarendon Press, 1908.
ARMSTRONG, David Malet. "The Causal Theory of Properties: Properties According to Shoemaker, Ellis and Others". *Philosophical Topics*, 26 (1/2): 25-37, 1999.
AYERS, Michael. *Locke*. Londres: Routledge, v. 2, 1990.
BAKER, Lynne Rudder. "Can Subjectivity be Naturalized?". *Metodo – International Studies in Phenomenology and Philosophy*, 1 (2): 15-25, 2013.
_____. *Naturalism and the First-Person Perspective*. Oxford: Oxford University Press, 2013.
_____. "Nonreductive Materialism". *In*: MCLAUGHLIN, Brian; BECKERMANN, Ansgar. (eds.). *The Oxford Handbook for the Philosophy of Mind*. Oxford: Oxford University Press, 2009.
_____. "Response to Eric Olson". *Abstracta*, 1: 43-45, 2008 (edição especial).
_____. "Review on '*What Are We? A Study in Personal Ontology*' by Eric T. Olson". *Mind*, 117 (468): 1120-1122, 1 out. 2008.
_____. "Naturalism and the First-Person Perspective". *In*: GASSER, George (ed.). *How Successful Was Naturalism?*. Heusenstamm: Ontos Verlag, 2007, p. 203-226.
_____. "When does a Person Begin?". *Social Philosophy and Policy*, 22: 25-48, 2005.

_____. "Précis of Persons and Bodies: a Constitution View". *Philosophy and Phenomenological Research*, 64 (3): 592-598, 2002. Disponível em: http://scholarworks.umass.edu/philosophy_faculty_pubs/74. Acesso em: 15 mar. 2019.

_____. *Persons and Bodies: a Constitution View*. Cambridge: Cambridge University Press, 2000.

_____. "Unity without Identity: a New Look at Material Constitution". *Midwest Studies in Philosophy*, 23 (1): 144-165, 19 dez. 1999.

_____. "Why Constitution is not Identity". *Journal of Philosophy*, 94 (12): 599-621, 1997.

_____. "Metaphysics and Mental Causation". *In*: HEIL, John; MELE, Alfred R. (eds.). *Mental Causation*. Oxford: Oxford University Press, 1993, p. 75-96.

BASTI, Gianfranco. *Filosofia dell'Uomo*. Bolonha: Edizioni Studio Domenicano, 1995.

BERGMANN, Gustav. *Realism*. Madison, WI: University of Wisconsin Press, 1967.

_____. "Russell on Particulars". *Philosophical Review*, 56: 59-72, 1947.

BLACK, Max. "The Identity of Indiscernibles". *Mind*, 61 (242): 153-164, abr. 1952.

BLATTI, Stephan. "Animalism". *The Stanford Encyclopedia of Philosophy*, 21 dez. 2016. Disponível em: https://plato.stanford.edu/archives/win2016/entries/animalism/. Acesso em: 15 mar. 2019.

_____. "A New Argument for Animalism". *Analysis*, 72 (4): 685–690, 2012.

BOYLE, Robert. "Some Physico-Theological Considerations about the Possibility of the Resurrection". *In*: STEWART, Michael Alexander (ed.). *Selected Philosophical Papers of Robert Boyle*. Manchester: Manchester University Press, 1979.

BROAD, Charlie Dunbar. "Ostensible Temporality". *In*: LOUX, Michael J. (ed.). *Metaphysics: Contemporary Readings*. 2. ed. Londres: Routledge, 2008, p. 362-368.

BRÜNTRUP, Godehard. *Theoretische Philosophie*. Munique: Komplett-Media, 2011.

BURKE, Michael B. "Copper Statues and Pieces of Copper: a Challenge to the Standard Account". *Analysis*, 52 (1): 12-17, jan. 1992.

CAMPBELL, Keith. *Abstract Particulars*. Oxford: Basil Blackwell, 1990.

CAMPBELL, Tim; MCMAHAN, Jeff. "Animalism and the Varieties of Conjoined Twinning". *Theoretical Medicine and Bioethics*, 31 (4): 285-301, ago. 2010.

CARTER, William R. "Will I Be a Dead Person?". *Philosophy and Phenomenological Research*, 59 (1): 167-171, mar. 1999.

_____. "How to Change Your Mind". *Canadian Journal of Philosophy*, 19 (1): 1-14, 1989.

_____. "Our Bodies, Our Selves". *Australasian Journal of Philosophy*, 66 (3): 308-319, set. 1988.

CASTAÑEDA, Héctor-Neri. "Indicators and Quasi-Indicators". *American Philosophical Quarterly*, 4: 85-100, 1967.

CASULLO, Albert. "A Fourth Version of the Bundle Theory". *In*: LOUX, Michael J. (ed.). *Metaphysics: Contemporary Readings*. 2. ed. Londres: Routledge, 2008, p. 134-148.

CHISHOLM, Roderick M. "On the Simplicity of the Soul". *Philosophical Perspectives*, 5: 167-181, 1991 (Philosophy of Religion).

_____. *Person and Object*: a Metaphysical Study. LaSalle, IL: Opencourt, 1976.

_____. "Parts as Essential to their Wholes". *Review of Metaphysics*, 26 (4): 581-603, jun. 1973.

_____. "Problems of Identity". *In*: MUNITZ, Milton K. (ed.). *Identity and Individuation*. Nova Iorque: New York University Press, 1971, p. 3-30.

_____. "Identity through Possible Worlds: Some Questions". *Noûs*, 1: 1-8, 1967.

CLEVE, James van. "Three Versions of the Bundle Theory". *In*: LOUX, Michael J. (ed.). *Metaphysics: Contemporary Readings*. 2. ed. Londres: Routledge, 2008, p. 121-133.

CRAIG, William Lane. "God and Real Time". *Religious Studies*, 26: 335-347, 1990.

CRISP, Thomas M. "Presentism". *In*: LOUX, Michael J.; ZIMMERMAN, Dean W. (eds.). *The Oxford Handbook of Metaphysics*. Oxford/Nova Iorque: Oxford University Press, 2010, p. 211-245.

DALY, Chris. "Tropes". *Proceedings of the Aristotelian Society*, 94: 253-261, 1994.

DENKEL, Arda. "The Refutation of Substrata". *Philosophy and Phenomenological Research*, 61 (2): 431-439, set. 2000.

DIGBY, Kenelm. *Observations upon Religio Medici*. Londres: [s. ed.], 1643.

FELDMAN, Fred. *Confrontations with the Reaper*. Nova Iorque: Oxford University Press, 1992.

FORBES, Graeme. *The Metaphysics of Modality*. Oxford: Oxford University Press, 1985.

FREGE, Gottlob. "Sobre o Sentido e a Referência". Trad. Sérgio R. N. Miranda. *Fundamento: Rev. de Pesquisa em Filosofia*, 1 (3): 21-44, 2011.

_____. *Begriffsschrift*. Nebert: Halle, 1879.

GARRETT, Brian. *Personal Identity and Self-Consciousness*. Londres: Routledge, 1998.

GASSER, Georg (ed.). *Personal Identity and Resurrection: how Do we Survive Our Death?*. Nova Iorque: Routledge, 2016.

GEACH, Peter Thomas. *Reference and Generality*. 3 ed. Ithaca, NI: Cornell University Press, 1980.

GIBBARD, Allan. "Contingent Identity". *Journal of Philosophical Logic*, 4 (2): 187-221, 1975.

GILLETT, Carl. "What You Are and the Evolution of Organs, Souls, and Superorganisms: a Reply to Blatti". *Analysis*, 73 (2): 271-279, abr. 2013.

GILSON, Étienne. *O Ser e a Essência*. São Paulo: Paulus, 2016.

_____. *The Christian Philosophy of Saint Thomas Aquinas*. Nova Iorque: Random House, 1956.

_____. *Le Thomisme: Introduction au Système de Saint Thomas d'Aquin*. Paris: Librairie Philosophique J. Vrin, 1922.

GRACIA, Jorge J. E. "Numerical Continuity in Material Substances: the Principle of Identity in Thomistic Metaphysics". *The Southwestern Journal of Philosophy*, 10 (2): 73-92, 1979.

GRESHAKE, Gisbert. "Leib-Seele-Problematik und die Vollendung der Welt". *In*: GRESHAKE, Gisbert; LOHFINK, Gerhard. *Naherwartung – Auferstehung – Unsterblichkeit. Untersuchungen zur Christlichen Eschatologie*. Friburgo: Herder Verlag, 1982, p. 156-184.

GRICE, Herbert Paul. "Personal Identity". *In*: PERRY, John (ed.). *Personal Identity*. Berkeley/Los Angeles, CA: University of California Press, 1975, p. 73-95.

GROBSTEIN, Clifford. *Science and the Unborn: Choosing Human Futures*. Nova Iorque: Basic Books, 1988.

HALDANE, John J. "A Return to Form in the Philosophy of Mind". *In*: ODERBERG, David S. (ed.). *Form and Matter: Themes in Contemporary Metaphysics*. Oxford: Blackwell's, 1999, p. 40-64.

HAMELIN, Octave. *La Théorie de l'Intellect d'après Aristote et ses Commentateurs*. Paris: Librairie Philosophique J. Vrin, 1953.

HASKER, William. *The Emergent Self*. Ithaca, NI: Cornell University Press, 1999.

HASLANGER, Sally. "Persistence Through Time". *In*: LOUX, Michael J.; ZIMMERMAN, Dean W. (eds.). *The Oxford Handbook of Metaphysics*. Oxford/Nova Iorque: Oxford University Press, 2010, p. 315-354.

HAWTHORNE, John. "Identity". *In*: LOUX, Michael J.; ZIMMERMAN, Dean W. (eds.). *The Oxford Handbook of Metaphysics*. Oxford/Nova Iorque: Oxford University Press, 2010, p. 99-130.

_____. "Causal Structuralism". *Philosophical Perspectives: Metaphysics*, 15: 361-378, 2001.

HELLER, Mark. "Temporal Parts of Four-Dimensional Objects". *In*: LOUX, Michael J. (ed.). *Metaphysics: Contemporary Readings*. 2. ed. Londres: Routledge, 2008, p. 418-442.

HERSHENOV, David. "A Hylomophic Account of Personal Identity Thought Experiments". *American Catholic Philosophical Quarterly*, 82: 481-502, 2008.

_____. "Persons as Proper Parts of Organisms". *Theoria*, 71: 29-37, 2005.

_____. "Olson's Embryo Problem". *Australasian Journal of Philosophy*, 80 (4): 502-11, 2002.

HERSHENOV David; KOCH-HERSHENOV, Rose. "Personal Identity and Purgatory". *Religious Studies*, 42: 439-451, 2006.

HOCHBERG, Herbert; MULLIGAN, Kevin (eds.). *Relations and Predicates*. Frankfurt: Ontos Verlag, 2004.

HODY, Humphrey. *The Resurrection of the (Same) Body Asserted*. Londres: [s. ed.], 1694. Disponível em: https://quod.lib.umich.edu/e/eebo/A44092.0001.001?rgn=main;view=fulltext. Acesso em: 15 mar. 2019.

HUDSON, Hud. *A Materialist Metaphysics of the Human Person*. Ithaca, NI: Cornell University Press, 2001.

HUME, David. *A Treatise of Human Nature*. Oxford: Clarendon Press, 1896.

IMAGUIRE, Guido; ALMEIDA, Custódio Luís S. de; OLIVEIRA, Manfredo Araújo de. (orgs.). *Metafísica Contemporânea*. Petrópolis: Vozes, 2007.

INWAGEN, Peter van. "A Materialist Ontology of Human Persons". *In*: INWAGEN, Peter van; ZIMMERMAN, Dean. (eds.). *Persons: Human and Divine*. Oxford: Oxford University Press, 2007, p. 199-215.

_____. *Material Beings*. Ithaca, NI: Cornell University Press, 1990.

_____. "The Doctrine of Arbitrary Undetached Parts". *Pacific Philosophical Quarterly*, 62: 123-137, 1981.

_____. "The Possibility of Resurrection". *International Journal for Philosophy of Religion*, 9 (2): 114-121, 1978.

JOHNSTON, Mark. "Hylomorphism". *Journal of Philosophy*, 103: 652-698, 2006.

_____. "Constitution is not Identity". *Mind*, 101: 89-105, 1992.

_____. "Human Beings". *Journal of Philosophy*, 84: 59-83, 1987.

KANT, Immanuel. *Crítica da Razão Pura*. Trad. Valério Rohden e Udo Baldur Moosburguer. São Paulo: Nova Cultural, 1996 (Os Pensadores).

KIM, Jaegwon. *Physicalism, or Something Near Enough*. Princeton/Oxford: Princeton University Press, 2005.

KOCH, Rose. "Conjoined Twins and the Biological Account of Personal Identity". *The Monist*, 89 (3): 351-370, 2006.

KOCH-HERSHENOV, Rose. "Totipotency, Twinning, and Ensoulment at Fertilization". *Journal of Medicine and Philosophy*, 31 (2): 139-164, 2006.

KOKCU, Arif; CETINKAYA, Mehmet; AYDIN, Oguz; TOSUN, Migraci. "Conjoined Twins: Historical Perspective and Report of a Case". *The Journal of Maternal-Fetal & Neonatal Medicine*, 20 (4): 349-356, 2007.

KOSLICKI, Kathrin. *The Structure of Objects*. Oxford: Oxford University Press, 2008.

_____. "Constitution and Similarity". *Philosophical Studies*, 117: 327-364, 2004.

KRIPKE, Saul Aaron. "Identity and Necessity". *In*: LOUX, Michael J. (ed.). *Metaphysics: Contemporary Readings*. 2. ed. Londres: Routledge, 2008, p. 218-247.

_____. *Naming and Necessity*. Oxford: Basil Blackwell, 1980.

LARKIN, William S. "Persons, Animals, and Bodies". *Southwest Philosophy Review*, 20 (2): 95-116, jul. 2004.

LEGET, Carlo. *Living with God: Thomas Aquinas on the Relation between Life on Earth and "Life" After Death*. Lovânia: Peeters, 1997.

LEIBNIZ, Gottfried Wilhelm. "*Non Inelegans Specimen Demonstrandi in Abstractis*". *In*: HERRING, Herbert. *Schriften zur Logik und zur philosophischen Grundlegung von Mathematik und Naturwissenschaft*. Darmstadt: Wissenschaftliche Buchgesellschaft, 1992, p. 153-177.

_____. *Sämtliche Schriften und Briefe*. Ed. Akademie der Wissenschaften. Berlim: [s. ed.], 1930, série 2, v. I.

LEWIS, David K. "Survival and Identity". *In*: MARTIN, Raymond; BARRESI, John. (ed.). *Personal Identity*. Malden, MA: Blackwell, 2003.

_____. "Many, but Almost One". *In*: BACON, John; CAMPBELL, Keith; REINHARDT, Lloyd. (eds.). *Ontology, Causality and Mind: Essays in Honour of D. M. Armstrong*. Cambridge: Cambridge University Press, 1993.

_____. "Counter-Part Theory and Quantified Modal Logic". *Journal of Philosophy*, 65: 113-126, 1968.

LIAO, Matthew. "The Organism View Defended". *The Monist*, 89: 334-350, 2006.

LOCKE, John. "An Essay Concerning Human Understanding" (1690). *In*: NIDDITCH, Peter. *The Clarendon Edition of the Works of John Locke: an Essay Concerning Human Understanding*. Oxford: Oxford University Press/Clarendon Press, 1975.

LOUX, Michael J. (ed.). *Metaphysics: Contemporary Readings*. 2. ed. Londres: Routledge, 2008.

_____. *Substance and Attribute: a Study in Ontology*. Dordrecht: Reidel, 1978 (Philosophical Studies Series, 14).

LOUX, Michael J.; ZIMMERMAN, Dean W. (eds.). *The Oxford Handbook of Metaphysics*. Oxford/Nova Iorque: Oxford University Press, 2010.

LUCAS LUCAS, Ramón. *L'Uomo, Spirito Incarnato: Compendio di Filosofia dell'Uomo*. Milão: San Paolo, 1997.

MACKIE, David. "Personal Identity and Dead People". *Philosophical Studies*, 95: 219-242, 1999.

_____. "Animalism *versus* Lockeanism: No Contest". *The Philosophical Quarterly*, 49 (196): 369-376, 1998.

MACKIE, John Leslie. "The Transcendental 'I'". *In*: STRAATEN, Zak van. (ed.). *Philosophical Subjects: Essays Presented to P. F. Strawson*. Nova Iorque: Oxford University Press, 1980.

MACKIE, Penelope; JAGO, Mark. "Transworld Identity". *The Stanford Encyclopedia of Philosophy*, 21 set. 2013. Disponível em: http://plato.stanford.edu/archives/fall2013/entries/identity-transworld/. Acesso em: 15 mar. 2019.

MARÉCHAL, Joseph. *Le Point de Départ de la Métaphysique*. Bruges: [s. ed.], 1922.

MATTHEWS, Gareth B. *Thought's Ego in Augustine and Descartes*. Ithaca, NI: Cornell University Press, 1992.

MAURIN, Anna-Sofia. "Tropes". *The Stanford Encyclopedia of Philosophy*, 21 jun. 2018. Disponível em: http://plato.stanford.edu/entries/tropes/. Acesso em: 15 mar. 2019.

MCCALL, Storrs. "Objective Time Flow". *Philosophy of Science*, 43 (3): 337-362, set. 1976.

MCMAHAN, Jeff. *Ethics of Killing: Problems at the Margins of Life*. Oxford: Oxford University Press, 2002.

MCTAGGART, John M. Ellis. "Time". *In*: LOUX, Michael J. (ed.). *Metaphysics: Contemporary Readings*. 2. ed. Londres: Routledge, 2008, p. 350-361.

_____. "The Unreality of Time". *Mind: a Quarterly Review of Psychology and Philosophy*, 17 (68): 456-473, 1908.

MELLOR, David Hugh. *Real Time*. Cambridge: Cambridge University Press, 1981.

MERRICKS, Trenton. "Endurance and Indiscernibility". *In*: LOUX, Michael J. (org.). *Metaphysics: Contemporary Readings*. 2. ed. Londres: Routledge, 2008, p. 443-463.

MOLINARO, Aniceto. *Metafísica*: *Curso Sistemático*. São Paulo: Paulus, 2002.

MONDIN, Battista. *O Homem, Quem é Ele? Elementos de Antropologia Filosófica*. São Paulo: Paulinas, 1980.

MONTGOMERY, Hugh A.; ROUTLEY, Francis Richard. "Contingency and Non-Contingency Bases for Normal Modal Logics". *Logique et Analyse*, 9 (35/36): 318-328, 1966.

NAGEL, Thomas. *The View from Nowhere*. Oxford: Oxford University Press, 1986.

_____. "Brain Bisection and the Unity of Consciousness". *Synthese*, 22: 396-413, 1971.

NERLICH, Graham. "Space-Time Substantivalism". *In*: LOUX, Michael J.; ZIMMERMAN, Dean W. (eds.). *The Oxford Handbook of Metaphysics*. Oxford/Nova Iorque: Oxford University Press, 2010, p. 281-314.

NIEDERBACHER, Bruno. "The Same Body Again? Thomas Aquinas on the Numerical Identity of the Resurrected Body". *In*: GASSER, Georg (ed.). *Personal Identity and Resurrection: how Do we Survive Our Death?*. Nova Iorque: Routledge, 2016, p. 145-159.

NOONAN, Harold W. *Personal Identity*. 2. ed. Londres: Routledge, 2003.

_____. "Animalism *versus* Lockeanism: Reply to Mackie". *The Philosophical Quarterly*, 51 (202): 83-90, 2001.

_____. "Animalism *versus* Lockeanism: a Current Controversy". *The Philosophical Quarterly*, 48 (192): 302-318, 1998.

NOONAN, Harold W.; CURTIS, Ben. "Identity". *The Stanford Encyclopedia of Philosophy*, 21 jun. 2014. Disponível em: http://plato.stanford.edu/archives/sum2014/entries/identity/. Acesso em: 18 mar. 2019.

NOZICK, Robert. *Philosophical Explanations*. Harvard University Press, 1981.

OAKLANDER, Nathan L.; SMITH, Quentin (eds.). *The New Theory of Time*. New Haven: Yale University Press, 1994.

ODERBERG, David S. "Hylemorphic Dualism". *In*: PAUL, Ellen Frankel; MILLER JR., Fred D.; PAUL, Jeffrey. (eds.). *Personal Identity*. Cambridge: Cambridge University Press, 2005, p. 70-99.

_____. (ed.). *Form and Matter: Themes in Contemporary Metaphysics*. Oxford: Blackwell, 1999.

OLIVEIRA, Manfredo Araújo de. *A Ontologia em Debate no Pensamento Contemporâneo*. São Paulo: Paulus, 2014.

OLSON, Eric T. *What Are We? A Study in Personal Ontology*. Nova Iorque: Oxford University Press, 2007.

_____. "Animalism and the Corpse Problem". *Australasian Journal of Philosophy*, 82 (2): 265-274, 2004.

_____. "An Argument for Animalism". *In*: MARTIN, Raymond; BARRESI, John (eds.). *Personal Identity*. Oxford: Blackwell, 2003, p. 318-334.

_____. "What Does Functionalism Tell us about Personal Identity". *Noûs*, 34 (4): 682-698, 2002.

_____. *The Human Animal: Personal Identity without Psychology*. Nova Iorque: Oxford University Press, 1997.

ORTEGA Y GASSET, José. "Historia como Sistema". *Obras Completas*. Madri: Alianza, 1983, t. 6.

OWENS, Joseph. "Thomas Aquinas". *In*: GRACIA, Jorge J. E. (ed.). *Individuation in Scholasticism: the Later Middle Ages and the Counter-Reformation, 1150-1650*. Albany, NI: SUNY Press, 1994, p. 173-194.

PARFIT, Derek. *Reasons and Persons*. Oxford: Oxford University Press, 1984.

_____. "On the Importance of Self-Identity". *Journal of Philosophy*, 68: 683-690, out. 1971.

PERRY, John. "Can the Self Divide?". *Journal of Philosophy*, 69 (16): 463-488, 1972.

PERSSON, Ingmar. "Our Identity and Separability of Persons and Organisms". *Dialogue*, 38 (3): 521-533, 1999.

PLANTINGA, Alvin. "On Existentialism". *Philosophical Studies*, 44 (1): 1-20, 1983.

PLATÃO. *Platonis Opera*. Ed. Ioannes Burnet. Oxford: Oxford University Press, 1961.

PLUTARCO. *Vidas Paralelas*. Disponível em: http://www.dominiopublico.gov.br/pesquisa/PesquisaObraForm.do?select_action&co_autor=174. Acesso em: 18 mar. 2019.

POLI, Roberto; SEIBT, Johana (eds.). *Theory and Applications of Ontology: Philosophical Perspectives*. Dordrecht: Springer, 2010.

PRIOR, Arthur N. "The Notion of the Present". *In*: LOUX, Michael J. (ed.). *Metaphysics: Contemporary Readings*. 2. ed. Londres: Routledge, 2008, p. 379-383.

PUNTEL, Lorenz B. *Estrutura e Ser: um Quadro Referencial Teórico para uma Filosofia Sistemática*. Trad. Nélio Schneider. São Leopoldo, RS: Unisinos, 2008.

QUINE, Willard van Orman. *From a Logical Point of View*. Cambridge, MA: Havard University Press, 1980.

QUINTON, Anthony. "The Soul". *In*: PERRY, John (ed.). *Personal Identity*. Berkeley/Los Angeles: University of California Press, 1975, p. 53-72.

RAHNER, Karl. *Curso Fundamental da Fé*. São Paulo: Paulus, 1989.
REA, Michael C. "The Problem of Material Constitution". *Philosophical Review*, 104 (4): 525-52, out. 1995.
REALE, Giovanni. *Introduzione a Aristotele*. Roma/Bari: Laterza, 2002.
REID, Thomas. "Of Identity". *In*: PERRY, John (ed.). *Personal Identity*. Berkeley/Los Angeles, CA: University of California Press, 1975, p. 107-112.
_____. "Of Mr. Locke's Account of Our Personal Identity". *In*: PERRY, John (ed.). *Personal Identity*. Berkeley/Los Angeles: University of California Press, 1975, p. 113-118.
RODRIGUEZ-PEREYRA, Gonzalo. "Nominalism in Metaphysics". *The Stanford Encyclopedia of Philosophy*, 21 dez. 2016. Disponível em: http://plato.stanford.edu/entries/nominalism-metaphysics/#VarNom. Acesso em: 18 mar. 2019.
ROMERO, Gustavo E. "Present Time". *arXiv.org* (Cornell University). Disponível em: http://arxiv.org/abs/1403.4671. Acesso em: 18 mar. 2019.
RUSSELL, Bertrand. "On the Experience of Time". *The Monist*, 25 (2): 212-233, 1915.
_____. "On the Relations of Universals and Particulars". *Proceedings of the Aristotelian Society*, 12: 1-24, 1911.
SANTOS, José Carlos. "Objetos e Pessoas na Metafísica Contemporânea". *Itinerarium*, 52: 457-595, 2006.
SCHMITT, Frederick. "Naturalism". *In*: KIM, Jaegwon; SOSA, Ernest (eds.). *A Companion to Metaphysics*. Oxford: Blackwell, 1995, p. 342-345.
SELLARS, Wilfrid. *Science, Perception, and Reality*. Atascadero: Ridgeview, 1963.
SHIELDS, Christopher. "Aristotle's Psychology". *The Stanford Encyclopedia of Philosophy*, 21 dez. 2016. Disponível em: https://plato.stanford.edu/archives/win2016/entries/aristotle-psychology/. Acesso em: 18 mar. 2019.
SHOEMAKER, Sydney. *Physical Realization*. Oxford: Oxford University Press, 2007.
_____. "Functionalism and Personal Identity: a Reply". *Noûs*, 38 (3): 525-533, 2004.

_____. "Self, Body, and Coincidence". *Proceedings of the Aristotelian Society*, 73 (73): 287-306, 1999.

_____. "Causal and Metaphysical Necessity". *Pacific Philosophical Quarterly*, 79: 59-77, 1998.

_____. "Embodiment and Behavior". *Identity, Cause and Mind.* Cambridge: Cambridge University Press, 1984, p. 113-138.

_____. "Personal Identity: a Materialist's Account". *In*: SHOEMAKER, Sydney; SWINBURNE, Richard. *Personal Identity.* Oxford: Basil Blackwell, 1984.

_____. "Causality and Properties". *In*: INWAGEN, Peter van (ed.). *Time and Cause: Essays Presented to Richard Taylor.* Dordrecht: Reidel, 1980, p. 109-135.

_____. *Self-Knowledge and Self-Identity.* Ithaca, NI: Cornell University Press, 1963.

_____. "Personal Identity and Memory". *The Journal of Philosophy*, 56 (22): 868-82, 1959.

SHOEMAKER, Sydney; STRAWSON, Galen. "Self and Body". *Proceedings of the Aristotelian Society*, 73: 287-332, 1999 (volume suplementar).

SIDER, Theodore. "All the World's a Stage". *Australasian Journal of Philosophy*, 74 (3): 433-453, 1996.

SKRZYPEK, Jeremy. *A Hylomorphic Account of Personal Identity.* Saskatoon: Departamento de Filososfia, Universidade de Saskatchewan, 2011, 130 p. (Dissertação de Mestrado). Disponível em: http://www.newdualism.org/papers/J.Skrzypek/Skrzypek-Thesis2011.pdf. Acesso em: 18 mar. 2019.

SMART, John Jamieson Carswell. "The Space-Time World". *In*: LOUX, Michael J. (ed.). *Metaphysics: Contemporary Readings.* 2. ed. Londres: Routledge, 2008, 384-393.

_____. "The River of Time". *Mind*, 58: 483-494, 1949.

SNOWDON, Paul F. "Personal Identity and Brain Transplants". *In*: COCKBURN, David (ed.). *Human Beings.* Cambridge: Cambridge University Press, 1991, p. 109-26 (Royal Institute of Philosophy Supplements).

_____. "Persons, Animals, and Ourselves". *In*: GILL, Christopher (ed.). *The Person and the Human Mind: Issues in Ancient and Modern Philosophy.* Oxford: Clarendon Press, 1990, p. 83-107.

STILLINGFLEET, Edward. *Fifty Sermons Preached upon Several Occasions*. Londres: [s. ed.], 1707.

STRICKLAND, Lloyd. "The Doctrine of 'The Resurrection of the Same Body' in Early Modern Thought". *Religious Studies*, 46 (2): 163-183, 2010.

STUMP, Eleonore. *Aquinas*. Nova Iorque: Routledge, 2003.

SWINBURNE, Richard. *The Evolution of the Soul*. Oxford: Oxford University Press, 1997.

_____. (ed.). *Space, Time, and Causality*. Dordrecht: Reidel, 1983.

SWOYER, Chris. "The Nature of Natural Laws". *Australasian Journal of Philosophy*, 60 (3): 203-223, set. 1982.

THOMSON, Judith Jarvis. "The Statue and the Clay". *Noûs*, 32 (2): 148-173, 1998.

TOMÁS DE AQUINO. "Commentary on St. Paul's First Letter to the Corinthians, 15: 17-19". *Thomas Aquinas: Selected Philosophical Writings*. Trad. Timothy McDermott. Oxford: Oxford University Press, 1993.

_____. *Summa Theologiae. Textus ex Recensione Leonina*. Turim: [s. ed.], 1952.

TONER, Patrick. "On Hylemorphism and Personal Identity". *European Journal of Philosophy*, 19 (3): 454-473, 2011.

_____. "Personhood and Death in St. Thomas Aquinas". *History of Philosophy Quarterly*, 26 (2): 121-138, abr. 2009.

TOOLEY, Michael. *Time, Tense, and Causation*. Oxford: Clarendon Press, 1997.

UNGER, Peter. *Identity, Consciousness, and Value*. Oxford: Oxford University Press, 1990.

VELLOSO, Araceli. "Os Paradoxos da Identidade e seu Papel como Limitadores de uma Teoria Funcional da Linguagem". *Princípios*, 16 (26): 5-34, 2009.

VIANA, Wellistony C. *Hans Jonas e a Filosofia da Mente*. São Paulo: Paulus, 2016.

WASSERMAN, Ryan. "Material Constitution". *The Stanford Encyclopedia of Philosophy*, 21 mar. 2015. Disponível em: https://plato.stanford.edu/archives/spr2015/entries/material-constitution/. Acesso em: 18 mar. 2019.

WIGGINS, David. "On Being in the Same Place at the Same Time". *Philosophical Review*, 77 (1): 90-95, 1968.

_____. *Identity and Spatio-Temporal Continuity*. Oxford: Basil Blackwell, 1967.

WILLIAMS, Bernard. "The Self and the Future". *The Philosophical Review*, 79 (2): 161-180, abr. 1970.

_____. "Personal Identity and Individuation". *Proceedings of the Aristotelian Society*, 57 (1): 229-252, 1957.

WILLIAMS, Donald Cary. "On the Elements of Being: I". *The Review of Metaphysics*, 7 (1): 3-18, 1953.

ZEILICOVICI, David. "A (Dis)solution of McTaggart's Paradox". *Ratio*, 28: 175-195, dez. 1986.

ZIMMERMAN, Dean. "Presentism and the Space-Time Manifold". *In*: CALLENDER, Craig (ed.). *The Oxford Handbook of Philosophy of Time*. Oxford: Oxford University Press, 2011, p. 163-244.

Esta obra foi composta em CTcP
Capa: Supremo 250g – Miolo: Pólen Soft 80g
Impressão e acabamento
Gráfica e Editora Santuário